O nascimento do judaísmo

Dados Internacionais de Catalogação na Publicação (CIP)
(Câmara Brasileira do Livro, SP, Brasil)

VanderKam, James C.
O nascimento do judaísmo : história, literatura e arqueologia do Segundo Templo / James C. VanderKam ; tradução de José Maria Gomes de Souza Neto. – Petrópolis : Vozes, 2025.

Título original: An introduction to early judaism.
ISBN 978-85-326-7238-4

1. Judaísmo – História 2. Judeus – História
3. Livros apócrifos (Antigo Testamento) – Crítica e interpretação
I. Neto, José Maria Gomes de Souza. II. Título.

25-275967 CDD-296.09

Índices para catálogo sistemático:
1. Judaísmo : História 296.09

Eliete Marques da Silva – Bibliotecária – CRB-8/9380

JAMES C. VANDERKAM

O nascimento do judaísmo

História, literatura e arqueologia do Segundo Templo

Tradução de José Maria Gomes de Souza Neto

EDITORA VOZES

Petrópolis

Tradução do original em inglês intitulado *An Introduction to Early Judaism*

Direitos de publicação em língua portuguesa – Brasil:
2025, Editora Vozes Ltda.
Rua Frei Luís, 100
25689-900 Petrópolis, RJ
www.vozes.com.br
Brasil

Editoração: Piero Kanaan
Diagramação: Editora Vozes
Revisão gráfica: Fernanda Guerriero Antunes
Capa: Carol Palomo

ISBN 978-85-326-7238-4

Este livro foi composto e impresso pela Editora Vozes Ltda.

Sumário

Nesta tradução brasileira, todas as citações de livros da Bíblia Hebraica (= Antigo Testamento Protestante) e do Novo Testamento vêm da edição da *Bíblia Sagrada* (2001) da Editora Vozes. As citações dos chamados Apócrifos vêm da *Bíblia Apócrifa: Segundo Testamento* (2025) da Editora Vozes. Para os livros não incluídos nos textos acima, as traduções vêm principalmente das obras *Apócrifos e pseudepígrafos da Bíblia* (2005), editado e organizado por Eduardo de Proença (Fonte Editorial), e *O Livro de Enoque Etíope ou 1Enoque* (2015), da Editora Entre os Tempos.

Prefácio à segunda edição em inglês

Cerca de vinte anos se passaram desde a primeira edição de *O nascimento do judaísmo – História, literatura e arqueologia do Segundo Templo*. As vendas do livro sugerem que tem prestado um bom serviço para estudantes e interessados em geral em aprender mais sobre esse período crucial na história do povo judeu e sobre a literatura produzida nessa época. Nesses anos após a publicação pela editora Eerdmans, acadêmicos continuam dispensando quantidades significativas de tempo e energia ao judaísmo inicial e novos textos foram descobertos, ainda que nenhum deles seja tão espetacular quanto os Pergaminhos do Mar Morto. Mas, mesmo para estes últimos, a situação mudou bastante desde 2001: todos já foram publicados e suas fotografias estão agora disponíveis em formato digital.

À luz da passagem do tempo e das mudanças no campo de pesquisa, pareceu proveitoso revisar *O nascimento do judaísmo*. As maiores mudanças desta nova edição consistem na adição de mais material: como é razoável datá-los ao Período do Segundo Templo, adicionei ao capítulo sobre a literatura (o capítulo 2) seções relativas a três novos textos: José e Asenet, As Antiguidades Bíblicas do Pseudo--Fílon e 4Macabeus. Sobre este último, escrevi uma seção para a tradução russa de *O nascimento do judaísmo* por ser incluída nas bíblias das Igrejas Orientais, a qual revisei para esta segunda edição. Fiquei tentado a incluir uma unidade a respeito do 2Henoc no capítulo 2, mas ainda não estou convencido de que provém da época em que o Segundo Templo ainda estava de pé. Acrescentei também umas poucas palavras relativas aos recentemente publicados textos de Al-Yahudu e ao Arquivo Murashu, na seção dedicada ao povo judeu nas terras orientais.

O trabalho de revisão ofereceu a oportunidade para corrigir certos erros, bem como para fazer algumas pequenas mudanças estilísticas na primeira edição. Realizei uma alteração estrutural: a primeira edição possuía três capítulos, mas, após ponderar, pareceu-me mais sensato transformar a parte a respeito das grandes descobertas arqueológicas em um capítulo independente – antes integrava o capítulo 2, dedicado à literatura judaica da época do Segundo Templo. Como resultado, a versão revisada está dividida em quatro capítulos, mas cobre os mesmos assuntos dos três da edição anterior.

Mary, minha esposa, foi bastante gentil, leu o primeiro esboço da revisão e fez muitas sugestões úteis – quase todas adotadas por mim. Mais uma vez, Mary, muito obrigado! Gratidão também a Justin Howell pelo copidesque muito cuidadoso do manuscrito. Como sempre, tem sido uma experiência agradável trabalhar com o pessoal da Eerdmans. Meus agradecimentos mais calorosos a Andrew Knapp, Jennifer Hoffman, Laura Bardolph Hubers e Amy Kent pelo talento, eficiência e disposição em transformar o manuscrito em publicação.

Prefácio à primeira edição em inglês

Minha experiência tanto no ensino superior quanto em falas para outros grupos tem mostrado que há grande interesse em conhecer mais sobre a parte da história e da literatura judaicas abordadas neste volume. O povo judeu busca por mais informação a respeito desse momento formativo da longa história do judaísmo, enquanto os cristãos desejam conseguir uma melhor compreensão do que ocorreu "entre os testamentos". Um problema recorrente é que os futuros estudantes não sabem para onde recorrer para encontrar orientação confiável nesse vasto campo. Os especialistas estão familiarizados com as muitas e excelentes fontes que os acadêmicos têm ao alcance das mãos atualmente, mas para os leigos os tomos volumosos podem ser demasiadamente técnicos e detalhistas para o uso prático, de modo que o período do judaísmo inicial permaneça um território desconhecido.

Quando Jon Pott e Dan Harlow, da editora William B. Eerdmans, convidaram-me a escrever *O nascimento do judaísmo* na mesma linha do meu *The Dead Sea Scrolls Today* [*Os Manuscritos do Mar Morto hoje*], pareceu uma boa oportunidade para suprir a necessidade de uma introdução que pudesse ser aplicada em sala de aula e que servisse ao leitor interessado também de porta de entrada ao campo. Tentei elaborar um livro que oferecesse uma quantidade significativa de informação a respeito da história, da literatura e dos sítios arqueológicos mais importantes do período, mas apresentado de forma clara e sucinta o suficiente para que fosse acessível aos leitores com diferentes níveis de interesse e objetivos variados.

No decorrer da elaboração, tivemos que tomar muitas decisões a respeito de inclusões e exclusões. Tem se tornado comum em décadas recentes chamar o período em questão de judaísmo inicial, mas essa nomenclatura não é exatamente definida em termos cronológicos. Usamos tal nomenclatura aqui para nos referirmos aos séculos quando o Segundo Templo estava de pé em Jerusalém, ou seja, de 516/515 AEC até 70 EC. Embora conheçamos as datas precisas em que esse edifício foi erigido e destruído, nossas evidências são, não raro, muito menos satisfatórias no que tange a quando alguns textos judaicos foram escritos. Aqueles que mais provavelmente foram compostos durante o dito período foram incluídos, mas não seria absurdo dizer que outros deveriam receber o mesmo tratamento. Por exemplo, é possível argumentar que composições como as Antiguidades Bíblicas do Pseudo-Fílon e José e Asenet deveriam ter sido incluídas, e que um texto como As similitudes, ou as Parábolas de Henoc (1Henoc, 37-71), deveria ter sido excluído por ser posterior. E ainda assim, e em que pese os debates e questionamentos, o leitor pode ter certeza de que as escolhas feitas a respeito do que deveria ser abordado foram tomadas com cuidado, e que o material apresentado oferece uma boa noção do que aconteceu nesse período e dos tipos de ideias elaboradas pelos pensadores judeus.

À medida que o livro tomava forma, eu recebia ajuda de um bom número de pessoas. A Universidade de Notre Dame e o Departamento de Teologia me forneceram um maravilhoso contexto de ensino e pesquisa. Meus colegas produziram uma enorme quantidade de estudos que se provaram inestimáveis ao meu trabalho, e o programa de judaísmo e cristianismo na Antiguidade tem atraído um fluxo contínuo de doutorandos talentosos que me ajudaram a refletir sobre o período com o qual trabalho agora. Por suas particulares contribuições a essa publicação, desejo agradecer muito especialmente a Angela Kim, pelo cuidado na edição final e na preparação do índice remissivo.

É com amor que dedico este livro a Mary, minha talentosa e erudita esposa, que possui suas próprias piadas a respeito do meu interesse sobre assuntos como os pseudepígrafos. Ela é, sem dúvida, uma "mulher competente" que, como sua predecessora em Provérbios 31,26, "Abre a boca com sabedoria, e sua língua ensina bondade".

1
O Segundo Templo e sua época

O Período do Segundo Templo (516/515 AEC - 70 EC) foi uma era na qual o povo judeu, onde quer que vivesse, estava sob controle político e militar de outras nações. Somente durante um breve momento, entre finais do século II e I AEC, houve um estado judeu independente, e que ainda assim existia à sombra de potências bem mais grandiosas.

É bom começar esta introdução a esse período com um rápido esboço dos desdobramentos históricos que afetaram as diversas comunidades judaicas durante os quase seis séculos destacados. Conhecer os principais fatos e personagens históricos deve facilitar a compreensão dos capítulos subsequentes.

1.1 O Período Persa (538-322 AEC)

Os inícios do Período do Segundo Templo encontram-se no tempo em que a Pérsia dominava o antigo Oriente Médio.

1.1.1 Inícios

As histórias bíblicas contam que os trabalhos no Segundo Templo tiveram início quando Ciro, xá da Pérsia, no primeiro ano de seu reinado na Babilônia, emitiu um decreto ordenando sua construção (539-538 AEC; cf. 2Cr 36,22; Esd 1,1-2; 5,13; 6,3). Mas, mesmo antes disso, o profeta conhecido como Isaías II mencionara as palavras do Senhor (44,28): "Digo a Ciro: 'És o meu pastor', e ele executará tudo o que quero; ele deve dizer a Jerusalém: 'Sê reconstruída!' e ao Templo: 'Sê restabelecido!'". Conforme as fontes bíblicas, Ciro "mandou proclamar em todo o império, também por escrito" (2Cr 36,22; Esd 1,1):

> Assim fala Ciro, rei da Pérsia: Todos os reinos da terra me foram entregues pelo Senhor, o Deus do céu. E agora ele me encarregou de

> construir para ele um templo em Jerusalém da Judeia. Quem dentre vós pertence ao conjunto de seu povo? Pois que seu Deus esteja com ele e suba a Jerusalém, que fica na Judeia, para ajudar na construção do templo do Senhor, o Deus de Israel. É ele o Deus que está em Jerusalém. E em qualquer parte onde algum dos sobreviventes estiver morando, a população local deve ajudá-lo com prata e ouro, utensílios e animais, entregando-lhe também as doações espontâneas para o templo de Deus em Jerusalém (Esd 1,2-4).

Ciro concentrou sua atenção não na cidade de Jerusalém, mas no templo onde o Deus que, assim dizia, havia lhe concedido suas possessões escolhera por residência. Fiel à sua política, o grande xá devolveu os itens de culto que Nabucodonosor da Babilônia havia removido do Templo antes de destruí-lo entre 587 e 586 AEC. Ciro entregou esses objetos a alguém chamado Sesbazar, que pode ter sido um descendente de Davi (cf. 1Cr 3,18, em que "Senasser" pode ser uma outra grafia do mesmo nome). Quem quer que tenha sido, Sesbazar e muitos outros junto com ele trouxeram os vasos para o local do Antigo Templo em Jerusalém e parecem que começaram a construção, chegando a assentar suas fundações (cf. Esd 5,16), mas não parecem ter ido muito além disso. E, como seria de se esperar, as fontes indicam que havia outros residentes na localidade, e é possível que estes não tenham se agradado com a chegada desses novatos ao seu território.

Somente após cerca de dezoito anos, em 520, segundo ano do reinado de Dario (522-486 AEC), os esforços de reconstrução ganharam mais velocidade (Esd 5,1-6,15), e seus líderes são nomeados no Livro de Esdras. O civil chamava-se Zorobabel, certamente um descendente de Davi (1Cr 3,19); o sumo sacerdote era Josué, que descendia do último sumo sacerdote do Primeiro Templo, e os profetas Ageu e Zacarias os encorajavam, e também o povo, a seguirem com a tarefa. O Livro de Esdras relata que o edifício foi terminado, com a permissão e o apoio reais, no terceiro dia do décimo segundo mês, Adar, no sexto ano do Xá Dario (516/515 AEC; Esd 6,15), inaugurando assim o período conhecido como Segundo Templo.

1.1.2 Eventos em Judá (Yehud)

Após registrar a finalização da estrutura do templo, as fontes da Bíblia Hebraica se tornam muito inconsistentes na cobertura dos eventos ocorridos em Judá. Durante cerca de cem anos, apenas os trabalhos de duas lideranças célebres foram registrados, enquanto outros fatos mereceram não mais que breves alusões.

Os trabalhos de Esdras e Neemias

No ano de 468 AEC, conforme a cronologia que empregamos aqui (o sétimo ano do Xá Artaxerxes I, 465-424 AEC), um sacerdote-escriba de nome Esdras, "especializado no conhecimento da Lei do Senhor e de suas determinações a respeito de Israel" (Esd 7,11), deixou a Babilônia em direção a Judá, liderando um grupo respeitável de outros repatriados, sacerdotes, levitas e leigos. Trazia consigo uma extraordinária comissão do xá, para que pusesse em prática uma lei na província persa chamada Transeufratênia, da qual Judá era uma pequena parte.

> E tu, Esdras, de acordo com a sábia Lei de teu Deus, que está em tuas mãos, nomearás magistrados e juízes que administrem a justiça para todos os habitantes da Transeufratênia, para todos os que conhecem a Lei de teu Deus. E quanto aos que não a conhecem, tu os deverás instruir. E quem não observar religiosamente a Lei de teu Deus e a lei do rei deve ser condenado à morte, ao exílio, a uma multa ou à prisão (Esd 7,25-26).

O xá e seus conselheiros davam seguimento à política de Dario ao contribuir generosamente com o funcionamento e a manutenção do templo em Jerusalém (Esd 7,14-24; 8,36).

Ao chegar em Jerusalém, Esdras descobre que certos judeus haviam se casado fora do grupo de exilados retornados. Depois de jejuar, raspar os cabelos e rasgar as vestes, comandou uma grande oração penitencial (Esd 9), após o que exigiu que todos os culpados de casamentos mistos expulsassem suas mulheres e filhos (Esd 10). Seu crime – "a raça santa se misturou com os povos das terras" (Esd 9,2) – parecia leve, mas violava a lei divina; e violações dessa natureza, conforme Esdras, haviam levado à destruição e ao cativeiro nas mãos dos babilônicos 125 anos atrás. Sua solução radical sublinha o fato de que a pureza genealógica e familiar era considerada parte essencial da fidelidade à lei divina naquele tempo, ao menos para aqueles que seguiam essas ideias.

Até aqui, Esdras ainda não parece ter cumprido as ordens recebidas do xá, situação que não se alteraria por mais quatorze anos. O livro que leva seu nome nos diz que Neemias, que servia como copeiro ao mesmo Xá Artaxerxes I, recebera notícias perturbadoras sobre as condições em Jerusalém, pois seu irmão Hanani viera até ele "com alguns homens de Judá" (Ne 1,2, a passagem demonstra ter havido idas e vindas entre Judá e Susa), que lhe disseram: "O resto que sobrou do exílio vive lá na Província, em grande miséria e humilhação. As muralhas de Jerusalém estão em ruínas e as portas foram destruídas pelo fogo" (Ne 1,3). Quer isso signifique que a muralha permanecera em ruínas desde que os babilônicos a haviam arrasado em 587/586 AEC (2Rs 25,10), ou que muralhas novas haviam sido destruídas, não temos como saber. Tocado por essas informações, Neemias tomou coragem e pediu ao xá que abandonasse suas tarefas oficiais temporariamente e reconstruísse a cidade de Jerusalém (Ne 2,5). O livro nos informa que tudo isso ocorreu no vigésimo ano do reinado de Artaxerxes (Ne 1,1; 2,1), o equivalente a 445/444 AEC.

Neemias dirigiu-se a Jerusalém com uma escolta armada e cartas reais que o autorizavam a conseguir a madeira necessária nas florestas reais. Já na cidade, coordenou esforços para reerguer as muralhas devastadas (Ne 3) e teve sucesso em cumprir esse grande mandato em 52 dias, muito embora tenha encontrado forte resistência de líderes que viviam próximos a Jerusalém e desconfiavam de que alimentasse ambições régias (ele serviu como governador, Ne 5,14-15). As mais proeminentes dessas lideranças eram Tobias o Amonita, e Sanabalat o Horonita. Neemias implementou uma série de reformas sociais, mas seu livro repentinamente retira dele o foco e nos capítulos 8 a 10 se volta para Esdras, que após quatorze anos de sua chegada em Jerusalém finalmente havia conseguido cumprir as ordens de Artaxerxes: leu e explicou a lei para uma assembleia pública, que consistia "de homens, mulheres e de todos quantos eram capazes de compreender" (Ne 8,2). Enquanto lia "o Livro da Lei de Moisés, que o Senhor tinha prescrito a Israel" (Ne 8,1), Esdras recebia o apoio dos levitas que "explicavam a Lei ao povo, ficando os ouvintes em seus lugares. A leitura do Livro da Lei foi feita juntamente com a tradução e a explicação; e assim a leitura foi compreendida" (Ne 8,7-8). A leitura levou à celebração da Festa dos Tabernáculos, ou das Tendas (*Sucot*), e à confissão dos pecados dos israelitas que já haviam se separado das gentes estrangeiras (Ne 9). Em sua confissão, Esdras reconheceu que a falha em obedecer à lei ocorrera no exílio e nas circunstâncias atuais de subjugação, de modo que o povo presente se comprometeu "firmemente, por escrito, assinando o documento selado" (e, como é usual em Esdras e Neemias, todos os nomes são listados). Seu acordo incluía o juramento de obedecer à lei de Deus, não se casar com outros povos, não se envolver em negócios durante o *Shabat*, observar o ano sabático, inclusive a remissão das dívidas, contribuir anualmente com a terça parte de um siclo para o serviço do templo, trazer lenha periodicamente para a queima dos sacrifícios, a cada ano levar os primeiros frutos da terra ao santuário e a pagar os dízimos (Ne 10). Mais tarde, Neemias usou a força para tornar efetivos muitos desses itens (Ne 13).

O livro nos conta que, no trigésimo segundo ano do xá (433-432 AEC), Neemias retornou ao monarca (13,6), mas após certo tempo não determinado viajou novamente para Jerusalém para assumir seu segundo mandato como governador. Esse trigésimo segundo ano de Artaxerxes é a última data confiável mencionada na Bíblia Hebraica, muito embora algumas das listas com nomes de sacerdotes em Neemias 12 possam alcançar um ponto mais avançado da história. Essa lista, por exemplo, chega até Jadua, que, em teoria, exercia o cargo de sumo sacerdote quando Alexandre o Grande visitou a cidade em 332 AEC (12,11-22). Alguns pesquisadores, contudo, acreditam que ele deve ter tido um homônimo mais recente, cujo nome foi, de alguma forma, omitido de outras listas semelhantes desse período. "Dario o Persa", mencionado em 12,22, é provavelmente o Xá Dario II, que reinou entre 423 e 404 AEC.

Os livros de Esdras e Neemias demonstram que um grupo de judeus, retornado da diáspora oriental, deve ter empreendido grandes esforços para se manter apartado de povos vizinhos que talvez também adorassem ao Senhor, apenas de um modo diferente. Sanabalat o Horonita, foi o ancestral de uma série de governantes da região da Samaria, um povo que parece ter alimentado antagonismos com os judeus. O mesmo pode ser dito daqueles associados a Tobias o Amonita, e a Gosem o Árabe (cf. Ne 6,1, por exemplo). À primeira vista, um certo grupo judaico, centrado à volta do Templo de Jerusalém, considerava a prática da mistura com outras populações um modo de vida perigoso e que poderia levar a mais problemas no futuro. Seus membros juraram manter as leis da aliança que haviam sido reveladas a Moisés, inclusive suas demandas separatistas, de modo a assegurar a boa vontade da divindade para com eles.

Com Neemias, as cortinas se fecham para o palco histórico de Judá, ao menos em termos práticos. Muito pouca informação chegou até nós a respeito dos eventos acontecidos entre 432 AEC e da ascensão dos macabeus nos anos 160 AEC. Basicamente, nossa única referência provém do cálamo do historiador judeu Flávio Josefo em sua obra *Antiguidades Judaicas* (cf. seção específica no capítulo 2)[1],

1. Todas as citações das obras de Josefo provêm da tradução de Vicente Pedroso, *História dos hebreus (obra completa)* (1990) [N.T.].

escrita nos anos 90 EC e que dispunha, aparentemente, de umas poucas fontes de informação relativas aos eventos entre a governança de Neemias e a Revolta dos Macabeus. Um dos incidentes que narrou com algum detalhe envolveu Jadua, o último sumo sacerdote mencionado em Neemias (12,11; 12,22).

Jadua e Alexandre o Grande

Segundo Josefo, esse Jadua era o sumo sacerdote quando o líder macedônico marchou pelas terras do Levante, o litoral oriental do Mediterrâneo, em 332 AEC. Alguns pesquisadores acreditam ser muito difícil que se trate da mesma pessoa citada no Livro de Neemias, por causa dos reinados excessivamente longos que os últimos dois homens na lista de Neemias precisariam ter exercido. Não obstante, mandatos de duração plausível para ambos ainda garantiriam que Jadua tivesse exercido o pontificado no tempo de Alexandre.

Conforme a história contada por Josefo, Jadua era um aliado do último xá da Pérsia, Dario III (336-331AEC), e se recusou a abjurar essa lealdade quando Alexandre exigiu fidelidade dos líderes da região. Quando o monarca macedônico marchou sobre Jerusalém para puni-lo, Jadua levou seu povo, todos vestidos de branco, ao encontro do conquistador, que tomou, então, uma atitude inesperada: desceu do seu cavalo, caminhou até o sumo sacerdote e se curvou perante a ele. Alexandre afirmou que, havia algum tempo, o vira em sonho, enquanto Jadua lhe garantiu que sua chegada fora prevista no Livro de Daniel. Alexandre então garantiu uma série de benefícios aos judeus para depois continuar sua marcha em direção ao Egito.

A história possui uma porção de elementos implausíveis, e nenhuma fonte grega não judaica menciona esse encontro. Ainda assim, qualquer que seja a opinião que se tenha sobre o acontecimento, ele é efetivamente revelador do quadro de uma comunidade judaica liderada por um sumo sacerdote e desfrutando de boas relações com as grandes potências.

Essa mesma história traz uma trama paralela que envolve as pessoas que viviam imediatamente ao norte de Jerusalém, na Samaria. Os Livros de Esdras e Neemias mostram em diversas passagens que as relações entre esses vizinhos eram difíceis já nos primeiros dias do retorno do exílio. Esdras 4,1 menciona os "os inimigos de Judá e de Benjamim" sem identificá-los mais precisamente, muito embora estes afirmassem adorar ao mesmo deus dos retornados e desejassem ajudar na reconstrução do templo (4,2), uma oferta que foi negada (4,3). Mais tarde, no tempo de Artaxerxes, autoridades da mesma região escreveram ao xá avisando que os judeus estavam reconstruindo a cidade de Jerusalém; em sua resposta, Artaxerxes ordenou a paralisação das obras (4,7-23). Entre os inimigos de Neemias estava Sanabalat o Horonita (citado primeiramente em Ne 2,10); Horon fica naquela mesma área mais ao norte, e hoje temos evidência de que Sanabalat estabeleceu uma dinastia de governadores que pode muito bem ter durado até a chegada de Alexandre, mais de um século depois.

As evidências desse fato provêm de um conjunto de papiros datado dos anos 300 AEC, encontrado no começo da década de 1960 e conhecido como os Papiros aramaicos do sítio arqueológico de Wadi Daliyeh, a partir do idioma em que foram redigidos e da localidade em que foram descobertos[2]. Em alguns deles consta o nome Sanabalat, e a partir desses dados foi possível reconstruir uma linhagem familiar. O Sanabalat inimigo de Neemias parece ter sido o primeiro dos três homônimos a servir como governadores da Samaria. Seu filho, Delaías, é mencionado em um dos Papiros de Elefantina (cf. capítulo 3 adiante). Um segundo Sanabalat também aparece nesses mesmos documentos, e um terceiro é apresentado por Josefo como contemporâneo ao sumo sacerdote Jadua e teria apoiado Alexandre, que por sua vez lhe teria concedido a permissão para a construção de um templo em seu território, e para servir como sumo sacerdote ele convidou o irmão de Jadua a se casar com sua filha e ocupar o cargo. Seria essa, então, a suposta origem de um templo na região de Samaria.

1.1.3 Eventos no Egito

A Judeia não era, nem de longe, a única área com população judaica durante o tempo em que o Império Persa governou o Oriente Médio. Havia judeus nos mais variados países – e lá estavam por uma série de razões. O caso mais bem conhecido e documentado de dispersão é o processo de exílio ocorrido no começo do século VI AEC, que significou o deslocamento de um número considerável de judeus para a Mesopotâmia. Fontes do período persa e posteriores indicam que também o Egito era um local com significativa população judaica, que cresceria ao longo dos anos até se tornar indiscutivelmente numerosa.

---

2. Essa foi a nomenclatura adotada por Elcio Valmiro Sales de Mendonça (2023) em um recente artigo publicado. O autor os chama simplesmente de Papiros da Samaria [N.T.].

O Livro de Jeremias fala de uma migração de judeus para o Egito na esteira da conquista de Jerusalém por Nabucodonosor, em 587/586 AEC. Os conquistadores indicaram um judeu chamado Godolias como governador da Judeia (Jr 39,14; 40,5-12), mas ele foi assassinado em 582 AEC (40,13-41,10). Os perpetradores do crime foram posteriormente derrotados por um outro grupo judeu e expulsos do país, mas os membros do grupo que havia vingado Godolias e seus homens passaram a temer que os babilônicos viessem a puni-los justamente pela morte do governador, e daí fugiram para o Egito e forçaram o Profeta Jeremias a acompanhá-los (43,1-7). Jeremias, que já havia rejeitado um convite para se juntar aos exilados na Babilônia (40,1-6) e estimulava os judeus a permanecerem em sua terra (42,7-22), deu seguimento à sua carreira profética negativa entre os judeus do Egito e aparentemente viveu por lá até a morte (43,8-44,30). O livro que leva seu nome diz que havia judeus residindo em "Magdol, Táfnis, Mênfis e na terra de Patros" (44,1) e indica que eles continuaram com suas práticas idólatras por lá. A última coisa que sabemos dele é sua profecia de que o Faraó Hofra (588-569 AEC) seria entregue aos inimigos (44,30), de modo que, por essa época, esse monarca ainda estava vivo e reinando.

Uma série de textos conhecida como os Papiros de Elefantina oferece informações sobre os judeus residentes no Egito em tempos mais avançados. A Ilha de Elefantina fica do lado oposto da atual cidade de Assuã, onde existe hoje uma grande e moderna represa. Na virada do século XIX para o XX, vários grupos de papiros foram descobertos por lá. Esses textos, escritos na língua aramaica e datando de finais dos 400 e começos dos 300 AEC, provêm de uma colônia militar judaica estacionada na ilha, conhecida nos textos por Yeb. Os Papiros de Elefantina serão trabalhados no capítulo 3; aqui resumiremos as informações históricas a seu respeito.

Os judeus de Yeb tinham um templo onde adoravam a um deus chamado Yahu, uma forma do nome bíblico Iavé (*Yahweh*, usualmente traduzido por "o Senhor"). Eles afirmavam que seu templo já existia antes mesmo da invasão do Egito pelo Xá Cambises em 525 AEC, mas o santuário foi destruído no ano de 410, um ato incitado pelos sacerdotes que serviam ao deus egípcio Khnum, executado com a permissão das autoridades persas e durante a ausência da mais alta autoridade persa no país, o Sátrapa Arsamés. Os judeus de Elefantina tentaram angariar apoio para a reconstrução e escreveram a Joanã, sumo sacerdote em Jerusalém (citado em

Ne 12,22), mas, por algum motivo que desconhecemos, não receberam resposta. Também escreveram a Bágoas/Bigvai, o governador de Jerusalém, e a Delaías, filho do adversário de Neemias, Sanabalat, então governador da Samaria. Essas autoridades defenderam o programa de reconstrução, mas, embora o templo pareça ter sido reerguido, os sacrifícios de animais lá não foram mais permitidos.

Nos Papiros de Elefantina há inúmeras referências a outros deuses, demonstrando que os judeus de lá tendiam a praticar uma religiosidade sincrética, tal e qual aqueles do Egito que Jeremias criticara tão ferozmente cerca de 170 anos antes.

1.1.4 Eventos na Babilônia e na Pérsia

2Reis 25 quase termina com a queda de Jerusalém nas mãos dos babilônicos e com a deportação de muitos judeus para regiões longínquas ao leste (à parte Babilônia, nenhuma outra área foi especificada). O último parágrafo do capítulo relata que Evil-Merodac, rei da Babilônia (562-60 AEC), libertou o rei judeu Joaquim após 37 anos de encarceramento (598-561 AEC) e cuidou do seu bem-estar: "Pôde tirar as roupas de prisioneiro e comer, permanentemente, à mesa do rei, enquanto viveu. O sustento lhe foi garantido de modo permanente pelo rei, dia após dia, durante toda a sua vida" (25,29-30). Essa breve informação confirma documentos babilônicos que mencionam o envio de suprimentos a Joaquim e seus filhos.

O Profeta Ezequiel, que aparentemente estava entre os deportados em 598 AEC, acrescenta mais algumas informações sobre os exilados na Babilônia. Ele próprio teve sua famosa visão da carruagem divina no Rio Cobar, onde havia outros exilados (Ez 1,1), e mais tarde faz menção a outros exilados em Tel-Abib (3,15), próximo ao mesmo rio. Sua visão a respeito da restauração da terra de Judá e do seu templo, situada ao final do livro (capítulos 40-48), é datada do ano 573 AEC (40,1).

Após essas passagens, as informações bíblicas sobre judeus em terras mesopotâmicas tornam-se muito escassas. Como vimos, 1Esdras fala do retorno de alguns exilados, enquanto outros optaram por permanecer onde estavam e apoiar financeiramente os retornados. O próprio Esdras veio da Babilônia (Esd 7,9; 8,1). Ele reuniu aqueles que desejavam voltar com ele para Jerusalém: "junto ao rio que corre na direção de Aava e ali ficamos acampados por três dias" (8,15; cf. versículos 21, 31); além disso, menciona ter contactado uma liderança dos exilados em Casfia, onde também havia servos do templo (8,17). Neemias era um funcionário na capital real de Susa (Ne 1,1). Essas poucas notícias, mais algumas passagens (como o Salmo 137), indicam que existiam judeus, talvez em grande número, em diversos lugares da Mesopotâmia e da Pérsia, muito embora as fontes não nos permitam relatar muito de sua história.

Duas descobertas arqueológicas enriqueceram nosso parco conhecimento a respeito dos judeus na diáspora oriental. Os Textos de Al-Yahudu (Cidade de Judá) consistem em aproximadamente duzentas tabuinhas de argila escritas em acádio-babilônico e datadas do intervalo entre as décadas de 570 e 470 AEC. Basicamente econômicos em sua natureza, esses textos contêm muitos nomes judaicos reconhecíveis pelo uso de formas abreviadas do nome divino Iavé. Eles demonstram como interagiam entre si e com as outras comunidades segundo as normas legais dos impérios babilônico e persa. Uma segunda descoberta, o Arquivo Murashu da cidade de Nippur (atual Iraque) é bem maior e inclui documentos datados entre 450-400 AEC. Escritos em acádio-babilônico e aramaico permitem acompanhar três gerações da família Murashu, fortemente engajada em atividades financeiras, como empréstimos e coleta de impostos. Esses documentos também apresentam muitos nomes judaicos e os mostram se relacionando com seus vizinhos, judeus e não judeus, no dia a dia.

Umas poucas obras bíblicas e apócrifas relacionam-se à diáspora oriental, mas é difícil situá-las historicamente. O Livro de Tobias, por exemplo, que será visto no detalhe no capítulo 2, situa-se na diáspora *israelita* que se seguiu à destruição de Samaria pelos assírios em 722 AEC, muito antes de os babilônicos destruírem Jerusalém e de os persas derrotarem os babilônicos. Como somos informados, o próprio Tobit estava a serviço do Rei Salmanasar (726-722 AEC; Tb 1,13-15). Aicar, seu sobrinho, foi um alto funcionário dos reis Senaqueribe (704-681 AEC) e Assaradão (680-669 AEC; 1,21-22). O livro é o primeiro exemplo de um ambiente literário que se tornará familiar: israelitas/judeus ocupando altas posições a serviço de reis estrangeiros.

São exemplos bíblicos dessa literatura os livros de Daniel e Ester, os quais se mostraram, ambos, problemáticos para aqueles que acreditam que relatam eventos históricos. Somos informados que Daniel era um dos jovens nobres israelitas levados por Nabucodonosor para servir em sua corte (Dn1,1-7), onde ele e seus amigos, abençoados pela ajuda divina, destacaram-se de várias formas. O próprio Daniel, em especial, teve imenso sucesso na interpretação dos sonhos (capítulos 2-4) e em decodificar uma inscrição (capítulo 5). Na segunda metade do livro, (capítulos 7-12) ele próprio teve visões em sonho que demandaram interpretação angelical. Sua notável carreira nas cortes de reis estrangeiros teve lugar durante os reinados de Nabucodonosor (capítulos 1-4) e Belsazar (capítulos 5, 7 e 8) na Babilônia; de Dario o Medo (capítulos 6 e 9; cf. 11,1), e Ciro o Grande, da Pérsia (capítulos 10-12). Nabucodonosor e Belsazar (chamado de rei, muito embora aparentemente nunca tenha chegado a assumir o trono) são conhecidos de outras fontes, e Ciro é igualmente familiar, mas no Livro de Daniel não foi ele o conquistador de Babilônia, e ninguém sabe se teria sido Dario o Medo que o texto considera como sucessor imediato de Belsazar. O Xá Dario, da Pérsia, não tinha origem meda, enquanto o personagem descrito em Daniel teria sido o "filho de Xerxes – o qual era medo e tinha sido feito rei sobre o reino dos caldeus" (9,1). Essas são apenas algumas das razões que levaram muitos pesquisadores a não considerarem as histórias de Daniel literatura histórica.

Uma segunda história bíblica sobre judeus ocupando altos cargos em cortes estrangeiras é a de Ester. Ela se passa no tempo de Assuero[3], geralmente entendido como o xá persa Xerxes (486-465 AEC), famoso pela invasão às terras gregas. Ester 1,3 situa-se especificamente no terceiro ano de seu reinado, quando a Rainha Vasti cai em desgraça e ocorre o processo que levou a judia Ester a se tornar rainha. Os eventos dramáticos no cerne da história teriam se passado no décimo segundo ano do reinado (3,7). Tanto Ester quanto seu primo Mardoqueu, que a havia criado, lograram convencer o xá a emitir uma contraordem que cancelasse a determinação emitida por Amã, perverso oficial real, que mandava exterminar todos os judeus do Império Persa. Os judeus foram bem-sucedidos em se defender desse ataque e decidiram comemorar a ocasião com a Festa do *Purim* (os dias 14 e 15 do mês de Adar, décimo segundo do calendário judaico, são mencionados como datas em Est 9,17-19). Nem Ester nem Mardoqueu são citados em qualquer fonte histórica extrabíblica sobre Xerxes (nelas a sua esposa tem um outro nome), e o Livro de Ester tem outras informações improváveis – a existência de 127 províncias no império, por exemplo. Assim sendo, não parece ser um relato histórico, mas, como outros textos previamente citados, mostra judeus habilidosos ocupando altas posições em um grande império estrangeiro.

3. Que pode, ou não, ser o Xerxes referido no parágrafo anterior [N.T.].

1.2 O Período Helenístico (323-63 AEC)

Após derrotar o Xá Dario III em Isso (333 AEC), Alexandre arrebatou quase toda a Síria e as áreas ao sul, incluindo Judá, virtualmente sem resistência (as únicas batalhas ocorreram em Tiro e Gaza), seguindo então até o Egito, onde, além de ser proclamado o novo faraó, foi designado filho do Deus Amon e fundou a cidade de Alexandria, batizada a partir do seu próprio nome. Do Egito, continuou suas campanhas de conquista na direção leste, venceu Dario completamente em Gaugamela (330 AEC) e tornou-se senhor do vasto império. Não satisfeito, marchou até a Índia e acabou retornando para Babilônia, onde morreu aos 33 anos em 323 AEC. Ele deixou um filho muito novo que o sucedeu durante pouco tempo, mas não demorou para que os grandes territórios conquistados fossem disputados por rivais poderosos, altos oficiais do seu exército. As guerras entre esses sucessores (chamados Diádocos) durariam mais de uma geração, até que alguma forma de estabilidade emergisse nesse vastíssimo império. A era pós-Alexandre é conhecida como Período Helenístico, um tempo em que elementos da cultura grega e o conhecimento dessa língua se disseminaram e se tornaram dominantes. Essa nova realidade político-cultural deixou uma importante marca na histórica judaica dos séculos que se seguiram.

1.2.1 O controle ptolomaico do Egito e da Judeia (c. 305-198 AEC)

Somente dois dos sucessores de Alexandre são imediatamente relevantes ao nosso tema: Ptolomeu, no Egito e áreas circunvizinhas, e Seleuco na Síria, Mesopotâmia e terras adjacentes (para este último, cf. a próxima seção). Ptolomeu foi ao Egito e reclamou para si o país e muitos outros territórios adicionais, entre os quais a pequena porção de terra do enclave étnico dos judeus em Jerusalém e arredores. Como resultado, tornou-se senhor tanto da grande população judaica do Egito quanto dos judeus na própria Judeia. Ele lutou por muito tempo para assegurar essas regiões, e muitas vezes combateu na Judeia, área essa que, junto ao sul da Síria, seria objeto de disputa com os selêucidas durante décadas.

Ptolomeu I e a Judeia

Flávio Josefo informa (*Ant.* 12.3-10) que Ptolomeu, que havia se tornado sátrapa em 323 e governou como rei de 305 a 283 AEC, tomou Jerusalém de modo ardiloso: ele entrou na cidade durante o *Shabat* afirmando que viera oferecer um sacrifício no templo. Incautos, os judeus, que não ousariam lutar no sétimo dia, caíram assim sob seu controle. Após conquistar a cidade, Ptolomeu foi um monarca cruel: fez muitos cativos e os trouxe para o Egito, onde foram assentados. Como o povo judeu era conhecido por sua fidelidade na observância dos acordos firmados, Ptolomeu os colocou em suas guarnições em Alexandria e lhes concedeu os privilégios de cidadania desfrutados pelos seus conterrâneos macedônicos (12.8). Josefo acrescenta ainda que outros judeus seguiram para o Egito por vontade própria, por causa de suas boas terras e da boa vontade real.

Tendo redigido essa descrição relativamente contraditória do tratamento dispensado aos judeus por Ptolomeu, Josefo não teve muito a dizer sobre os próximos cem anos nos quais a dinastia ptolomaica governou os judeus do Egito e da Judeia. Boa parte do seu registro se baseia em duas fontes – a história da tradução da Torá para o grego e o Romance Tobíada –, ambas as quais pressupunham a existência de comunicações regulares entre as duas regiões.

Ptolomeu II e a tradução grega da Torá

A fonte de Josefo para a história da tradução (*Ant.* 12.11-118) é a Carta de Aristeias, que será mais bem descrita no capítulo 2. Segundo o documento, o trabalho de traduzir a Lei Mosaica foi proposto pelo chefe da nova biblioteca real em Alexandria, aprovado e apoiado pelo rei, e executado por 72 sábios vindos de Israel sob as ordens do sumo sacerdote. O rei em questão era Ptolomeu II Filadelfo (283-246 AEC), o maior daquela dinastia. A história, conforme relatada na carta, é generosamente caracterizada pelas marcas das lendas, mas a alegação subjacente de que o Pentateuco foi traduzido do hebraico para o grego no começo do Período Helenístico é sustentada pela existência de citações muito antigas (c. 200 AEC) e por cópias pré-cristãs que sobreviveram. O autor da Carta de Aristeias molda e abrilhanta os fatos puros e simples numa história que se torna um tributo esplêndido à Torá, ao deus que a revelara, a Moisés, ao legislador que a registrou, e à sabedoria dos homens que conseguiram verter o texto do hebraico para o grego.

Demétrio de Faleros, o bibliotecário, informou ao monarca amante dos livros que os judeus possuíam leis que deveriam ser incluídas na crescente coleção real, "mas que dariam muito trabalho para serem traduzidas para o grego" (*Ant.* 12.1.2, p. 276). O rei concordou plenamente que a tradução precisava ser feita e ordenou que as preparações necessárias fossem tomadas. Aristeias informa que, ele mesmo, uma vez presente na corte real, aproveitou essa oportunidade para pedir ao rei que libertasse mais de 100 mil judeus que permaneciam escravizados desde o tempo que Ptolomeu I conquistara Jerusalém e a Judeia. O monarca não só aquiesceu como ordenou o pagamento de doze dracmas a cada um deles. E, como outros monarcas fizeram durante o Período do Segundo Templo, enviou presentes suntuosos ao santuário em Jerusalém, os quais foram descritos em minúcias por Aristeias (*Ant.* 12.1.17-84, p. 278).

Os preparativos para a tradução foram feitos por meio do sumo sacerdote Eleazar (durante esse período, os homens que ocuparam esse cargo são constantemente retratados como os representante do povo judeu junto a governantes estrangeiros). Ele selecionou 72 judeus fluentes tanto em grego quanto em hebraico para que viajassem até Alexandria e executassem a missão. O número 72 resultou da decisão do sumo sacerdote de escolher seis de cada uma das doze tribos – um dos elementos fantásticos da história, dado que a maioria delas já não estava mais representada na Judeia. Os tradutores trouxeram consigo uma cópia da Torá, descrita como tendo sido escrita sobre pele em letras de ouro (*Ant.* 12.89). Aconteceu também de o trabalho de tradução durar 72 dias (12.107), quando então o resultado alcançado foi aprovado pela comunidade judaica. Houvera um entendimento de que se alguém observasse algo na tradução que precisasse ser modificado, poderia haver debate (nesse ponto, a carta difere do relato de Josefo).

Seja como for, a tradução deve ter mesmo ocorrido, e a Torá parece ter sido das primeiras escrituras de qualquer religião a ser traduzida para um outro idioma. O trabalho dos tradutores não apenas deu aos judeus do mundo helenístico e que viviam fora da Judeia acesso ao seu texto sagrado (algo que haviam perdido, pois o hebraico não era mais sua língua nativa), mas também as tornou acessível para uma audiência mais ampla. Essa tradução, iniciada no começo do Período Helenístico, veio a ser conhecida como a *Septuaginta* ("setenta", em latim) por causa dos setenta (e dois) tradutores que supostamente a realizaram. Essa Bíblia Grega se tornou, de várias formas, as Escrituras do judaísmo grego e, mais tarde, da Igreja Cristã inicial.

O Romance Tobíada

A segunda história escrita por Josefo (*Ant.* 12.154-236) sobre o que havia acontecido aos judeus sob domínio ptolomaico diz respeito aos Tobíadas, uma notável família judaica que teve muitos dos seus membros alcançando posições de prestígio no império. É preciso recordar que um dos antagonistas de Neemias se chamava Tobias, e que ele tinha vínculos com o território de Amon, na margem leste do Rio Jordão. É provável que o Romance Tobíada tratasse de membros mais recentes dessa família. Na história de Josefo, o pai também se chama Tobias e é conhecido nos registros ptolomaicos (o Papiro Zenon, século III AEC, textos gregos de um representante do Escritório Ptolemaico Superior) como um chefe rico da margem oriental do Rio Jordão. O romance trata, principalmente, da ascensão de José, filho de Tobias, que alcançou grande riqueza e poder no Império Ptolomaico por meio do seu trabalho como coletor de impostos. Sua imensa boa sorte serve de cenário para as aventuras de Hircano, seu oitavo filho e o mais bem-sucedido de todos, que assumiu o ofício rentável do pai. Os Tobíadas não se destacavam somente por seus próprios méritos, mas também em virtude dos seus casamentos com a família do sumo sacerdote. Membros de ambas as casas aparecem na história intrigante que conta os eventos ocorridos entre finais do século III e o começo do II AEC.

Conforme Josefo, Onias, o sumo sacerdote (Onias II), era um avarento cuja recusa em pagar tributos ao tesouro ptolomaico presente em Jerusalém colocava a nação judaica em grande risco. Em meio a essa situação crítica, José Tobíada se ofereceu para visitar o rei e retificar o erro. Enquanto estava em Alexandria, ele usou de esperteza (e muito suborno) para adquirir o lucrativo direito de coletar impostos em uma grande área do império, posição essa que ocupou por 22 anos, durante os quais se tornou um homem riquíssimo. Com sua esposa, foi pai de sete filhos e teve mais um com sua sobrinha: seu irmão (pai dela) aproveitou que José iria desfrutar de um momento íntimo com uma dançarina por quem havia se apaixonado e pôs a própria filha no lugar dela. Ao filho desse engodo deu-se o nome de Hircano. O irmão agiu dessa maneira para evitar que José violasse a lei que vedava os judeus de terem relações sexuais com estrangeiras (*Ant.* 12.186-189). Mais tarde, Hircano se tornaria o protagonista da história: como seu pai, era excepcionalmente ousado e muito mais apto a dar continuidade ao legado paterno que os outros irmãos (12.190-195).

A rivalidade fraterna se tornou um elemento central da atmosfera política da Judeia nos anos que se seguiram. Descobrimos que os irmãos de Hircano escreveram "a todos os amigos do rei para que acabassem com ele" (*Ant.* 12.202;

cf. 12.218), mas ele os superou em esperteza e persuadiu o rei, que havia lhe oferecido qualquer presente que desejasse, a intervir:

> Ele respondeu que apenas desejava que sua Majestade escrevesse em seu favor a seu pai e a seus irmãos. O príncipe fê-lo e escreveu também aos governadores de suas províncias, recomendando-o; depois de ter dado provas de sua mui particular afeição, despediu-o com grandes presentes. Seus irmãos souberam, com grande desprazer, que o rei lhe tinha prestado tanta honra; foram à sua presença com a deliberação de matá-lo [...] (12.219-221, p. 285).

Até mesmo José ficou enfurecido por Hircano ter gastado tanto do seu dinheiro num presente. E o resultado foi uma guerra fratricida:

> Assim atacaram-no no caminho; ele defendeu-se tão valentemente, que matou a dois deles e a vários dos que os acompanhavam. O resto fugiu para Jerusalém e Hircano ficou muito surpreso, quando lá chegou por ver que ninguém o viera receber. Retirou-se então para além do Jordão e ocupou-se em receber os tributos que os bárbaros deviam pagar (12.222, p. 285).

Após a morte do pai, o conflito entre Hircano e seus meios-irmãos prosseguiu (*Ant.* 12.228). "Depois da morte de José, a divisão entre seus filhos suscitou graves perturbações, pois a maior parte favorecia os mais velhos contra Hircano, que era o mais jovem, e particularmente Simão, grão-sacrificador, porque lhe eram parentes" (*Ant.* 12.228-229). Flávio Josefo atribui a Hircano um governo sobre partes da Transjordânia que durou sete anos e a construção de aposentos magníficos por lá. Seu fim, porém, foi trágico: "O grande poder de Antíoco (IV, rei selêucida) espantou Hircano e ele teve tanto medo de cair em suas mãos e ser castigado severamente pela guerra que tinha feito contra os árabes, que se matou; esse príncipe apoderou-se de todos os seus bens" (*Ant.* 12.236).

Com o Romance Tobíada, a cobertura de Josefo sobre os judeus na era ptolomaica chega ao fim.

1.3 O controle selêucida e a influência na Judeia (198-63 AEC)

O segundo dos sucessores de Alexandre o Grande que é de particular interesse para a história judaica foi Seleuco (reinou entre 312-281 AEC), que tomou a Mesopotâmia e territórios ao Oriente, além da Síria e de partes da Ásia Menor.

Desde o início dos seus governos, os monarcas selêucidas desejaram o controle do sul da Síria e da Judeia, que pertenciam aos ptolomeus. Durante o século III AEC, houve uma série de conflitos (as chamadas Guerras Sírias) pelo controle desses territórios, e os egípcios sempre conseguiram mantê-los; o último desses confrontos terminou em 217, na Batalha de Ráfia (ou Batalha de Gaza), na qual as forças ptolomaicas alcançaram uma surpreendente vitória sobre o novo e ambicioso rei selêucida, Antíoco III.

1.3.1 Antíoco III (223-187 AEC)

Após passar alguns anos lidando com problemas no Extremo Oriente, Antíoco III mais uma vez voltou sua atenção para o sul em 201 AEC. De início, suas forças se movimentaram com facilidade pelo sul da Síria e pela Judeia, mas Escopas, o general ptolomaico, articulou um contra-ataque e, no processo, retomou a Judeia e estacionou suas tropas em Jerusalém. As sortes de ambos os lados voltaram a se inverter no ano 200 AEC, quando o exército de Antíoco III derrotou as forças egípcias na Batalha de Banias (local situado junto às nascentes do Rio Jordão; *Ant.* 12.132). Ele tomou Jerusalém em 198 AEC, e durante mais de um século os selêucidas governaram a Judeia – ou, ao menos, exerceram grande influência por lá.

Mais uma vez segundo Josefo, Antíoco III ordenou provisões especiais para os judeus como reparação pelos sofrimentos acometidos pelos habitantes da região durante as batalhas recentes entre as duas potências, e também pela assistência que os moradores de Jerusalém tinham lhe prestado quando o recepcionaram na cidade, oferecendo tropas e elefantes, e o ajudaram em seus esforços para expulsar a guarnição ptolomaica da cidadela. Especialmente, o monarca estabeleceu um fundo para pagar pelos animais e outros suprimentos necessários aos sacrifícios no templo, edifício cujo reparo também providenciou, fornecendo materiais para que ficasse mais esplendoroso que nunca. Foi permitido à nação que continuasse vivendo segundo as suas leis ancestrais; membros do Senado, sacerdotes, escribas do templo e cantores levitas ganharam isenção de impostos, mesma benesse concedida aos residentes de Jerusalém e a outros que se mudassem para lá durante um certo período de tempo; ele também reduziu em um terço os impostos futuros e garantiu a libertação dos judeus que tivessem sido escravizados e a restauração de suas propriedades (*Ant.* 12.138-146). Numa outra ação, ordenou que duas mil famílias judias se mudassem da Mesopotâmia para a Lídia e a Frígia, na

Ásia Menor, para que pudessem ajudar a debelar uma rebelião que ocorria por lá, documentando assim a presença judaica em mais uma área do mundo helenístico. Ele também lhes garantiu o direito de viver segundo suas próprias leis e concedeu-lhes contrapartidas financeiras favoráveis (12.147-153). Ao cuidar do Templo de Jerusalém, Antíoco deu continuidade à política de seus predecessores, a começar por Ciro o Grande. Em outros trechos descobrimos que seu sucessor, Seleuco IV (187-175 AEC), fez a mesma coisa.

Próximo ao fim de seu longo reinado, as forças de Antíoco foram derrotadas pelos romanos na Batalha de Magnésia, um evento cujo ano, 190 AEC, marcou uma grande reviravolta na geopolítica do Oriente Médio, à medida que a estrela de Roma ascendeu e continuou a ascender até controlar a região por completo. O acordo político imposto após a vitória, o Tratado de Apameia (188 AEC), incluiu pesadas indenizações de guerra, que representaram um fardo significativo para o tesouro selêucida nos anos que se seguiram.

1.3.2 Antíoco IV, os sumos sacerdotes e o Helenismo

Terceiro dos governantes selêucidas a controlar a Judeia, Antíoco IV (175-164 AEC) é estreitamente associado a um dos períodos mais famosos da história judaica. Aparentemente, não muito depois da ascensão ao trono do então jovem e esclarecido monarca, surgiram problemas relacionados a Onias III, o sumo sacerdote em Jerusalém. 2Macabeus, nossa única fonte para tais eventos, o descreve como um santo homem que sofria oposição de alguém chamado Simão, capitão do templo (2Mc 3), uma disputa que dizia respeito à "administração dos mercados da cidade" (2Mc 3,4). Simão informou o governador selêucida da área que o templo guardava quantidades inacreditáveis de moedas que poderiam ser deslocadas para o tesouro real, pois não eram utilizadas nos sacrifícios (3,5-6). Tudo isso levou à vinda de Heliodoro, a mais alta autoridade do reino, para confiscar o dinheiro em nome do rei, Seleuco IV. Ele não teve sucesso, mas é difícil entender o que exatamente o impediu de apossar-se dos recursos. De acordo com 2Macabeus, seu fracasso se deveu a um milagre: um espetacular cavaleiro montado, auxiliado por dois outros homens incrivelmente fortes, o espancaram até que perdesse os sentidos, e ele só sobreviveu graças à piedade de Onias, que o salvou de um destino muito pior que o de saqueador do templo (3,22-40).

Quando Antíoco se tornou rei em 175 AEC, o cargo de sumo sacerdote passou por uma grande mudança:

> Entretanto, havendo passado Seleuco à outra vida, e assumindo o reino Antíoco, chamado Epífanes, Jasão, irmão de Onias, lançou mão de meios fraudulentos para usurpar o sumo sacerdócio. Em entrevista com o rei, prometeu-lhe cerca de dez mil quilos de prata e mais dois mil, provenientes de outras rendas. Comprometeu-se, além disso, a pagar mais quatro mil, se lhe fosse concedido pela autoridade real fundar uma praça de esportes e um clube de jovens, e fazer o recenseamento dos 'antioquenos' de Jerusalém. O rei consentiu. Jasão assumiu o poder e imediatamente começou a levar seus concidadãos a viverem à moda grega (2Mc 4,7-10).

Tendo perdido o cargo, Onias III buscou refúgio em Dafne, perto de Antioquia (2Mc 4,33). Essa promessa deve ter atiçado a cobiça do monarca, envolto em dificuldade financeiras e, assim, diante da perspectiva de vultuosos pagamentos, ele rompeu com os precedentes e interveio na centenária linhagem hereditária de sumos sacerdotes que jamais havia sido rompida. A maior autoridade do judaísmo passava a ser uma indicação direta da majestade estrangeira e, além disso, Jasão (observe-se o nome grego) recebeu permissão para introduzir em Jerusalém diversas das instituições helênicas mais características, inclusive um ginásio. O escritor de 2Macabeus aponta que os sacerdotes eram particularmente inclinados à adoção dos novos costumes à custa das tradicionais práticas judaicas (4,14-15). Também se atribui a Jasão ter recebido efusivamente Antíoco quando de sua visita a Jerusalém (4,21-22).

O pontificado de Jasão durou de 175 a 172 AEC. Nesse último ano, enviou um certo Menelau (irmão de Simão, que havia sido uma fonte de problemas para Onias III) até o rei para realizar os pagamentos.

> Conduzido à presença do rei, Menelau o lisonjeou, dando-se aparência de pessoa poderosa, e conseguiu para si o sumo sacerdócio, ultrapassando em cerca de nove mil quilos de prata a oferta de Jasão. Voltou, pois, munido do decreto real. Nada possuía que o credenciasse ao sumo sacerdócio. Trazia somente os instintos de tirano cruel e o furor de animal selvagem (2Mc 4,24-25).

Tendo arrebatado o cargo, Menelau teve dificuldades em honrar os compromissos, e para cobrir o que faltava vendeu objetos do templo. Sua corrupção foi denunciada por Onias III, que permanecia exilado em Dafne, e Menelau organizou o assassinato do antigo sumo sacerdote. Na sequência, seu filho, Onias IV, fugiu para o Egito, onde recebeu a permissão real para construir um templo na cidade de Leontópolis, onde deu continuidade à tradição dos sumos sacerdotes oníadas, enquanto Jerusalém caía em mãos estranhas, que introduziram grandes mudanças na rotina do santuário e eventualmente levaram a cabo uma mudança no culto.

Durante o pontificado de Menelau (172-162 AEC), Antíoco IV invadiu o Egito (170 AEC) e derrotou Ptolomeu VI Filómetor (1Mc 1,16-19), mas, enquanto marchava novamente em direção ao Egito no ano seguinte, foi advertido a não seguir adiante pelo enviado romano Caio Popílio Lenas. Antíoco deu meia-volta, retornando à casa num péssimo humor, e no caminho foi com seu exército até Jerusalém:

> [...] entrou com arrogância no santuário, retirou o altar de ouro, o candelabro da luz com todos os seus acessórios, a mesa dos pães da proposição, os cálices de libação, as taças, os turíbulos de ouro, o véu, as coroas, as decorações de ouro da fachada do Templo. Tudo foi arrancado. Tirou a prata, o ouro, os objetos preciosos, inclusive os tesouros escondidos que descobriu. Apoderou-se de tudo e voltou para seu país, depois de ter causado grande mortandade e proferido palavras de extrema arrogância (1Mc 1,21-24).

Mais tribulações atingiriam Jerusalém. O Primeiro Livro dos Macabeus (1,29-40) descreve um momento em que, dois anos depois, o rei mandou um representante acompanhado por uma força militar que, por razões que desconhecemos, atacou a cidade e os seus habitantes. Ele pôs abaixo as muralhas e junto com seus homens "reconstruíram a Cidade de Davi com uma muralha extensa e sólida, com poderosas torres, transformando-a em sua fortaleza" (1Mc 1,33). Essa cidadela, onde as tropas estrangeiras ficaram estacionadas, tornou-se o eixo militar do controle selêucida de Jerusalém e da Judeia por gerações que se seguiram.

Aparentemente, nesse mesmo ano (167 AEC), Antíoco IV:

> [...] publicou um edito para todo o reino, ordenando que todos formassem um só povo. Cada um devia renunciar a seus costumes particulares. Todos os pagãos conformaram-se ao edito do rei. Também muitos israelitas acolheram de bom grado a sua religião, sacrificaram aos ídolos e profanaram o sábado. Por meio de mensageiros, o rei enviou editos a Jerusalém e às cidades de Judá, prescrevendo que aceitassem costumes estranhos a seu país. Deviam suprimir holocaustos,

> sacrifícios e libações no santuário; profanar os sábados e as festas; macular o santuário e os ministros sagrados; construir altares, lugares sagrados e oratórios de ídolos; sacrificar porcos e outros animais impuros. Deviam também deixar incircuncisos os filhos, e contaminar-se eles mesmos com toda sorte de impurezas e profanações, de modo a esquecerem a Lei e modificarem todas as observâncias. Quem não obedecesse à ordem do rei seria morto (1Mc 1,41-50).

O santuário foi reconsagrado a Zeus Olímpico (2Mc 6,2), a prostituição tornou-se prática, animais impuros foram oferecidos em sacrifício e os judeus, durante a celebração mensal do aniversário do rei, foram forçados a comer dos sacrifícios impuros. Tiveram também de participar da festa em honra ao deus grego Dioniso (2Mc 6,3-7). Um evento particularmente notável ocorreu, segundo as fontes, no dia 15 do mês de Kislev (o nono do calendário judaico) de 167 AEC, quando "fez erigir sobre o altar dos sacrifícios a Abominação da desolação" (1Mc 1,54). Além disso, os Livros da Lei foram destruídos (versículo 56). Ao decreto e à ação do rei, que pareceram contrários à tradicional política de tolerância para com os povos submetidos, somou-se a proibição da religião judaica, sob pena de morte. Por que um monarca tido como esclarecido trilharia um caminho tão radical?

As motivações de Antíoco já foram profundamente debatidas, mas encontra-se já relativamente estabelecido que Jerusalém era um lugar complicado havia tempo, e que ele considerava a incomum religião judaica a causa do problema. 2Macabeus (capítulo 3) descreve um incidente a que nos referimos anteriormente, hoje envolvido numa aura miraculosa, mas que nada mais é que uma autoridade selêucida passando por maus bocados na cidade ao tentar remover tesouros monetários do templo. Posteriormente, mais acusações foram levantadas contra Menelau quando seu irmão, Lisímaco, deixado em Jerusalém como representante oficial do sumo sacerdote, em viagem para Antioquia, esteve no centro de uma confrontação sangrenta com a população hierosolimitana (2Mc 4,39-50). Antes do incidente no qual Antíoco, com o beneplácito de Menelau, saqueou o templo e seus tesouros, uma revolta havia explodido em Jerusalém: Jasão, o sumo sacerdote deposto, soubera de rumores que Antíoco, em plena campanha militar contra o Egito, tinha falecido, e aproveitou a oportunidade para expulsar o protegido real, Menelau, e retomar o antigo cargo. Suas tropas causaram muita destruição e mataram muita gente antes de se retirarem (2Mc 5,5-10). O Segundo Livro dos Macabeus conta que Antíoco, após tomar conhecimento desse ataque, acreditou que a cidade estivesse sublevada. Sua experiência em ser expulso do Egito justo quando estava prestes a tomar Alexandria certamente não havia contribuído para melhorar seu humor, daí ele ter canalizado toda sua raiva e frustração contra Jerusalém (5,11-16).

Quaisquer que tenham sido as causas dos editos de Antíoco, tornou-se virtualmente impossível cumprir os ritos e as práticas associadas ao tradicional modo de vida judaico. Em algum momento após essas ordens terem sido proferidas e levadas a cabo, membros da família dos Asmoneus, um clã sacerdotal que vivia na cidade de Modin e que tinha como um dos antepassados um homem chamado Asmon (*Ant.* 12.265), tomaram a iniciativa de resistir a novas determinações. 2Macabeus (5,27) diz que: "Judas [...] chamado também Macabeu, retirou-se com outros nove para o deserto, vivendo com seus companheiros nas montanhas, à maneira dos animais selvagens. Nutrindo-se apenas de ervas, continuaram a resistir, para não terem parte na contaminação". 1Macabeus (capítulo 2) conta a história de Matatias, pai de Judas e patriarca do clã, o qual, quando convidado a seguir a nova política real e se juntar a um sacrifício oficial, rejeitou veementemente o convite e o suborno que o acompanhava. Ele também matou um judeu que se apresentara para fazer uma oferenda "no altar de Modin, conforme a determinação do rei" (1Mc 2,23), executou o funcionário real que aplicava o edito e destruiu o altar ofensivo (1Mc 2,24-25). Fez, então, um chamado às armas: "'Quem tem amor à Lei e conserva a aliança, venha e siga-me!' Então fugiu com os filhos para as montanhas, abandonando tudo o que possuíam na cidade" (1Mc 2,27-28). Outros se refugiaram no deserto para escapar da nova política.

A oposição, que começou pequena, não demorou a atrair mais pessoas para a causa. Numerosos e conhecendo bem o terreno, foram capazes de derrotar as forças selêucidas enviadas para esmagá-los. Matatias faleceu pouco depois de reunir os tradicionalistas, e seu filho Judas se tornou o comandante das forças e recebeu o epíteto de Macabeu, "martelo" – nome pelo qual o movimento que liderou e o clã ao qual pertencia passaram a ser conhecidos. As tropas que liderava saíram-se vitoriosas numa série de batalhas contra os comandantes selêucidas (1Mc 3,10-4,35) e eventualmente conseguiram tomar Jerusalém, onde deram início ao processo de purificação do templo das muitas profanações que havia sofrido recentemente. Eles não só repararam os danos e limparam o complexo das abominações que encontraram lá dentro, como também construíram um novo altar e reconsagraram o santuário ao serviço do deus de Israel. Eles celebraram essa cerimônia no dia 25 de Kislev, exatos dois ou três anos (a depender se se segue a cronologia de 1Macabeus ou de 2Macabeus) após os sacrifícios pagãos terem começado. Foi então decretado que dali em diante os judeus celebrariam a Festa do *Hanukkah* (= dedicação), começando nessa data e durando oito dias, conforme feito originalmente (1Mc 4,36-59).

Os muitos anos que se seguiram testemunharam outros importantes eventos. O conflito com o império selêucida continuou após a dedicação do templo, e foi só no ano de 162 AEC que Antíoco V (164-162 AEC), filho do seu homônimo e predecessor, revogou oficialmente os decretos de seu pai. Judas Macabeu continuou sendo uma grande força político-militar na Judeia – de fato, continuou a liderar suas tropas em diversas incursões a territórios vizinhos, em geral para proteger populações judias nessas áreas (1Mc 5). O sumo sacerdote Menelau morreu em 162 AEC e foi sucedido por Alcimo, outra indicação real e que também não pertencia à tradicional linhagem sacerdotal, mas ainda assim foi apontado para o cargo e enviado a Judeia acompanhado por forças militares. É interessante que Alcimo tenha ido até o novo rei, Demétrio I (162-150 AEC), levando acusações contra Judas. A resposta real foi enviar tropas para a Judeia, e mais uma vez estas foram derrotadas pelos macabeus (7,20-50).

1Macabeus acrescenta uma importante informação à biografia de Judas: ele "ouvira falar da fama dos romanos. Dizia-se que eram poderosos e valentes, que favoreciam a todos os que se pusessem a seu lado, e estavam prontos a fazer amizade com todos os que os procurassem" (1Mc 8,1-2). Judas enviou uma delegação a Roma "para formar um pacto de amizade e aliança, a fim de serem libertados do jugo, pois viam que o reino dos gregos reduzia Israel à escravidão" (1Mc 8,17-18). Essa breve notícia indica que os macabeus tinham dificuldade em manter a Judeia fora das garras selêucidas. O Senado concordou em celebrar um tratado com os macabeus, significando que se uma nação fosse atacada, a outra tinha de correr em auxílio (8,22-28). O poderio romano, que já havia influenciado indiretamente a história judaica quando Antíoco IV fora mandado para fora do Egito, provaria ser valioso em diversas oportunidades. As relações favoráveis com Roma precederiam em muito o ódio que surgiria após a conquista da Judeia, cerca de um século depois (63 AEC).

Judas, que aparentemente jamais chegou a ocupar um cargo oficial, morreu em batalha em 160 AEC contra mais um contingente selêucida (1Mc 9,1-18) e foi sucedido no comando pelo irmão Jônatas (o caçula dos filhos de Matatias), mas dessa vez os inimigos haviam conseguido abrir vantagem contra o partido dos macabeus. Um ano depois, faleceu Alcimo, o sumo sacerdote (9,54-57). 1Macabeus e Flávio Josefo não citam o nome do sucessor, e de acordo com este último, durante sete anos o cargo permaneceu vago, uma situação altamente irregular, sem paralelo nos mais de 350 anos de história do Segundo Templo, e que abriu espaço para especulações sobre quem teria exercido a função, se um alto sacerdote cujo nome se perdeu (por qualquer razão que seja), ou um sacerdote de posição mais inferior que serviu como substituto na ausência de um substituto oficial do finado Alcimo.

As cerca de oito últimas décadas do Império Selêucida foram um tempo turbulento, com guerras frequentes entre ocupantes e pretendentes ao trono. Eventualmente, as lideranças macabeias foram capazes de usar as fragilidades e inseguranças dos selêucidas a seu favor, pessoal ou politicamente. Um desses momentos ocorreu em 152 AEC: no último ano, o monarca reinante, Demétrio I, estava sob forte pressão de um certo Alexandre Balas (que afirmava ser filho de Antíoco IV) e precisava de todo apoio militar de que pudesse dispor. Sob tais circunstâncias, reconheceu a importância de Jônatas e lhe ofereceu o direito a recrutar tropas em troca do seu apoio. O macabeu tirou proveito do acordo e usou sua nova autoridade para tomar Jerusalém e fortificá-la (1Mc 10,1-11). Para não ser suplantado na disputa pelo trono, Alexandre Balas aumentou a aposta e escreveu para Jônatas: “te constituímos hoje sumo sacerdote de tua nação e te damos o título de amigo do rei (enviava-lhe, ao mesmo tempo, uma túnica de púrpura e uma coroa de ouro), para que te interesses pela nossa causa e nos conserves a tua amizade” (1Mc 10,20). A oferta foi aceita, e como narra 1Macabeus (10,21), “Jônatas revestiu-se dos ornamentos sagrados [do sumo sacerdote] no sétimo mês do ano cento e sessenta [do Império Selêucida, ou seja, 152 AEC], na Festa das Tendas. Entretanto, ia recrutando tropas e fabricando armas em quantidade”. Não há como dizer mais claramente que Jônatas fora alçado ao cargo por liderar um exército – muito embora proviesse, claramente, de uma família sacerdotal, não foi esse atributo que o projetou, e sim sua influência militar. O Rei Demétrio apresentou uma contraoferta que incluía extraordinários cortes tributários (1Mc 10,22-45), mas Jônatas e seus homens não confiavam nele e permaneceram ao lado de Balas (1Mc 10,46-47). O acerto dessa decisão não demoraria a se mostrar, pois Alexandre derrotou e matou Demétrio e assumiu o trono em seu lugar (1Mc 10,48-50).

Jônatas, general aliado ao rei selêucida, permaneceu como sumo sacerdote por dez anos, muito embora as fontes não reportem nem sequer um ato ritualístico que tenha realizado. Naqueles tempos, a diplomacia havia se tornado um jogo arriscado, à medida que novos reis ascendiam ao trono em Antioquia, mas o Macabeu se mostrou notavelmente bem-sucedido tanto nos campos de batalha como em conquistar honras para si mesmo (1Mc 10-11). Da mesma forma, foi sagaz o suficiente ao renovar os laços que seu irmão havia celebrado com Roma, uma potência que estava ansiosa em cercar a monarquia selêucida e satisfeita em ter aliados na vizinhança imediata da Síria (1Mc 12,1-4).

Ao recontar essa história em seu livro *Antiguidades Judaicas*, Flávio Josefo optou por fazer uma interessante adição a 1Macabeus (sua fonte principal) situada em algum momento durante o pontificado de Jônatas. Em 13.171 escreveu: "Havia então entre nós três seitas diversas relativas às ações humanas. A primeira a dos fariseus, a segunda a dos saduceus e a terceira dos essênios". Ele não afirma que esses grupos surgiram naquela época, e sim apenas constata sua existência e suas divergências a respeito de assuntos importantes, os quais resume brevemente (13.172-173).

No final, Jônatas se permitiu ser enganado por um homem chamado Trifão, que tentava conquistar para si o Império Selêucida. Ele persuadiu o macabeu a encontrá-lo na cidade de Ptolemais e a adentrá-la sem boa parte de suas tropas. Os poucos soldados que manteve consigo foram massacrados pelos habitantes da cidade e Trifão tomou Jônatas como refém (1Mc 12,46-53). Tal infortúnio inspirou seu irmão, Simão (o segundo mais velho dos filhos de Matatias), a assumir a liderança da nação judaica como sumo sacerdote e comandante do exército (1Mc 13. Sobre seu sacerdócio, cf.: 1Mc 13,36). Ele tentou, sem sucesso, libertar o irmão, eventualmente executado por Trifão perto da cidade de Bascama (13,23).

1.4 O estado asmoneu (c. 140-63 AEC)

A começar por Simão, uma série de governantes asmoneus conseguiu conquistar variados graus de independência para o estado judeu, muito embora a sombra do regime selêucida estivesse sempre presente.

A família dos asmoneus/macabeus

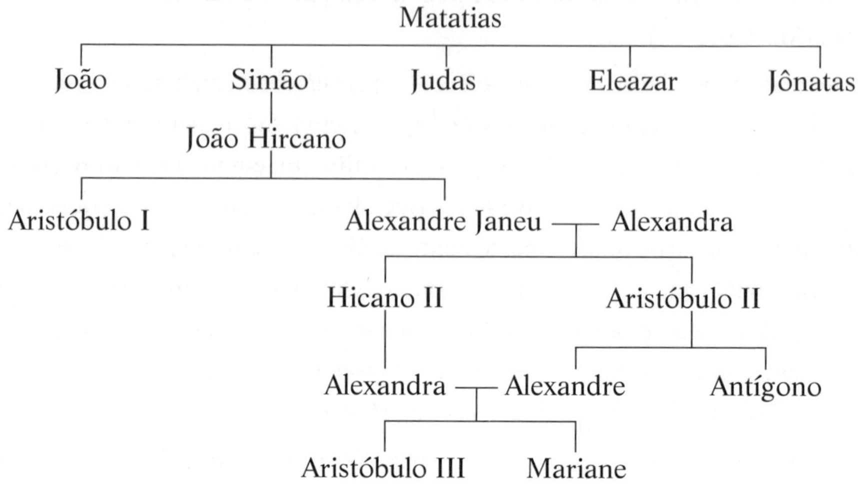

1.4.1 Simão Macabeu (142-134 AEC)

De certa maneira, Simão parece ter sido o maior dos macabeus, ou talvez tenham sido as circunstâncias de seu tempo que o permitiram alcançar tamanho sucesso. Entre suas primeiras conquistas estão:

- Fortalecimento e abastecimento das fortalezas nacionais;
- Negociações bem-sucedidas com Demétrio II, que lutava contra Trifão pelo trono. O rei garantiu a Simão e aos judeus a dádiva da paz, o direito a manter suas praças-fortes e a isenção de taxas imperiais (1Mc 13,36-40).

Resultando disso tudo, segundo 1Macabeus (13,41-42), no ano de 142 AEC, "Israel se viu livre do jugo dos pagãos. E o povo começou a escrever nos documentos e contratos: 'Primeiro ano de Simão, sumo sacerdote insigne, general e chefe dos judeus'". No ano seguinte, ele conseguiu expulsar as tropas estrangeiras da cidadela em Jerusalém, removendo assim o cerne da presença selêucida da capital, e decretou que esse evento fosse celebrado anualmente (13,49-52). O autor de 1Macabeus incluiu em seu relato um louvor aos feitos de Simão e à paz que havia alcançado em seu tempo (14,4-15), chegando até a usar a antiga imagem bíblica de que "Cada um podia ficar sentado debaixo de sua vinha e sua figueira, sem ninguém que lhes inspirasse medo" (1Mc 14,12).

Os feitos e honras de Simão continuaram a crescer. Os romanos (dessa vez a iniciativa é atribuída a eles) renovaram sua aliança e amizade (1Mc 14,16-19). 1Macabeus reserva um grande espaço, contudo, para um decreto elaborado por uma "grande assembleia dos sacerdotes, do povo, dos chefes da nação e dos anciãos do país" (1Mc 14,28), que reconheceu as enormes contribuições de Simão e seus irmãos (somente Jônatas foi mencionado), pois eles "expuseram-se ao perigo e resistiram aos adversários de sua pátria, em defesa de seu lugar santo e da Lei, conquistando imensa glória para sua nação" (1Mc 14,29). Creditou-se a Simão ter gastado do próprio bolso para armar e pagar os soldados, além de várias conquistas elencadas no capítulo 13 (1Mc 13,32-34). Um grande poder foi, portanto, oficialmente confirmado e atribuído ao Macabeu:

- "Os judeus e seus sacerdotes decidiram, portanto, que Simão fosse o seu chefe e sumo sacerdote para sempre, até surgir um profeta fiel" (1Mc 13,41);
- "e ainda, que todos lhe obedecessem, que todos os documentos do país trouxessem o seu nome e que ele se revestisse de púrpura e ornamentos de ouro" (1Mc 13,43);
- "Não será permitido a ninguém dentre o povo ou dentre os sacerdotes modificar estas disposições, ou contradizer as ordens que ele der, ou convocar reuniões no país sem sua autorização, ou vestir-se de púrpura e usar broche de ouro" (1Mc 13,43). É possível que essas palavras refletissem alguma oposição a Simão e sua autoridade – o decreto visava colocá-la fora da lei.

Ao atingir tal proeminência internamente, Simão continuou a ser um aliado desejável tanto dos reis selêucidas quanto dos reclamantes do trono. Quando o irmão de Demétrio II, Antíoco VII (138-129 AEC) planejava uma invasão para tomar o reino para si, reafirmou as isenções tributárias já conferidas e acrescentou: "autorizo-te a cunhar moeda própria para ser usada em teu país" (1Mc15,6). Os especialistas debatem se ele efetivamente cunhou essas moedas (aparentemente improvável), mas pelo menos a permissão para fazê-lo havia sido assegurada pelo homem que assumiria o trono em Antioquia. Esse acordo, contudo, não durou muito tempo – na verdade, os filhos de Simão, João e Judas, derrotaram forças que Antíoco havia enviado contra a Judeia (1Mc 16,1-10).

1Macabeus termina com a narrativa da morte de Simão e a ascensão de seu filho, João, a vários cargos. Ptolomeu, genro de Simão que governava a área de Jericó, recebeu-o e aos dois filhos para um banquete e, quando os convidados estavam bêbados, mandou que seus homens o assassinassem. O sumo sacerdote morreu ali mesmo, e João, seu herdeiro, que não estava presente ao evento, também passou por uma malsucedida tentativa de assassinato (16,11-22).

A morte de Simão em 134 AEC assinalou o fim de um notável grupo de irmãos que lideraram exércitos e, eventualmente, a nação por mais de trinta anos. Eles transformaram a Judeia de um estado-templo a uma nação semi-independente, expandindo grandemente suas possessões e poderio militar. Jônatas e Simão conseguiram alcançar o sumo sacerdócio, a mais alta posição no país, e o segundo tomou também todos os outros postos importantes. A linhagem de sumos sacerdotes oníadas, que havia durado 150 anos até ser expulsa em 175 AEC, não teve qualquer chance de retomar sua posição, que estava agora nas mãos não apenas de outra família sacerdotal, mas que ainda por cima controlava o exército e comandava a nação.

O restante da história dos asmoneus (ou macabeus) provém de Flávio Josefo, principalmente de suas *Antiguidades Judaicas*, mas há também uma versão reduzida em *A Guerra dos Judeus*.

1.4.2 João Hircano (134-104 AEC)

João Hircano começou o seu reinado tentando punir Ptolomeu, que havia assassinado seu pai e aprisionado sua mãe e irmãos. Ao ter seu forte atacado, Ptolomeu torturou a mãe de João acima das muralhas, e mais tarde viria a matá-la e aos dois filhos (*Ant.* 13.230-235). Acrescentando aos problemas, Antíoco VII invadiu a Judeia e sitiou Jerusalém, destruindo suas muralhas e extorquindo dos judeus uma grande soma (13.245-248), mas, posteriormente, parece que os dois líderes se tornaram aliados (13.249-253). Após a morte do rei selêucida em 129, João conseguiu conquistar territórios em Moabe e na Samaria, onde destruiu o templo samaritano e forçou a todos que lá adoravam a seguir as leis judaicas, como a circuncisão.

Seguindo a tradição, João renovou o tratado de amizade e aliança com os romanos (*Ant.* 13.259-266), e de modo surpreendente conseguiu passar a maior parte dos seus anos em paz com os selêucidas, em larga medida porque as intermináveis lutas dinásticas enfraqueceram o já debilitado império. Longe de se assustar com a grande quantidade de reclamantes ao trono, diz-se que João chegou mesmo a desprezá-los (13.273-274). No fim do seu reinado, derrotou a Samaria após um demorado sítio, durante o qual os samaritanos por duas vezes receberam assistência do rei selêucida Antíoco IX de Cízico (115-95 AEC), derrotado em ambas as ocasiões. Como seus sucessores, João efetivamente cunhou suas próprias moedas.

Flávio Josefo narra uma história envolvendo João, os fariseus e os saduceus, reveladora de como esses grupos se imiscuíam no mais alto nível da política e constituíam forças que precisavam ser reconhecidas por lideranças como Hircano, contra quem, segundo Josefo, os fariseus eram particularmente hostis. Ele "fora seu discípulo e muito amado por eles" (*Ant.* 13.288-292), até ocorrer um desentendimento: tendo os convidado para um banquete, João cometeu a imprudência de perguntar se eles haviam percebido algum erro que ele cometera, e se sim que o corrigissem. Todos o elogiaram, menos Eleazar, que, segundo Josefo, "era um homem muito mau". Ele pediu a Hircano que abdicasse do sumo sacerdócio e ficasse simplesmente como o líder civil da nação, e a razão era a seguinte: "porque soubemos de nossos antepassados que vossa mãe fora escrava durante o reinado do Rei Antíoco Epifânio". Muito embora a história fosse falsa (não há nenhum registro dela naquele período), Eleazar a repetiu e enfureceu tanto João quanto seus colegas fariseus, mas as maquinações de um saduceu amigo de Hircano o convenceram de que Eleazar falava não somente por si, mas por todo o grupo ao qual pertencia. Ele, então, se juntou aos saduceus e removeu as regulações que os fariseus haviam estabelecido. Esse incidente é apontado por Flávio Josefo como a causa por que as massas, que seguiam os fariseus, passaram a detestar João Hircano (13.293-298).

1.4.3 Aristóbulo I e seu reinado (104-103 AEC)

Após a morte de João em 104 AEC, seu filho mais velho, Aristóbulo, o sucedeu em seus vários cargos. Segundo Josefo, ele mudou a forma do governo nacional, transformando-o em um reino e assumindo o título de rei, o primeiro dos asmoneus a fazê-lo (*Ant.* 13.301). Atribui-se a ele ter encarcerado a maioria dos irmãos e ter matado a própria mãe de fome. Desconfianças a respeito de seu irmão favorito, Antígono, eventualmente levaram à morte dele, muito embora aparentemente não por ordem de Aristóbulo. Apesar da descrição que fez das relações do rei (chamado Fileleno) com sua família, Flávio Josefo o elogia pelos seus serviços à nação, tais quais a conquista da Itureia (região a nordeste da Galileia), a circuncisão compulsória dos seus habitantes e a imposição da Lei Judaica (13.318-319).

1.4.4 Alexandre Janeu (103-76 AEC)

Salomé Alexandra, esposa de Aristóbulo, indicou o irmão dele, Alexandre Janeu, como sucessor do marido, e no começo do reinado suas tropas sofreram uma grande derrota nas mãos de Ptolomeu IX Látiro, recentemente chegado do Chipre. Alexandre e sua nação só escaparam do grande perigo que os rodeava graças à intervenção da mãe de Ptolomeu, Cleópatra III do Egito (116-101 AEC). Quando se viu livre dele, Alexandre retomou os ataques a diversas praças, incluindo Gaza, cujos habitantes exterminou (*Ant.* 13.320-364).

Essas numerosas campanhas militares custaram caro à população. Certo ano, durante a Festa dos Tabernáculos, enquanto Alexandre, na qualidade de sumo sacerdote, encontrava-se junto ao altar preparando o sacrifício, o povo, que carregava ramos e frutos de cidra amarela (*etróg*), jogou frutas nele e "o ofendeu com palavras, dizendo que, tendo sido escravo, ele não merecia que lhe prestassem honra alguma e era indigno de oferecer sacrifícios a Deus" (*Ant.* 13.372). Irado, Janeu mandou matar milhares de seus concidadãos como resposta a esse e a outros atos de oposição ao seu poder, e, num dado momento, diz-se que lhes perguntou "o que eles queriam que fizesse para contentá-los, e todos responderam que ele devia se matar. Mandaram então imediatamente chamar Demétrio III Eucero, para pedir-lhe auxílio" (13.376). Ou seja, os próprios súditos invocaram a ajuda do rei selêucida contra Janeu.

Demétrio III (95-88 AEC) efetivamente invadiu a Judeia, lutou contra Janeu e o derrotou (*Ant.* 13.377-378). O selêucida partiu em retirada, mas o rei judeu, ainda que livre da ameaça estrangeira, continuou a ter problemas internos, aos quais respondeu se vingando dos seus ferrenhos adversários judeus. Capturou seis mil deles, levou-os a Jerusalém e os puniu a todos de maneira terrível: "quando se entregava a um banquete com suas concubinas, num lugar bastante elevado de onde podia ver tudo, mesmo ao longe, ele fez crucificar uns oitocentos em sua presença, e estrangular, diante de seus mesmos olhos, suas mulheres e filhos" (13.380). Cerca de outros oito mil opositores fugiram apavorados, e Janeu, livre então dos seus críticos mais ativos e estridentes, conseguiu desfrutar dos últimos anos do seu reinado com o *front* interno pacificado. O fim dos problemas domésticos o deixou livre para retomar suas aparentemente intermináveis guerras contra as cidades e nações vizinhas, um objetivo no qual se provou razoavelmente bem-sucedido (13.393-397). De fato, viria a falecer numa campanha militar da qual era comandante, muito embora estivesse doente por três anos (13.398-404).

Em seu leito de morte, Janeu teria dado conselhos importantes e pertinentes à sua esposa Salomé Alexandra (que também fora casada com Aristóbulo). Ele a exortou a "conquistar o afeto dos fariseus, dando-lhes alguma autoridade, a fim de que a honra que lhes concedeis os leve a louvar publicamente, perante o povo, a vossa magnanimidade" (*Ant.* 13.400). Olhando em retrospecto, ele atribuiu sua impopularidade junto ao seu próprio povo às maldades que cometera contra eles (13.401) – indício de que os indivíduos que executara tão cruelmente pertenciam a esse grupo. Além disso, teria aconselhado a rainha a informá-los de que, uma vez no trono, não tomaria nenhuma decisão oficial sem o consentimento deles (13.403). É interessante que Flávio Josefo não se deu ao trabalho de explicar por que seria sua esposa, e não um de seus filhos, quem deveria sucedê-lo. Seja como for, ela atendeu seus últimos desejos, e ao fazê-lo conseguiu oferecer-lhe funerais melhores do que teria tido de outra forma (13.406).

1.4.5 Salomé Alexandra (76-67 AEC)

Rompendo com a tradição, a Rainha Salomé Alexandra sucedeu ao marido no trono da Judeia, muito embora fosse obviamente inelegível para o cargo de sumo sacerdote. A narrativa de Josefo permite ao leitor antever alguns dos problemas que não demorariam a assolar a nação ao descrever os dois filhos de Janeu e Alexandra que haviam sido preteridos: "Esse príncipe deixou dois filhos, Hircano e Aristóbulo, e determinou, em seu testamento, que a rainha, sua esposa, seria regente. Hircano, que era o mais velho, era pouco capaz de governar e só cuidava de viver na ociosidade. Aristóbulo, ao contrário, tinha muita inteligência, era ousado e empreendedor. A rainha [literalmente "a mulher"], sua mãe, que tinha conquistado o coração do povo porque sempre tinha mostrado sentir tristeza pelas faltas do rei" (*Ant.* 13.407), indicou Hircano para o sumo sacerdócio e deixou os fariseus "disporem de tudo e ordenava mesmo ao povo que lhes obedecesse" (13.408).

De fato, os fariseus assumiram o controle, e executaram muitos dos responsáveis pelas oitocentas mortes do tempo de Janeu (*Ant.* 13.408-415). Tal fato causou profunda divisão na sociedade e abriu espaço para que Aristóbulo se mantivesse ativo e criticasse publicamente sua mãe (13.416-418). Quando a rainha adoeceu seriamente, ele deu início à insurreição aberta e ocupou todas as fortalezas do país. Enquanto os fortes eram tomados, a rainha morreu, pondo fim a nove anos de reinado (13.422-430); após Atalia, citada na Bíblia

(2Rs 11,1-16), foi ela a segunda mulher a ocupar o trono em Jerusalém. Flávio Josefo acrescentou um posfácio altamente crítico ao relato sobre o reinado dela, e nele a acusou de almejar o poder absoluto e deixar o reino a dois herdeiros detestáveis (13.430-432).

1.4.6 Hircano II e Aristóbulo II (67-63 AEC)

Morta Alexandra, Aristóbulo, seu agressivo filho, pegou em armas e derrotou Hircano II, o herdeiro apontado pela rainha. Os dois assinaram um acordo segundo o qual a coroa, e possivelmente o sumo sacerdócio, seguiam para Aristóbulo, enquanto o outro irmão à primeira vista aceitava abandonar os negócios públicos e foi desfrutar de sua riqueza (*Ant.* 14.4-7). O novo rei poderia ter continuado a ser um governante inconteste, não fosse por um amigo de Hircano, um idumeu (edomita) rico e importante chamado Antípatro, pai daquele que se tornaria o notório Rei Herodes o Grande. Ele percebeu que enfraquecer o rei poderia lhe trazer vantagens, e estimulou Hircano e outros a se oporem ao monarca, um movimento que eventualmente obteve sucesso. Ele persuadiu Hircano a fugir de Jerusalém e se refugiar na corte de Aretas, rei árabe de Petra, que aceitou apoiá-lo em troca das doze cidades que Alexandre Janeu lhe havia tomado. Aretas, então, atacou Aristóbulo e o derrotou em batalha, forçando-o a fugir para Jerusalém. Hircano e seus apoiadores o atacaram no templo e o sujeitaram, e aos sacerdotes, a um cerco (14.8-21).

É possível que as coisas tivessem permanecido assim, indefinidas, com monarcas de pequenas nações lutando entre si para alcançar ganhos limitados, se uma potência nova e mais poderosa não tivesse chegado à região e transformado a história judaica para sempre. Segundo Flávio Josefo, enquanto o General Pompeu seguia para a Armênia, enviou seu legado Marco Emílio Escauro à frente dos seus exércitos até Damasco, de onde não demorou a avançar em direção à Judeia, onde

> encontrou-se com embaixadores que vinham a ele, da parte de Aristóbulo e de Hircano, cada qual buscando sua aliança e pedindo-lhe socorro, oferecendo-lhe ao mesmo tempo quatrocentos talentos. Escauro preferiu Aristóbulo ao irmão porque, além de ser rico e liberal, o que desejava dele era muito mais fácil de se fazer, ao passo que não lhe pareceu que Hircano, sendo pobre e avaro, pudesse cumprir o que prometia" (*Ant.* 14.30-31).

O romano ordenou que Aretas pusesse fim ao cerco, ou seria considerado inimigo de Roma. Ele, então, levantou sítio e partiu de volta para casa, mas Aristóbulo aproveitou a oportunidade para atacá-lo e a Hircano, derrotando-os completamente (14.32-33).

Quando o próprio Pompeu chegou à Síria, também foi visitado por muitas delegações, inclusive judias. Representantes tanto de Hircano quanto de Aristóbulo o procuraram, e Pompeu assumiu o papel de mediador da disputa entre os dois irmãos. Como o romano demorasse a proferir sua decisão final, Aristóbulo incorreu em sua fúria ao se retirar e retornar para a Judeia. O general marchou até lá e o ordenou entregar todas as praças-fortes que ocupava (*Ant.* 14.37-53).

Aparentemente, Aristóbulo tentou selar a paz com Pompeu e evitar um conflito armado entre ambos, mas esses esforços foram frustrados pelos seus próprios homens em Jerusalém. Pompeu o aprisionou e seguiu para conquistar a cidade, onde as tropas judaicas ocupavam o templo e tentavam se opor ao romano, muito embora o resto da capital preferisse a capitulação. Após um cerco de três meses, o santuário foi capturado, de modo que a cidade estava inteiramente submetida. Hircano havia ajudado Pompeu, e como recompensa recobrou o sumo sacerdócio, mas o conquistador tomou diversas cidades da Judeia, reduzindo consideravelmente suas fronteiras. A própria Jerusalém caiu em 63 AEC, marcando o começo do fatídico e multissecular domínio romano. E após terem sido, por muito tempo, aliados dos judeus, os romanos eram, agora, seus senhores (*Ant.* 14.55-76).

1.5 O Período Romano (de 63 AEC em diante)

O controle romano da Judeia e de outros centros com população judaica continuaria até o próprio império deixar de existir. Vamos trabalhar a primeira parte desse longo período.

1.5.1 Os primeiros anos (63-37 AEC)

Pompeu entregou o comando da região a Escauro e voltou para Roma, levando consigo como prisioneiros Aristóbulo e sua família (*Ant.* 14.79). O filho, Alexandre, conseguiu escapar, e segundo Josefo em pouco tempo estava invadindo a Judeia, algo que Hircano foi incapaz de prevenir (14.82). Os romanos conseguiram manter a ordem e controlar a família de Aristóbulo, mas este último não deixou de lhes fazer oposição. Pouco tempo depois Alexandre foi derrotado pelo governador Aulo Gabínio, um oficial romano que havia colocado Hircano no templo e dividido a Judeia em cinco distritos, cada um deles com seu próprio Sinédrio (14.82-91). Aristóbulo conseguiu fugir de Roma e tentou reconquistar o poder na Judeia, mas também ele foi derrotado por Gabínio e trazido de volta como prisioneiro, muito embora, graças a uma promessa que o romano havia feito à esposa do rei deposto, seus filhos foram libertados (14.92-97). Posteriormente, Gabínio teve mais uma oportunidade para derrotar Alexandre (14.100-102). Como Aristóbulo podia ser considerado um opositor de Pompeu, ele se tornou um peão no xadrez político romano: Júlio César restituiu sua liberdade e entregou-lhe duas legiões para que conquistasse apoio na região da Síria. Os partidários de Pompeu, contudo, o envenenaram e decapitaram seu filho, Alexandre (14.123-125).

À luz da política pró-romana exercida posteriormente pelo seu filho Herodes, é interessante observar que Antípatro demonstrou ser um apoiador fiel de Júlio César, uma escolha que lhe rendeu benefícios. Ele o ajudou militarmente no Egito, e o impressionou de tal maneira que começou a enviá-lo para cumprir tarefas perigosas. Ele e Hircano continuaram a trabalhar juntos, unidos por sua posição favorável a Roma (*Ant.* 14.127-144) – de fato, durante o tempo de Hircano as relações pacíficas e amigáveis com a potência dominante foram mais uma vez oficialmente confirmadas (14.145-148).

Atribui-se a Antípatro a restauração da ordem no país, mas, à vista dos posicionamentos omissos de Hircano, ele apontou dois de seus próprios filhos para ocupar altas posições: Fasael tornou-se governador de Jerusalém e dos territórios circunvizinhos, e "Herodes, o segundo filho, governador da Galileia, embora não tivesse ele quinze anos" (*Ant.* 14.158). É possível que Herodes já fosse um pouco mais velho (vinte e cinco anos, talvez) por volta de 47 AEC, mas, qualquer que fosse sua idade, rapidamente demonstrou ser um governante firme e capaz ao livrar a zona fronteiriça entre a Galileia e a Síria de Ezequias (a quem Josefo chama de bandido). Daí em diante, sua sombra se projetaria grandemente sobre a história judaica, e sua vida pública duraria quatro décadas.

O poder que Antípatro e seus filhos tinham alcançado e sua disposição em utilizá-lo alimentaram ressentimentos, algo que talvez fosse compartilhado pelo próprio Hircano.

A família herodiana

Antípatro*

Fasael — Herodes — José — Feroras — Salomé

*Herodes, filho de Antípatro, cognominado O Grande (37-34 AEC), tinha dez esposas, e com cinco delas teve filhos que desempenharam importantes papéis na história desse tempo.

Cidadãos importantes persuadiram Hircano a agir, e ele então convocou o jovem Herodes para que comparecesse perante o Sinédrio em Jerusalém, uma instância governamental e judiciária composta por setenta homens importantes e comandada pelo sumo sacerdote (cf. capítulo 4 adiante) para responder pela acusação da morte de Ezequias e seu bando (*Ant.* 14.168-169), cena descrita por Flávio Josefo de forma memorável: Herodes compareceu perante os juízes acompanhado de suas tropas e conseguiu intimidá-los. Não ficou exatamente claro o que ocorreu após esse evento, mas Herodes, fortemente respaldado, conseguiu reverter uma pena de morte em pleno Sinédrio, deixar Jerusalém e até planejar invadir a região, e só não o fez graças aos conselhos que recebeu de Antípatro e Fasael.

O Período Romano (de 63 AEC em diante)

1. Herodes — Dóris
   Antípatro

2. Herodes — Mariane (Asmoneia)
   Alexandre — Aristóbulo — Berenice — Salimpsio — Cipros
   Aristóbulo — Berenice:
   Herodes de Cálcis — Agripa I — Herodias
   Agripa I:
   Agripa II

3. Herodes — Mariane
   Herodes

4. Herodes — Maltace
   Arquelau — Antipas — Olímpia

5. Herodes — Cleópatra
   Herodes — Felipe

Herodes continuou a receber acusações (cf., por exemplo, *Ant.* 14.302-303; 14.324-326), mas sempre conseguiu esvair-se das punições (cf. 14.327-329). Acontecimentos internacionais quase poriam um fim à sua carreira, pois no ano de 40 AEC, os partos, uma nação cuja terra natal ficava a norte da Pérsia, bem para o leste, invadiram a Síria e se envolveram nas lutas internas dos judeus. Um outro filho de Aristóbulo II, Antígono, granjeou grande apoio e, por meio de suborno, foi capaz de conquistar o apoio dos invasores, almejando nada menos que afastar Hircano e Herodes dos seus respectivos cargos e se tornar rei. Herodes e seu irmão Fasael conseguiram conter os partos, mas em algum momento este último e Hircano decidiram negociar com os comandantes deles, e durante o processo foram aprisionados – e havia planos semelhantes para Herodes.

Herodes e sua família fugiram para Massada, uma fortaleza no deserto. Os planos de Antígono haviam sido bem-sucedidos, mas ele temia que o povo recolocasse Hircano no cargo, então "mandou cortar-lhe as orelhas, para torná-lo inapto à grande sacrificadora, porque a Lei proíbe que se conceda essa honra aos que têm algum defeito físico" (14.366). Quanto a Fasael, aparentemente cometeu suicídio enquanto estava sob custódia dos partos (14.340-369).

Herodes embarcou num navio para Roma, e lá, no ano de 40 AEC e com o apoio de Marco Antônio e Otávio, foi declarado rei pelo Senado. Parece que ele não esperava que essa posição recaísse sobre si, mas sim para seu cunhado, Aristóbulo III, de linhagem asmoneia (*Ant.* 14.370-387). Essa nomeação servia aos interesses romanos, pois colocava no trono um opositor dos partos e defenestrava Aristóbulo, que a eles devia a posição.

Ser nomeado rei era uma coisa, mas governar efetivamente era outra bem diferente. Herodes retornou à sua base na Galileia e, com a força militar que havia reunido, avançou em direção ao sul e resgatou sua família e amigos que ainda estavam em Massada.

1.5.2 Herodes o Grande (37-4 AEC), e Herodes Arquelau (4 AEC - 6 EC)

Após muita luta, e três anos após sua nomeação como rei, Herodes, à frente de forças romanas e judias, sitiou Jerusalém. Seu exército tomou a cidade à custa das vidas dos seus defensores, que tinham oferecido notável resistência. Antígono foi capturado, e Herodes, temendo que quisessem restaurar o legítimo herdeiro dos asmoneus, subornou Marco Antônio para que o matasse. Ao ser decapitado, tornou-se o último dos governantes asmoneus (*Ant.* 14.468-491; 15.8-10).

O antigo sumo sacerdote Hircano, idoso e fisicamente desfigurado, foi libertado da custódia parta. Embora tenham lhe oferecido a opção de se estabelecer na Babilônia, onde havia uma grande população judaica (*Ant.* 15.14), declinou da oferta e preferiu retornar para sua terra natal. Segundo Flávio Josefo, Herodes fingiu recebê-lo calorosamente quando do seu retorno à Judeia, mas, temendo oposição, indicou Hananel, um babilônico medíocre como seu sumo sacerdote em Jerusalém (15.21-22).

Parece ter havido oposição ao reinado de Herodes, da mesma forma que houvera ao longo de toda sua carreira. Além da hostilidade que provocava, ele ainda tinha de lidar com o fato de a antiga família real, os asmoneus, permanecer importante e desfrutar de algum apoio popular. O próprio Herodes estava ciente de que não pertencia a uma linhagem régia, mas aparentemente havia quem fizesse questão de relembrá-lo do fato. Ele foi forçado a vigiar de perto os membros da realeza deposta, e por uma boa razão: sua política pró-romana o favorecera em seus primeiros anos, logo manteve o comportamento obediente quando subiu ao trono. De início cultivou as boas graças do poderoso Marco Antônio, cuja influência no Senado lhe havia garantido a coroa. Após a Batalha de Áccio (31 AEC), espertamente transferiu seu apoio para o vencedor, Otávio, o futuro Augusto (31 AEC-14 EC), a quem visitaria diversas vezes.

Usando da influência de Alexandra asmoneia, sua sogra, e de Mariane, sua esposa, o rei removeu Hananel do sumo sacerdócio e entregou-o ao cunhado, Aristóbulo, em 35 AEC. Mas não muito depois de sua ascensão, Herodes tramou para que ele, o último dos sumos sacerdotes asmoneus, fosse afogado numa piscina (*Ant.* 15.50-61), um ato que o fez ser chamado à presença de Marco Antônio, mas, como sempre, ele conseguiu contornar punições mais severas. Apenas quatro anos mais tarde, em 31 AEC, executou Hircano, o antigo sumo sacerdote (15.161-182) – em verdade, Herodes assassinou muita gente, inclusive de sua própria família, isso muito antes dos seus últimos anos, quando a paranoia cresceu em níveis excepcionais. Ele mandou matar José, seu irmão (15.62-70, 80-87), e Mariane, sua esposa, em 29 AEC (15.213-239), e Alexandra, sua sogra asmoneia, em 28 AEC (15.240-252).

Entre as razões da fama de Herodes, há o fato de ele ter sido um grande construtor e um benfeitor. Atribui-se a ele ter pagado pela construção de templos em cidades fora de seus domínios, de ter fundado cidades inteiras (Cesareia, por exemplo) e construído fortes em seu reino (sendo os mais famosos Heródio e Massada, este último grandemente reformado por ele, como veremos no capítulo 3). Seu projeto arquitetônico mais famoso foi o Templo de Jerusalém (cf. *Ant.* 15.380-425). Em 20 AEC, foram iniciadas as obras de relocação e embelezamento do santuário existente desde 516/515 AEC. O trabalho foi feito ao longo de todo o reinado de Herodes e seguiu até muito depois dele. No Evangelho de João, após Jesus ter dito (2,19) "Destruí este Santuário e em três dias eu o levantarei", os judeus responderam (2,20): "Quarenta e seis anos levou a construção deste Santuário". De fato, os trabalhos não foram encerrados antes do mandato do Procurador Albino, 62-64 EC, pouco antes de ser destruído em 70 EC. É bastante interessante que Herodes tenha reduzido impostos duas vezes, a primeira em um terço (20 AEC) e a segunda em um quarto (14 AEC). Um dos membros de sua corte foi Nicolau de Damasco, que se tornou seu biógrafo e cujos escritos foram a fonte primária para o relato extenso e detalhado de Flávio Josefo a respeito do Período Herodiano.

As fontes indicam que os problemas de Herodes aumentaram nos últimos anos do seu reinado, em especial dentro de sua própria família. Entre suas dez esposas, a mais proeminente parece ter sido Mariane, neta de Hircano (posteriormente ele se casaria com outra mulher de mesmo nome). O casal teve cinco filhos, dois dos quais, Alexandre e Aristóbulo, tornaram-se foco de tensões familiares. Ambos foram enviados a Roma por cinco ou seis anos para serem educados, até que Herodes os trouxe de volta para casa (*Ant.* 15.342; 16.6). O fato de esses dois jovens serem asmoneus pelo lado materno inspirou-lhes um sentimento de superioridade em relação aos seus parentes não asmoneus, alguns dos quais (especialmente Salomé, irmã de Herodes) promoveram uma campanha de difamação contra eles – e o fato de o rei ter executado a mãe deles em 29 AEC certamente não contribuiu para melhorar as relações. Para contrabalançar a influência deles, Herodes indicou outro de seus filhos, Antípatro, como herdeiro aparente do trono. As acusações contra Alexandre e Aristóbulo eventualmente levaram o rei a denunciá-los pessoalmente a Augusto em 12 AEC (16.84, 87-135). A seguir, eles foram encarcerados, acusados de traição pelo pai (16.320-334) e, finalmente, estrangulados até a morte em 7 AEC (16.361-394).

Com os dois príncipes asmoneus mortos, as tensões entre Herodes e Antípatro se acirraram, até que este último também fosse preso (*Ant.* 17.93-141). Para piorar as coisas, Herodes já padecia das enfermidades que, no futuro, custar-lhe-iam a vida, e a população deixou claro que ansiava por sua morte. Ele recebeu a permissão imperial para matar o próprio filho, executando-o pouco antes de sua morte (17.182-187). Dos filhos que lhe restavam, nomeou Arquelau seu herdeiro, Antipas governador da Galileia e da Pereia e Felipe como chefe de outros territórios de seu reino (17.188-190).

Herodes morreu em 4 AEC (*Ant.* 17.191), fisicamente debilitado e sem ser querido nem pela família nem pela nação. Josefo conta que ele estava tão preocupado sobre a ausência de luto quando de sua morte que deixou ordens para que, quando morresse, homens distintos fossem assassinados, produzindo assim demonstrações de pesar – felizmente, essas execuções não ocorreram (17.173-175). Os despojos do rei foram enterrados em sua fortaleza de Heródio.

À sua morte seguiram-se muitos períodos de grandes dificuldades para os romanos, que tentavam manter a ordem num reino volátil que agora estava sem a mão de ferro que o governara. Antes mesmo que Arquelau, seu filho, recebesse a confirmação imperial de sua assunção ao trono, conforme estabelecido no testamento paterno, ele esmagou, à custa de muitas vidas, a revolta de uma multidão que exigia a convocação dos conselheiros de Herodes envolvidos na decisão de executar líderes fariseus nos últimos anos de seu reinado para que prestassem conta dos seus atos (*Ant.* 17.206-218).

Arquelau viajou a Roma para confirmar o testamento de Herodes, mas seu irmão Antipas, que havia sido indicado herdeiro em outro testamento mais antigo, também se apressou a seguir para a capital imperial para defender sua causa. Outros membros da família herodiana perfizeram o mesmo caminho, só que para demandar que o reino fosse colocado sob direto domínio romano (*Ant.* 17.218-227) – noutras palavras, que nenhum dos dois pleiteantes fosse proclamado rei. Enquanto toda essa gente estava em Roma, os problemas continuavam em Jerusalém, e no processo de abafar uma irrupção violenta, Sabino, procurador (= governador) romano, saqueou o tesouro do templo, reservando para si boa parte do butim (17.250-264). Foi nessa época que Judas, filho de Ezequias, a quem Herodes havia assassinado antes de ser rei, reuniu apoio na Galileia e conseguiu roubar uma carga de armas reais. Seu nome é associado aos zelotes, que em breve desempenhariam um importante papel na história judaica (17.271-272). Foi preciso a intervenção poderosa de Públio Quintílio Varo, governador da Síria, para que a administração subjugasse os vários levantes (17.286-298).

Augusto ponderou sem pressa a questão sucessória da Judeia, ouvindo todos os lados envolvidos e decidindo, por fim, ratificar o último testamento de Herodes. A Arquelau entregou boa parte do território real, mas não permitiu que assumisse o título de rei – ele passou a ser um etnarca, ou governante de uma nacionalidade. Antipas (4 AEC–39 EC), a quem muitas fontes chamam de Herodes (por exemplo, Lucas 13,31), mandou executar João Batista (Mt 14,6-11; Mc 6,21-28; Lc 9,9; *Ant.* 18.117-119) e também recebeu Jesus (Lc 23,7-12). Ele e Felipe (4 AEC-33/34 EC) herdaram territórios mais limitados previamente designados no testamento e receberam o título de tetrarcas. Dessa forma, os relativamente amplos domínios de Herodes foram repartidos em diversas unidades administrativas menores (*Ant.* 17.317-323).

O reinado de Arquelau foi despótico e infeliz. Seu jeito opressivo e tirânico eventualmente levou nobres judeus e samaritanos a viajar até Roma para se queixar ao imperador de seu desgoverno. Augusto convocou o etnarca à capital, destituiu-o de sua posição e o baniu para a Gália (para onde Antipas também seria mandado, muito tempo depois; *Ant.* 17.342-343).

1.5.3 O controle romano direto (6-66 EC)

A essa altura, em 6 EC, a administração da Judeia assumiu uma forma bastante diversa, pois o território foi colocado sob governo direto de Roma e, em certo sentido, anexado à Província da Síria. Os governantes romanos da região tenderam a não dar atenção às susceptibilidades judaicas (algo que Herodes ao menos compreendia), atitude cujas terríveis consequências marcariam o destino da região e dos seus habitantes. Esse período de governo romano direto pode ser dividido em duas partes: durante a primeira (6-41 EC), os governantes eram chamados *prefectos*; entre 44 e 66, governaram os *procuratores* (nessa época, ambos os títulos possuíam significados semelhantes, muito embora de início "prefeito" fosse um cargo mais militar, enquanto "procurador" estivesse mais relacionado às finanças). Entre esses dois períodos houve um breve interlúdio em que reinou Herodes Agripa I (41-44).

Os prefeitos que governaram entre 6 e 41, ou seja, basicamente sob os reinados de Augusto (até 14 EC) e Tibério (14-37), estiveram frouxamente submetidos aos legados romanos da Província da Síria. Tanto eles quanto mais tarde os procuradores estabeleceram sua residência oficial na cidade litorânea de Cesareia, que servia como capital da Judeia. Eles se mudavam, contudo, de tempos em tempos, para Jerusalém no intuito de reforçar a segurança da área durante os grandes festivais que atraíam multidões de judeus à cidade sagrada (eis o porquê de Pôncio Pilatos, um prefeito, estar por lá quando Jesus foi preso e julgado).

Seis ou sete homens ocuparam o cargo de prefeito entre 6 e 41, e o mais bem conhecido deles é Pôncio Pilatos, que governou de 26 a 36. O filósofo judeu alexandrino Fílon citou uma carta do Rei Agripa I na qual o descrevia como agressivo, ganancioso e cruel (*Legatio ad Gaium* 38.302). As fontes lhe atribuem uma série de ações que refletiram sua desconsideração para com as crenças judaicas – por exemplo, ordenou que suas tropas entrassem à noite em Jerusalém portando seus estandartes (que continham a efígie do imperador e, portanto, violavam o segundo mandamento). Por fim, acabou removido de seu posto por causa da crueldade excessiva com que tratou uma multidão aparentemente indefesa no território da Samaria (18.87, 89).

Essa fase da história judaica chegou ao fim com a morte do Imperador Calígula (37-41), que havia ordenado que uma estátua de si mesmo fosse erigida no Templo de Jerusalém. Inúmeras tropas foram deslocadas até a Palestina para fazer valer o edito (*Ant.* 18.262), ainda que o entusiasmo do imperador pela ideia não fosse compartilhado por Petrônio, governador da Síria, que temia a escalada de violência que isso poderia provocar. Ele conseguiu atrasar a implementação da ordem imperial, e pouco tempo depois (para tristeza de ninguém) Calígula foi assassinado (18.263-272).

Cláudio, o novo imperador (41-54), não demorou para nomear Agripa, neto de Herodes o Grande, como rei da Judeia, da Samaria e de todos os demais territórios que haviam pertencido ao avô (na verdade, Calígula já o havia indicado, cf. *Ant.* 19.274-277). Agripa parece ter sido um homem piedoso, ao menos dentro de seu próprio território, e até chegou a ler o trecho apropriado de Deuteronômio durante a Festa dos Tabernáculos, da maneira como o livro dizia caber ao rei (Dt 17,18-20; At 12,1-19). Seu reinado, porém, foi curto, pois ele morreu em 44, pouco depois um grupo de bajuladores o aclamarem deus (*Ant.* 19.343-352; At 12,20-23).

Na esteira dessa morte, decidiu-se que seus territórios voltariam ao controle romano direto, e não seriam entregues ao seu filho, Agripa II. A partir de então, os oficiais apontados assumiriam o título de procurador. No geral, é possível afirmar que esses governadores não judeus foram incapazes de respeitar como deveriam as sensibilidades religiosas judaicas. Nessa região volátil, o objetivo primeiro dos dominadores era manter a ordem pública. Josefo fala a respeito de cada um dos procuradores, enquanto muitos deles são mencionados nos Atos dos Apóstolos. Um dos primeiros a exercer esse cargo foi Tibério Júlio Alexandre (c. 46-48), sobrinho do filósofo judeu Fílon, que havia renegado sua religião ancestral e ascendido às altas patentes do mundo romano. A fome mencionada em Atos 11,28-30 ocorreu durante seu mandato. Sob os governos dos procuradores, sempre havia explosões de violência, por uma razão ou por outra, às quais se seguiam repressões igualmente enérgicas. Por exemplo, durante o tempo de Félix (c. 52-60), os distúrbios foram quase que ininterruptos, e o próprio procurador foi amplamente criticado pelas fontes por sua crueldade. No seu mandato, os zelotes se tornaram mais ativos, e Flávio Josefo relata que eles até concordaram com os fariseus, mas se recusaram a reconhecer qualquer outro que não Deus como governante. Josefo também afirma que "bandoleiros", subornados por ninguém menos que o próprio Félix, assassinaram Jônatas, um antigo sumo sacerdote com ideias moderadas que eles se recusavam a tolerar (20.161-163).

E esses não eram os únicos grupos religiosos fortemente interessados no fim da dominação e da opressão romanas (cf. 20.167-172). O Apóstolo Paulo teve uma audiência com Félix (At 23-24), o qual eventualmente seria chamado a Roma em 60. Os problemas continuaram durante a gestão do seu sucessor, Pórcio Festo (At 24,27), cujo mandato terminou em 62.

O seguinte, Albino, foi um tirano ganancioso e receptivo a qualquer um que lhe oferecesse suborno (*Ant.* 20.197-215). O último dos procuradores chamava-se Géssio Floro (64-66), a quem Josefo considerou o pior de todos, um notório bandido que saqueou cidades inteiras (20.252-258). Ao final do seu mandato, após um longo período de inquietação, tensão e violência com provocações de ambos os lados, a Revolta Judaica contra Roma estourou na primavera de 66. Podemos conhecer bem detalhadamente esse evento graças à obra *A Guerra dos Judeus*.

1.5.4 A Primeira Revolta Judaica (66-73 EC)

Um dos atos insensatos de Floro pode ter sido o estopim da maior e mais duradoura tentativa judaica de expulsão da dominação romana. Após o governador ter retirado uma grande soma de dinheiro do sempre atraente tesouro do templo, a esperada oposição judaica foi atiçada. E para esse caso específico concorreu também um abuso pessoalmente cometido por Floro: o povo dizia que sua pobreza o tinha levado a roubar o templo. Furioso por ser ridicularizado em sua ganância, ele permitiu que suas tropas saqueassem partes de Jerusalém (*GJ* 2.293-308). Entrementes, um grupo de sicários se apossou da fortaleza de Massada.

Num movimento importante, ao qual muitas lideranças judaicas se opuseram, a prática de oferecer um sacrifício diário ao imperador no templo foi interrompida por influência de Eleazar, filho do sumo sacerdote (*GJ* 2.408-421). Os rebeldes conseguiram tomar Jerusalém inteira, massacrando o último destacamento romano, a quem tinham garantido passagem livre (2.449-456). A luta entre judeus e não judeus se espalhou por outras cidades.

A resposta inicial de Roma veio com Caio Céstio Galo, governador da Síria, que invadiu a região com uma grande força armada. Ao chegar a Jerusalém, atacou o Monte do Templo, não teve condições de tomá-lo e por razões que desconhecemos bateu em retirada; e, à medida que retornava para Antioquia, foi atacado por forças judaicas que conseguiram capturar grandes quantidades de material bélico. Josefo observa que o júbilo com essa vitória privou os partidários da paz com o império de qualquer condição de persuadir os rebeldes a desistir. Nos dias que se seguiram, judeus importantes foram colocados no comando da resistência à inevitável resposta romana; atribui-se a Flávio Josefo a posição de comandante militar da Galileia (lugar mais provável da invasão romana), mas sofreu tamanha oposição de um tal João de Giscala (uma cidade galileia), que mal conseguiu preservar seu cargo e sua vida.

Em 67, o Imperador Nero (54-68) pôs a responsabilidade da supressão da Revolta Judaica nas mãos de Vespasiano, um general veterano, e seu filho Tito, à frente de três legiões e muitas tropas. Partes consideráveis do exército nortista de Josefo aparentemente desertaram antes mesmo que os romanos fossem avistados, muito embora Vespasiano e Tito tivessem que efetivamente subjugar umas poucas cidades fortificadas na região, entre as quais Yodfat (Jotapata), ao norte de Séforis. Lá, Josefo e as forças que ainda permaneciam consigo conseguiram se manter durante alguns meses antes que a posição caísse em meio a uma grande carnificina e com a escravização dos sobreviventes. Josefo afirma que foi salvo (ou salvou-se a si mesmo) quase que por milagre: após ter aceitado a rendição, ele e outros quarenta companheiros acertaram em matar-se uns aos outros, numa ordem decidida por sorteio. Josefo restou por último e, uma vez livre dos camaradas, entregou-se como originalmente planejara. Ele conta que foi levado à presença de Vespasiano e previu que ele seria imperador, um vaticínio que, se não lhe garantiu liberdade imediata, ao menos significou um tratamento mais brando (*GJ* 3.340-408). Vespasiano também conseguiu tomar a cidade de Gamala, mas ao custo de pesadas baixas; e, como resultado dessas e de outras campanhas, o norte do país estava sob firme controle romano ao final da temporada de 67.

Não seria errôneo supor que as notícias terríveis que chegavam do norte deveriam ter unificado os líderes da resistência em Jerusalém, mas, segundo Josefo, ocorreu exatamente o oposto. Os zelotes e seu novo líder João de Giscala (que havia escapado da cidade galileia pouco antes de os portões serem abertos aos romanos) conquistaram influência suficiente para controlar a situação na capital, mataram um bom número de judeus importantes que se opuseram a eles e chegaram a indicar um novo sumo sacerdote. Eles conseguiram aumentar seu poder ao convidar reforços idumeus à cidade, de modo que os primeiros líderes da revolta, mais aristocráticos, perderam força e, não raro, suas próprias vidas.

O retrato que Flávio Josefo pinta da capital é marcado pela desordem, mas, independentemente de quem ocupou o poder ao longo de todo o ano, houve autoridades cunhando moedas. Nenhuma delas traz o nome de um líder, mas possuem inscrições em paleo-hebraico (ou seja, escritas numa forma antiga do idioma). Dos anos I ao III, encontramos "Jerusalém, a santa" (algumas moedas de bronze trazem "a liberdade de Sião"), mas no ano IV lê-se "pela redenção de Sião", quem sabe expressando esperança pela intervenção divina.

No começo de 68, as forças de Vespasiano submeteram a Pereia e a margem leste do Rio Jordão, movendo-se facilmente por outras partes do país. Quando tudo já estava, em larga medida, sob seu controle, Vespasiano se preparou para cercar Jerusalém, mas naquele momento (junho de 68) recebeu as notícias de que Nero havia morrido. Sendo o homem poderoso e astuto que era, decidiu aguardar os desdobramentos futuros; e, de fato, estes não tardaram a chegar: diversas figuras ocuparam o trono imperial no curso de um ano, e em 69 Vespasiano retomou as operações militares e mais uma vez voltou-se para Jerusalém, após conquistar diversos outros lugares. Lá dentro, um novo poder ascendera em meio ao violento período de dominação zelote, Simão bar Giora, de modo que a cidade possuía agora duas lideranças severas: ele e João de Giscala.

Em 1º de julho de 69, Vespasiano foi aclamado imperador pelas tropas estacionadas no Egito, uma proclamação que não tardou a ser secundada pelas legiões da Síria e Palestina. Como ele havia se tornado uma figura importante na disputa pelo trono, o esforço de guerra na Judeia arrefeceu, e só no ano seguinte Tito foi enviado do Egito para a Palestina. Nesse ínterim, a situação em Jerusalém se deteriorou, pois o filho de Simão bar Giora, Eleazar, havia formado um terceiro grupo que disputava o controle da cidade com os homens de seu pai e com os zelotes. Em seu ódio mútuo, esses grupos queimaram grandes quantidades de reservas alimentícias, muito necessárias e cada vez mais escassas, para que os oponentes não se apropriassem delas.

Em 70, Tito sitiou Jerusalém com quatro legiões e muitos outros contingentes. Alguns grupos judaicos executaram ataques surpreendentemente bem-sucedidos, muito embora o derramamento de sangue entre as facções supostamente continuasse incessantemente dentro da cidade. Tito e seus homens assaltaram sistematicamente cada uma das três muralhas de Jerusalém, derrubando-as com seus aríetes. Nesse momento de extremo perigo, diz Josefo, a disputa entre os grupos judaicos finalmente esmaeceu e deu lugar à unidade de propósitos. Com a resistência em andamento, Tito ordenou que uma muralha de pedra fosse erguida em torno de Jerusalém para evitar o envio de suprimentos para uma população já faminta. Quando as forças romanas conseguiram entrar na cidade, o complexo do templo se tornou o campo de intensos combates. Josefo (que estava no acampamento invasor) diz que o conselho de guerra romano decidiu poupar o santuário em si, mas apesar disso, no decorrer da batalha, o edifício acabou sendo incendiado, poucos anos depois de ter sido finalizado, durante o mandato de Albino. Destruído o templo, as forças romanas completaram a conquista tomando também a cidade alta. Encerrava-se, então, o Período do Segundo Templo.

A queda de Jerusalém teve os efeitos esperados: muitos foram executados, e aos sobreviventes couberam destinos como os jogos gladiatoriais e o trabalho nas minas. Alguns líderes que ainda estavam vivos, como Simão e João, foram poupados para desfilarem no triunfo em Roma, celebrado por Tito, seu pai, Vespasiano, e seu irmão, Domiciano, em 71, ocasião em que Simão bar Giora foi executado. Na procissão triunfal, foram exibidos a mesa dos pães da proposição e o menorá do templo. Os romanos cunharam uma quantidade incomum de moedas para promover a vitória sobre os judeus.

O trabalho das forças romanas, contudo, não estava inteiramente finalizado após a destruição de Jerusalém, porque três fortalezas ainda permaneciam em mãos rebeldes. Heródio e Maquero caíram rapidamente, mas Massala conseguiu resistir. O novo governador da região, Lúcio Flávio Silva (73/74-81) recebeu a ingrata missão de tomar um forte-montanha virtualmente inexpugnável e localizado no escaldante Deserto da Judeia. Como já observamos, Massada tinha sido ocupada por um bando de sicários logo no começo da revolta, e seu líder era Eleazar ben Yair. Os romanos montaram seu acampamento no terreno em volta e construíram a rampa oeste para que pudessem colocar o aríete em posição de atingir a muralha que circundava a fortaleza. Eventualmente, conseguiram rompê-la e queimar uma outra que os defensores haviam conseguido erguer apressadamente. Diz-se que Eleazar proferiu dois discursos aos defensores, dizendo-lhes que o que havia de mais honroso a ser feito era os homens matarem suas famílias e depois a si mesmos, para escaparem dos destinos pavorosos que os esperavam em mãos romanas. Flávio Josefo conta que cerca de novecentas pessoas morreram assim, de modo que, quando os romanos chegaram ao topo de Massada, foram recebidos por pilhas de cadáveres. Encontraram também um punhado de sobreviventes que haviam se escondido para evitar a execução pelos seus pares. Massada caiu em 73 ou 74 (cf. capítulo 3).

Jerusalém jazia em ruínas, seu templo espetacular nada mais era que uma memória, e a cidade sagrada se tornara a base para um destacamento da X Legião Romana. Pouco se sabe sobre os eventos pós-guerra na Judeia, mas é possível afirmar que o antigo modo de vida, no qual o templo, seus sacerdotes e o Sinédrio desempenhavam um papel central, já não mais existia. As fontes reportam, de fato, que um bom número de sábios judeus teria se reunido no Concílio de Jâmnia, na cidade de Yavne, sob a liderança do rabino Yohanan ben Zakkai e, posteriormente, Gamaliel II. Suas discussões e decisões exerceram um grande efeito no judaísmo quando precisava se redefinir, nos anos do pós-guerra, como uma comunidade centrada na Torá, e não mais no templo e no serviço sacrificial.

É de se esperar que os eventos de 70 tivessem um profundo efeito nos sobreviventes, muito embora tenhamos pouca informação afora o que Josefo registrou. O custo humano foi altíssimo, e as implicações religiosas provaram ser gigantescas. Um modo pelo qual podemos vislumbrar o trauma religioso é por meio da leitura de dois apocalipses escritos em resposta à perda de Jerusalém e do templo: o 4Esdras e o 2Baruc. Ambos os livros foram supostamente escritos pelas figuras bíblicas que os nomeiam e têm como cenário os dias seguintes à destruição de Jerusalém e do Primeiro Templo pelos babilônicos, no século VI AEC. Ao lê-los, porém, não se demora a perceber que respondem ao desastre de 70 EC. Sua simples existência comprova que a mentalidade apocalíptica, que pode muito bem ter alimentado o entusiasmo pela revolta, não pereceu sob as chamas do ano 70, mas também que a destruição influenciou pesadamente o conteúdo de ambas as obras, que devem ter sido escritas por volta do ano 100 EC, ou seja, cerca de três décadas após o desastre.

4Esdras é o nome dado a um livro com dezesseis capítulos que, em verdade, reúne três trabalhos independentes: os capítulos 1 e 2 (que os especialistas chamam de 5Esdras) e o 15 e o 16 (6Esdras), composições cristãs que envolvem um apocalipse judaico dos capítulos 3 a 14. Nesse livro, um personagem chamado Salatiel, identificado como Esdras, tem sete visões enquanto está na Babilônia, e nelas levanta questões angustiadas sobre a destruição de Jerusalém e a justiça divina, às quais o anjo Uriel tenta responder – nem sempre a contento. Na primeira visão (4Esd 3,1-5,20), Esdras contrasta a prosperidade das nações perversas à condição humilde do povo da aliança, mas não demora para que suas dúvidas se voltem para o fim dos tempos e quando ele ocorrerá. Uriel garante não entender os motivos divinos, mas lhe apresenta alguns sinais do fim. A segunda e a terceira visão, respectivamente (5,21-6,34) (6,35-9,25), dão seguimento a esse tema, embora haja algum desenvolvimento à medida que Esdras começa a aceitar algo do que o anjo lhe diz. A quarta visão (9,26-10,59) traz uma mudança de conteúdo: Esdras vê uma mulher lamentando-se amargamente num campo longe da cidade (9,38-10,28). Quando lhe pergunta por que chora, ela explica que, após uma espera desesperada por uma criança que durou trinta anos, deu à luz um filho e o criou com todo cuidado, mas ele morreu no dia do casamento. Diante disso, ela deseja jejuar e chorar até morrer. Esdras a repreende por se ater à sua própria dor quando a mãe Sião perdeu tantos dos seus filhos. Depois de um tempo, a mulher que chora se transforma perante seus olhos, e ele não mais vê uma pessoa, e sim uma cidade brilhante. Uriel interpreta essa visão (10,29-59) relacionando a mulher a Sião. Três mil anos após a criação (ou seja, os trinta anos estéreis da mulher), Salomão deu início aos serviços sacrificiais no templo, e o tempo de vida do filho equivale ao da duração dos rituais. Sua morte simbolizou a destruição de Jerusalém, e a miraculosa transformação da mulher em cidade seria a nova Jerusalém do futuro, uma mulher aparentemente criada por ação divina, e não por meio do esforço humano.

A quinta visão (capítulos 11-12) ilustra para nós como o autor havia refletido a respeito de um apocalipse pretérito (Dn 7) e o interpretara à luz de suas experiências. Em 4Esdras (11,1-12,3), ele vê uma águia "com doze asas com penas e três cabeças" (11,1), emersa do mar e governando a terra inteira. As asas governavam uma de cada vez, mas acabavam desaparecendo e deixando apenas as três cabeças e algumas asas menores. Eventualmente, um leão se aproxima, identifica a águia como a quarta besta (isto é, a da visão de Daniel) e anuncia sua completa destruição devido ao seu reinado injusto e violento.

Em 4Esdras (12,3-9), um assustado personagem-título pede uma interpretação, que finalmente recebe em 12,10-39: o anjo lhe diz que a águia é, de fato, o quarto reino da profecia de Daniel (12,11). Ele admite que está executando uma reinterpretação da visão daniélica ao dizer "mas isso não foi explicado a ele como eu te expliquei agora" (4Esd 12,12). As doze asas são reis, dos quais o segundo é quem reina por mais tempo. As três cabeças são um outro grupo de monarcas que "deverão reger a terra e seus habitantes de modo mais opressivo que quaisquer outros antes deles e, portanto, são chamados as cabeças da águia. São eles, pois, que concluem a maldade e realizam suas derradeiras ações" (4Esd 12,23-25). O leão, diz o anjo, é o messias da linhagem de Davi que primeiro a censura e depois a destrói e, por fim, "desoprime misericordiosamente o restante do meu povo" (4Esd 12,34) e o governa durante um reinado messiânico temporário até o julgamento final (4Esd 12,34).

Nem todos os detalhes dessa visão correspondem às informações que temos sobre a história romana, mas as três cabeças realmente parecem evocar os três imperadores da Dinastia Flávia, Vespasiano (69-79), Tito (79-81) e Domiciano (81-96), sendo os dois primeiros de dolorosa memória para o povo judeu, enquanto o último poderia muito bem estar reinando quando o 4Esdras foi redigido. O ponto central que emerge dessas visões, advindo do estudo de um texto apocalíptico mais antigo, é que Deus havia profetizado a Esdras todos os eventos do Império Romano com séculos de antecedência, inclusive os horrores de 70. E, até mais importante, situou igualmente a futura destruição de Roma naqueles mesmos planos, que seriam cumpridos por intermédio do Messias.

Alguns dos ensinamentos da quinta visão ganham expressão adicional na sexta (4Esdras 13), que fala de alguém semelhante a um homem que vem do mar (continuando a tradição daniélica) e que é atacado por uma grande multidão. Ele cria uma montanha em cujo topo se coloca de pé e de lá destrói seus inimigos com chamas saindo de sua boca. Ele então reúne uma outra multidão, pacífica; e, segundo a divina interpretação, a criatura se assemelha a um homem, ao filho de Deus (ou seja, o Messias), que do alto do Monte Sião derrota as nações com a lei (as chamas) e reúne as dez tribos distantes para que se juntem no Sião.

A visão final (4Esdras 14) envolve uma cena na qual o vidente, empoderado pela bebida de algo "parecido com água, mas cujas cores são como fogo" (14,39), dita noventa e quatro livros a cinco escribas durante um período, semelhante ao de Moisés, de quarenta dias. Esses escritos eram os vinte e quatro da Bíblia Hebraica e os setenta da tradição. Os primeiros poderiam ser lidos por todos, enquanto os demais eram exclusivos dos sábios. Dessa forma, somos informados que, após a destruição, as Escrituras são inspiradamente restauradas por meio de Esdras, o Segundo Livro de Moisés, e que as tradições do povo também foram preservadas, só que sob condições mais seguras. Tudo isso para que a nação continue.

Essas visões de 4Esdras garantem ao vidente que o fim está planejado, será precedido por alguns sinais e resultará na libertação dos justos e na destruição dos maus. O tempo exato não é previsto, mas é dito a Esdras que não tardará (por exemplo, 14,10-12). No contexto em que o texto foi escrito, um outro tema pode ter sido ainda mais significativo para o leitor: a libertação virá e a besta romana será destruída, mas essa destruição não resultará de uma outra insurreição armada. Quando lhe for conveniente, Deus há de promovê-la por meio de seu filho, o Messias. A vitória futura será milagrosa, e não o resultado de armas e estratégia.

Essa mensagem encontra eco em uma série de passagens de um outro apocalipse contemporâneo, 2Baruc, um trabalho que espelha, de diversas formas, 4Esdras. Muito de sua primeira parte contém uma justificação para a punição que Deus impôs ao seu povo, enquanto na final Baruc tenta convencer o povo de que Ele foi justo naquilo que fez. Uma unidade do texto, o apocalipse da floresta, da vinha, da fonte e do cedro (2Br 35-40), lembra muito a visão da águia (4Esd 11-12). Deus explica a Baruc que a visão mostrava quatro reinos, o último dos quais era pior que os anteriores. Aquele reino seria destruído, e o Messias Divino, após matar o último governante, reinaria para sempre. Outra seção, o apocalipse das nuvens (2Br 53-74), relê as doze partes da história e prediz a destruição do último grande opressor antes do julgamento e do reinado do Messias. Novamente, tudo isso ocorrerá por meio da intervenção divinal efetuada pelo ungido de Deus.

A voz que ressoa em 4Esdras e 2Baruc seria silenciada poucas décadas depois, quando da explosão de uma segunda revolta.

1.5.5 A Revolta de Bar Kochba (132-135 EC)

Ainda que tenha ocorrido após o final do Período do Segundo Templo, é preciso mencionar, brevemente que seja, a Revolta de Bar Kochba. Durante o reinado do Imperador Adriano (117-138), uma segunda rebelião de grandes proporções incendiou a Palestina. Suas causas não estão claras, mas existem evidências de que o imperador havia banido a prática da circuncisão, um edito oficial que parece não ter se dirigido exclusivamente aos judeus, mas também a outras populações que cultivavam a prática. Adriano pode ter tomado tal decisão por considerá-la bárbara e semelhante à castração, uma outra prática que já havia sido proscrita. Além disso, como fazia com frequência, ele planejava construir uma nova cidade sobre as ruínas de outra; nesse caso, Jerusalém. Aelia Capitolina, como seria chamada, teria um templo dedicado a Júpiter Capitolino. Evidências encontradas em moedas sugerem atualmente que teria sido essa a causa da revolução.

A oposição judaica foi mantida sob controle enquanto Adriano viajava pelo Oriente Médio, mas após a sua partida a revolta estourou em 132. Talvez seja pertinente dizer que esse era o sexagésimo segundo ano da destruição do templo, e é possível que alguns judeus considerassem que, como o Segundo Templo, finalizado setenta anos depois do primeiro ter sido destruído, um terceiro seria construído passada a catástrofe de 70. Algumas das moedas cunhadas durante a revolta mostram a fachada do santuário – algo que, talvez, também possa demonstrar o interesse na edificação de um outro edifício sagrado.

O líder das forças judaicas era um homem de nome Simão bar Koziva, como sabemos a partir de uma série de documentos daquele tempo encontrados em sítios arqueológicos do Deserto da Judeia (Nahal Hever e outros), entre os quais há cartas de Simão a seus subordinados. Diz-se que o influente Rabi Akiva lhe chamou "filho da estrela" (Bar Kochba), referindo-se à profecia em Números (24,17):

"Uma estrela avança de Jacó". Essa passagem foi interpretada messianicamente, de modo que Akiva teria reconhecido o líder da revolta como o Messias. Bar Kochba assumiu o título de "príncipe de Israel", e foi associado a um sacerdote chamado Eleazar (ambos mencionados em moedas do primeiro ano). É possível que os rebeldes tenham tomado Jerusalém logo no início e controlado boa parte do país; eles certamente cunharam suas moedas (muitas das quais foram encontradas) e dataram-nas "o ano um da redenção de Israel", "ano dois da liberdade de Israel" e "pela liberdade de Jerusalém" (anos três e quatro); o nome de Simão aparece ao longo de toda a revolta.

Bar Kochba e suas forças eventualmente lutaram sua última batalha contra Roma numa fortaleza chamada Betar, a sudoeste de Jerusalém, que caiu em 135 e onde o líder foi morto. A devastação provocada pela violência da revolta e pelos esforços para esmagá-la foi imensa; uma vez mais milhares de vidas foram perdidas e muitos foram escravizados. Jerusalém continuou a ser chamada Aelia Capitolina, um lugar onde os judeus eram proibidos de entrar, e o templo dedicado a Júpiter Capitolino foi efetivamente construído.

1.6 Apêndice: o judaísmo egípcio

Como não era conveniente incorporar a história dos judeus no Egito ao estudo precedente sobre os dois últimos séculos AEC e o primeiro EC, é apropriado adicionar um breve esboço sobre o tema. Em partes anteriores da narrativa, examinamos a comunidade de Elefantina, a história a respeito da tradução da Lei e o Romance Tobíada por causa das informações que fornecem sobre a população judaica egípcia e as relações que mantinham com os judeus da Terra Santa. Embora nossas evidências sobre o judaísmo egípcio em períodos mais avançados permaneçam meramente pontuais, claro está que alguns judeus galgaram importantes posições no Egito e que outros realizaram significativas contribuições intelectuais que, ao menos em parte, sobreviveram. A farta colheita de papiros vindos do país do Nilo tem lançado luzes surpreendentes sobre os nomes e as vidas de judeus de diversos lugares e estratos sociais. Desde o início do Período Helenístico, alguns deles serviram no exército ptolomaico e na burocracia, e na cidade de Alexandria chegaram a ter seu próprio bairro (cf.: Josefo, *GJ* 2.488). É possível que o cronógrafo judeu Demétrio tenha escrito durante o reino de Ptolomeu IV Filópator (221-204 AEC), e os fragmentos sobreviventes de sua obra indicam que ele organizou a história bíblica no enquadramento cronológico da mitologia e da história gregas.

Quando o sumo sacerdote Onias III foi removido de seu cargo (175 AEC) e posteriormente executado, seu filho Onias IV fugiu para o Egito (*Ant.* 12.387), onde foi bem recebido pelo monarca Ptolomeu VI Filómetor (180-145 AEC) e se estabeleceu em Leontópolis, na ponta mais ao sul do Delta do Nilo, onde reuniu tropas e também construiu um templo em que sacrifícios foram oferecidos até a sua destruição em 73 EC (cf. *GJ* 7.421-436; *Ant.* 13.62-73). Com seu exército, Onias durante algum tempo desempenhou um papel ativo na política egípcia; e, em *Contra Apião*, Flávio Josefo chega a afirmar que Ptolomeu e sua esposa Cleópatra II confiaram o reino aos judeus e colocaram o exército inteiro sob o comando de Onias e de um outro judeu chamado Dositeu (cf. *CA* 2.49). Quando Filómetor morre em 145 AEC, um conflito explodiu entre a rainha Cleópatra II e seus aliados e o irmão do falecido monarca Ptolomeu VIII Evérgeta II (Fiscão), um rival de longa data. Onias liderou suas tropas em apoio à rainha, mas Fiscão saiu-se vencedor, de modo que os judeus de Alexandria, que haviam ficado ao lado de Onias, sofreram represálias (*CA* 2.49-56; tem sido sugerido que esse é o núcleo histórico de 3Macabeus, que situa os eventos num tempo mais antigo). Posteriormente, Chelcias e Ananias, os dois filhos de Onias, lideraram tropas em uma outra disputa dinástica (*Ant.* 13.349), e o segundo aconselhou a não invadir a Judeia no tempo de Alexandre Janeu (*Ant.* 13.352-355). Os judeus de Leontópolis ofereceram apoio a Júlio César em 47-48 AEC, quando este se encontrava em dificuldades em Alexandria (*GJ* 1.187-192; *Ant.* 14.127-132).

Diversos escritores judeus estavam ativos nesse período. Durante o reinado de Ptolomeu VI Filómetor, Aristóbulo filosofou a respeito da natureza divina, estudou a datação da Páscoa e afirmou que filósofos gregos como Platão haviam tomado ideias da Torá. Em 2Macabeus (1,10), lê-se que ele foi professor do rei (se for o mesmo Aristóbulo). Outro autor, Artapano de Alexandria, escreveu a respeito de heróis judeus como Abraão, José e, principalmente, Moisés, todos associados ao Egito. Seu tempo de atuação é desconhecido, mas ele já era atuante antes de 100 AEC. Por fim, em algum momento do século II AEC, um poeta chamado Ezequiel recontou a história do Êxodo nos moldes de uma tragédia grega.

O Período Romano traria dificuldades aos judeus egípcios, embora o início sob Augusto tenha sido auspicioso e eles tenham desfrutado de um *status* assegurado.

Em 38 EC, contudo, um grande conflito irrompeu entre gregos e judeus alexandrinos, quando então governava Avílio Flaco. Ele ficara numa situação difícil em 37, quando da ascensão de Calígula ao trono, e os adversários dos judeus aparentemente souberam explorar essa fraqueza. O estopim das revoltas foi a visita do rei judeu Agripa I a Alexandria: os gregos o humilharam organizando um desfile de zombaria em sua homenagem. A explosão de violência levou a muitas mortes e destruição de propriedades, inclusive a profanação de sinagogas, onde imagens do imperador foram instaladas. O governador revogou os direitos dos judeus, açoitou alguns dos seus líderes e torturou outros até a morte. Eventualmente Flaco foi preso, e permitiu-se a ambos os lados que enviassem delegações para apresentar suas causas perante o imperador. A delegação judaica era liderada pelo filósofo Fílon de Alexandria, nossa maior fonte de informação sobre os eventos desse período; enquanto o líder dos gregos era o intelectual homérida Apião, autor de uma obra de cinco volumes contra os judeus (a quem Flávio Josefo respondeu com *Contra Apião*). Enquanto aguardavam a audiência, as duas delegações receberam a notícia de que o imperador desejava que uma estátua sua fosse erigida no Templo de Jerusalém, mas ele morreria pouco depois e a crise se dissolveu. Uma segunda delegação dos judeus alexandrinos se dirigiu ao sucessor, Cláudio (41-54 EC), que ficou particularmente irritado por ter de lidar com esses dois grupos que se opunham entre si. A decisão que tomou ficou registrada em *Ant.* (19.280-285), e uma outra versão foi encontrada num papiro egípcio. Parece que ele permitiu aos judeus seguirem suas próprias práticas, mas os excluiu da cidadania – um golpe terrível e custoso para indivíduos de alto estrato social como Fílon.

Houve mais confrontos entre os judeus e seus oponentes em 66, quando a primeira revolta explodiu na Judeia e na Galileia. Nesse momento, o sobrinho de Fílon, Tibério Júlio Alexandre, era o governador e reprimiu violentamente a revolta, com alto custo em vidas (*GJ* 2.494-498). Nas décadas que se seguiram, as tensões não arrefeceram até finalmente explodirem na guerra de 116-117, que coincidiu com levantes em outras partes da diáspora. A Revolta Judaica no Egito espalhou-se pelo país inteiro, e só foi sufocada com grande dificuldade por parte da administração. Sua veemência foi equivalente à impiedade com que foi reprimida, e como resultado a então numerosa comunidade judaica egípcia viu-se reduzida a um pequeno grupo de sobreviventes.

2
A literatura judaica do Período do Segundo Templo

Um vasto corpo literário sobreviveu da época do Segundo Templo – textos escritos por judeus vivendo tanto na terra de Judá quanto nos pontos mais distantes da diáspora. As obras mais antigas estão na Bíblia, mas a maioria não foi admitida no cânone das escrituras sagradas, experimentando assim uma variada história textual.

2.1 Textos da época do Segundo Templo na Bíblia Hebraica

As obras mais antigas do Período do Segundo Templo que chegaram até nós foram incorporadas à própria Bíblia Hebraica. Os especialistas debatem intensamente a datação de alguns escritos; para muitos, por exemplo, a literatura sacerdotal do Pentateuco (ou seja, Levítico) pertence a um momento pós-exílio, enquanto outros defendem uma origem mais recuada. Não poucos também situariam o chamado capítulo 3 de Isaías (Is 56-66) no período do retorno, e que talvez outros textos datassem de uma época mais ou menos próxima. Livros avulsos (Rute, Joel e Jonas, por exemplo) têm sido muito difíceis de situar historicamente, caso semelhante ao de composições sapienciais como Provérbios e Jó, com suas temáticas atemporais.

Há, contudo, um outro grupo de livros bíblicos que são indubitavelmente originados na época do Segundo Templo, por descreverem-no ou pressupor condições ou personagens a ele relacionadas. Seguindo a ordem da Bíblia Católica, temos 1 e 2Crônicas, Esdras, Neemias, Ester, alguns Salmos, Eclesiastes, Daniel, Ageu, Zacarias e Malaquias. Como existem boas introduções para todos esses livros bíblicos, eles não serão incluídos no texto que se segue. Os dados históricos que podem ser obtidos deles já foram resumidos no capítulo 1.

Embora não haja consenso sobre quando certas partes da Bíblia foram escritas, não é necessário adentrar muito na literatura judaica do Segundo Templo para descobrir que havia um *corpus* literário mais antigo compartilhado e considerado muito importante por autores judeus de tempos e lugares diversos. Isso já é perceptível em textos da época do Segundo Templo, como Neemias, em que ações são tomadas com base no que estava escrito na Lei Mosaica (Ne 8).

2.2 Classificando a literatura da época do Segundo Templo

Há certos problemas práticos que vêm à tona quando se explora a extensa literatura judaica da época do Segundo Templo. Um deles diz respeito às categorias tradicionais que têm sido empregadas para classificar os textos. Os escritos caudalosos dos intelectuais judaicos Fílon e Flávio Josefo sempre foram tratados como um gênero específico, enquanto conjuntos substanciais de outros textos foram reunidos sob os rótulos de *Apócrifos* e *Pseudepígrafos*. Descobertas recentes têm acrescentado em muito a esse já volumoso acervo e, como os termos continuam sendo amplamente utilizados hoje em dia, é conveniente explicar seu significado e mencionar algumas das dificuldades inerentes à sua manutenção.

2.2.1 Os Apócrifos

A palavra tem sido aplicada a livros diferentes ao longo dos anos, e possui pelo menos dois sentidos distintos.

Os livros deuterocanônicos católicos

Os protestantes eventualmente chamam de apócrifos os livros que presentemente se encontram na Bíblia Católica, mas não na Hebraica (o Antigo Testamento Protestante). Esses livros deuterocanônicos, cada um dos quais será trabalhado individualmente mais adiante, incluem:

1. Tobias;
2. Judite (ambos vêm após Neemias no Antigo Testamento Católico);
3. 1Macabeus;
4. 2Macabeus (ambos aparecem após Ester);
5. Sabedoria (ou Sabedoria de Salomão, que vem depois de Cântico dos Cânticos);

6. Eclesiástico (Sirácida, Livro de Siraque ou de Ben Sirá, após Sabedoria);

7. Baruc (depois de Lamentações; às vezes atribui-se ao seu sexto capítulo um título separado: a Epístola de Jeremias).

Além desses sete livros, duas obras encontradas na Bíblia Hebraica possuem uma forma diferente na Católica.

• Ester (a versão do Antigo Testamento Católico possui todo o texto da Bíblia Hebraica mais seis seções adicionais espalhadas em seu conteúdo; vem depois de Judite);

• Daniel (situado após Ezequiel; a versão do Antigo Testamento Católico possui a íntegra do livro hebraico mais três composições extras: Susana, o Salmo de Azarias e o Cântico dos Três Jovens e Bel e o Dragão).

Obras da Bíblia Grega ausentes da Bíblia Hebraica

O termo *apócrifo* também tem sido usado para os livros adicionais encontrados em manuscritos gregos do Antigo Testamento, que incluem todos os deuterocanônicos católicos e mais alguns. Por exemplo, uma edição amplamente utilizada do Antigo Testamento Grego, a Septuaginta, organizado por A. Rahlfs (publicado em Stuttgart pela Württembergische Bibelanstalt em 1935), é primordialmente baseado em três códices antigos: o Vaticano, o Sinaítico e o Alexandrino. Nessa edição, é possível encontrar todos os livros da Bíblia Hebraica, os deuterocanônicos católicos e mais os seguintes:

• 3 e 4Macabeus;

• 1Esdras (um texto que combina e suplementa materiais dos finais de 2Crônicas, Esdras e partes de Neemias);

• Os Salmos de Salomão;

• As Odes (uma coleção de hinos majoritariamente retirados da Bíblia, como o Cântico de Ana e o Cântico de Simeão).

Todas essas composições, com exceção das *Odes* (datadas de um período posterior), serão analisadas neste livro.

Se esses dois sentidos de apócrifo não forem cuidadosamente distintos, é possível que surjam confusões. Parte desse potencial é devido ao fato de que a lista oficial dos livros deuterocanônicos não foi estabelecida pela Igreja Católica até o Concílio de Trento (1545-1563); antes disso, que ficava menos evidente quais livros eram incluídos nas bíblias cristãs para além daqueles encontrados na Bíblia Hebraica.

2.2.2 Os Pseudepígrafos

A palavra se refere, literalmente, a escritos com falsa autoria, ou seja, um pseudepígrafo supostamente teria um autor famoso, usualmente antigo, mas que efetivamente não escreveu a obra (dois exemplos são Adão e Henoc). É possível considerá-lo uma forma reversa de plágio – escrever algo e atribuí-lo a outrem. Esse aspecto da pseudepigrafia, contudo, não se encontra em todos os livros que os especialistas consideraram pseudepígrafos (por exemplo, a Carta de Aristeias, ou José e Asenet), como também é encontrado em trabalhos não incluídos nessa categoria – um livro como a Sabedoria de Salomão é um legítimo pseudepígrafo, muito embora esteja classificado entre os apócrifos e deuterocanônicos. A categoria "pseudepígrafo" tem sido empregada de maneira bem generalista no intuito de englobar uma grande variedade de livros de tempos e lugares diversos, pertencentes a diversos tipos literários. Para aumentar ainda mais a confusão, autores católicos às vezes chamam essas obras de "apócrifas", e um manual popular intitulado *The Apocryphal Old Testament* ([*O Antigo Testamento Apócrifo*] organizado por H. F. D. Sparks e publicado pela Clarendon Press, 1984) inclui alguns dos textos do segundo volume da antologia de R. H. Charles e acrescenta dezesseis outros. Uma razão para a escolha desse título foi alinhá-lo a outro volume, *The Apocryphal New Testament* ([*O Novo Testamento Apócrifo*] organizado por M. R. James e igualmente publicado pela Clarendon Press em 1924).

Durante aproximadamente o último século, no mundo ocidental, tem havido uma série de textos judaicos reconhecidos como *os* pseudepígrafos, incluídos nas grandes antologias compiladas em língua inglesa por R. H. Charles, *The Apocrypha and Pseudepigrapha of the Old Testament* ([*Os Apócrifos e Pseudepígrafos do Antigo Testamento*] publicado pela Clarendon em 1913, cujo volume II contém os pseudepígrafos) e na língua alemã por E. Kautzsch, *Apokryphen und Pseudepigraphen des Alten Testaments* (publicado pela Mohr [Siebeck] em1900, cujo volume II contém os pseudepígrafos). A antologia de Charles inclui os seguintes livros (segundo as categorias em que ele os classificou):

História primitiva reescrita a partir da perspectiva da Lei

- O Livro dos Jubileus.

Lendas sagradas

- A Carta de Aristeias;
- Os Livros de Adão e Eva;
- O Martírio de Isaías.

Apocalipses

- 1Henoc;
- O Testamento dos Doze Patriarcas;
- Os Oráculos Sibilinos;
- A Assunção de Moisés;
- 2Henoc, ou o Livro dos Segredos de Henoc;
- 2Baruc, ou o Apocalipse Siríaco de Baruc;
- 3Baruc, ou o Apocalipse Grego de Baruc;
- 4Esdras.

Salmos

- Os Salmos de Salomão.

Literatura ética e sapiencial

- 4Macabeus;
- Pirkei Avot, ou Ética dos Pais;
- A História de Ahiqar (ou Aquicar).

História

- Fragmentos de uma obra zadoquita.

Graças à grande influência e circulação do segundo volume da antologia de R. H. Charles, esses dezessete textos se tornaram razoavelmente conhecidos. Sobre eles, o organizador escreveu: "o volume II contém todos os livros judaicos não canônicos ainda existentes e escritos entre 200 a.C. e 100 d.C., salvo uma ou duas possíveis exceções" (2,4). Alguns dos textos que ele incluiu foram, de fato, escolhas curiosas: por exemplo, é difícil entender como a Carta de Aristeias pode ser considerada um pseudepígrafo, enquanto o Pirkei Avot seria um texto rabínico e os Fragmentos de uma Obra Sadoquita contêm uma exortação que precede uma prolongada seção legal (dificilmente um texto histórico) e que agora também foi encontrada entre os Manuscritos do Mar Morto. A antologia de E. Kautzsch inclui todos os mesmos escritos, com exceção de 2Henoc, Pirkei Avot e a História de Ahiqar.

Uma antologia mais recente e amplamente utilizada foi organizada sob o título *The Old Testament Pseudepigrapha* ([*Os Pseudepígrafos do Antigo Testamento*] publicada pela Doubleday entre 1983 e 1985), uma obra em dois volumes que contém 63 textos (todos os contidos nos livros de R. H. Charles, exceto Pirkei Avot e Fragmentos de uma Obra Sadoquita, além de muitos outros). Esses tomos possuem a vantagem de permitir ao leitor conhecer melhor a extensão total da literatura ainda existente da época do Segundo Templo, mas a definição de *pseudepígrafos* que subjaz à coleção é tão vaga que a palavra quase se tornou um termo genérico para qualquer coisa fora os livros da Bíblia Hebraica, os escritos de Fílon e Flávio Josefo e os Manuscritos do Mar Morto.

Uma dificuldade que envolve a utilização das categorias tradicionais de Apócrifos e Pseudepígrafos é que elas são artificiais, no sentido de que foram impostas *a posteriori* a um *corpus* literário para o qual nem sempre são exatamente apropriadas. Além disso, envolvem julgamentos de valor: chamar um dado texto de *bíblico* o coloca num determinado nível (que nem todos definiriam de uma mesma forma), enquanto situá-lo entre os apócrifos lança sobre ele alguma dúvida, distinguindo-o de um livro que, em algum sentido, é mais autêntico. Já o termo pseudepígrafo traz em si a ideia de falsidade e pode levar ao menosprezo desses escritos sem que sejam considerados os seus propósitos ou o nível de autoridade que alguns indivíduos, ou grupos, da época do Segundo Templo eventualmente lhe atribuíram.

À vista das dificuldades relatadas com as categorias dos apócrifos e pseudepígrafos, alguns pesquisadores simplesmente as abandonaram completamente. Por exemplo, uma antologia de 2013 que reúne esses e muitos outros trabalhos foi intitulada *Outside the Bible: Ancient Jewish Writings Related to Scripture* ([*Fora da Bíblia: Antigos escritos judaicos relacionados às Escrituras*] três volumes organizados por Louis H. Feldman, James L. Kugel e Lawrence H. Schiffman e publicados pela Jewish Publication Society). Não obstante, uma outra obra de referência publicada naquele mesmo ano manteve um dos termos problemáticos: *Old Testament Pseudepigrapha: More Noncanonical Scriptures* ([*Pseudepígrafos do Antigo Testamento: Mais escrituras não canônicas*] volume único organizado por Richard Bauckham, James R. Davila e Alexander Panayotov e publicado pela Grand Rapids: Eerdmans em 2013).

Tentarei, até certo ponto, evitar esses termos, trabalhando com a literatura judaica do Segundo Templo conforme tipos literários e em ordem cronológica no âmbito de cada tipo quando possível, uma abordagem que nos permitirá desviar de algumas armadilhas associadas às categorias tradicionais. Mas, em respeito a elas, incluo entre parênteses, e após o título de cada escrito, a categoria na qual costumava ser incluído – se efetivamente tiver sido. Quanto à ordem cronológica, há disputas constantes sobre a data, ou datas, do material que compõe uma obra; esses debates surgem graças à insuficiência de informações a respeito do autor ou da situação da composição que chegou até nós. Seja como for, não é raro que se chegue a uma ordem cronológica aproximada, e sempre que houver questões ou dificuldades não resolvidas elas serão apontadas.

Decidi tratar separadamente as grandes descobertas modernas de textos, abordando-as no capítulo 3, muito embora as coincidências com a literatura trabalhada no presente capítulo serão apontadas.

Escritos judaicos do Período do Segundo Templo

Escritos narrativos

Histórias

1Esdras (nem deuterocanônico nem apócrifo; considerado autoritativo pelas Igrejas Orientais, sendo, pois, usualmente incluído nas traduções dos apócrifos)

Existem diversos livros que circulam sob o título de "Esdras". Há, claro, o texto bíblico familiar de mesmo nome que trata do retorno do exílio e da reconstrução do templo (538-516/515 AEC) e da última missão de Esdras (458 AEC). Nas cópias da Septuaginta, contudo, há dois livros com esse mesmo título.

- 1Esdras, um trabalho que combina os livros de 2Crônicas (35,1-36,23), Esdras (ao qual acresceu-se uma nova seção, 1Esd 3,1-5,6) e Neemias 7,73-8,13 (algumas das seções de Esdras no Livro de Neemias);
- 2Esdras: o Livro de Neemias;
- 3Esdras, o 1Esdras da Septuaginta;

• 4Esdras: uma obra apocalíptica que data, aproximadamente, de 100 EC. Posteriormente ganhou duas seções extras: uma de abertura (capítulos 1 e 2 = 4Esdras) e outra de conclusão (capítulos 15 e 16 = 6Esdras).

Nos parágrafos que se seguem, examinaremos o 1Esdras da Bíblia Grega (o 3Esdras da *Vulgata*).

A história começa com a celebração da Páscoa pelo Rei Josias em 622 AEC, parte de sua reforma religiosa baseada no livro da lei que havia sido encontrado dentro do templo (2Reis 23,21-23). Essa história e uma outra sobre os últimos dias de Judá são contadas em 1Esd (2Cr 35,1-36,23, com pequenas alterações). Em 1Esd 2,1, começa o texto do Livro de Esdras com o decreto de Ciro permitindo aos exilados retornarem a Jerusalém para lá construírem um novo templo. Esse decreto é o cumprimento da palavra de Deus por meio de Jeremias, cuja profecia sobre o exílio fecha o primeiro capítulo. 1Esdras (2,1-15) corresponde a Esdras (1,1-11), e os eventos são situados no primeiro ano de reinado de Ciro (538 AEC). Contudo, em vez de dar continuidade a isso em 2Esdras, o texto de 1Esd 2,16-30 reproduz Esdras 4,7-24, uma seção que parece fora da ordem cronológica do livro; ela lida com eventos do tempo do Xá Artaxerxes (465-424), uns setenta anos após os eventos das seções precedente e posterior. Em seu sumário dessa seção de 1Esdras, o historiador Flávio Josefo (*Ant.* 11.21) afirma que o monarca persa envolvido era Cambises, que reinou durante o período mais condizente com o texto (530-522 AEC).

Em 1Esd (3,1-5,6), há uma seção ausente do Livro de Esdras. Ela se passa no tempo do Xá Dario, que verdadeiramente sucedeu a Ciro (após Cambises, que não é mencionado na Bíblia) e reinou entre 522 e 486 AEC. 1Esdras (5,6) diz que os eventos ocorreram em seu primeiro ano de reinado: três jovens do corpo de guarda real decidiram fazer uma aposta: "que cada um de nós diga qual coisa é a mais forte; e àquele cuja afirmação parecer a mais sábia, o Rei Dario dará presentes e grandes honras de vitória" (1Esd 3,5). Cada um escreveu sua ideia, e os documentos foram colocados embaixo do travesseiro de Dario para que, quando acordasse, pudesse lê-los e então ele e seus nobres decidiriam quem tinha defendido a melhor causa.

O primeiro argumentou que o vinho era o mais forte (1Esd 3,17-24), observando que era um grande nivelador, pois a todos afetava da mesma maneira e os permitia fazer coisas estranhas que eram imediatamente esquecidas quando a sobriedade voltava. O segundo defendeu o xá como o mais forte (1Esd 3,17-24), considerando que o monarca comandava e todos obedeciam; os soldados lhe traziam os espólios das guerras e os camponeses lhe entregavam a produção dos seus campos. O terceiro, identificado como Zorobabel em (4,13) (conhecido em Esdras 2-5 como o príncipe da primeira comunidade judaica pós-exílio), afirmou que eram as mulheres as mais fortes (4,14-32), pois davam à luz todos os homens, "homens não podem existir sem as mulheres" (4,17) e não há nada que um homem prefira mais que uma linda mulher. Eles abandonam os próprios genitores por esposas, cujo amor é maior que pelo pai ou pela mãe, e levam seus ganhos para as mulheres – de fato, a concubina de Dario, Apame, faz dele o que bem entende.

O leitor esperaria que o veredito fosse pronunciado nesse momento, mas Zorobabel passa a afirmar que a verdade é ainda mais forte que as mulheres (1Esd 4,34-41), pois "perdura e é forte para sempre, vivendo e prevalecendo para todo sempre. Com ela não existe parcialidade ou preferência, e só faz o que estiver certo" (4,38-39a). Esse seu último discurso foi decisivo (4,41).

Perguntou-se a Zorobabel o que desejava, e ele lembrou a Dario do juramento que havia prestado no dia de sua coroação de reconstruir Jerusalém e retornar os vasos do templo que Ciro havia tomado para si quando conquistou Babilônia (1Esd 4,43-46). O xá proferiu ordens particularmente generosas para que os pedidos fossem atendidos e, mais ainda, que tudo fosse custeado pelo tesouro real (4,47-57). Zorobabel agradeceu a Deus por ter-lhe concedido sabedoria (4,58-60), levou as boas novas aos parentes e formou um grupo para retornar a Jerusalém protegido por uma escolta armada. Depois de apontar como líderes do grupo Josué, o sacerdote, e Zorobabel (embora o texto seja um pouco confuso), a seção se encerra.

A partir de então, 1Esdras retorna ao texto bíblico:

- 1Esdras 5,7-46 = Esdras 2,1-70;
- 1Esdras 5,47-73 = Esdras 3,1-4,5;
- 1Esdras 6,1-7,15 = Esdras 4,24-6,22;
- 1Esdras 8,1-9,55 = Esdras 7,1-10,44 || Neemias 7,73-8,13.

Dessa forma, 1Esdras descreve a situação pré-exílio tardia, o começo e o retorno do exílio, o episódio de Zorobabel, a reconstrução do templo e a história de Esdras. Há bons argumentos em favor de que o episódio de Zorobabel (1Esd 3,1-5,6) seja a tradução de uma fonte aramaica, de modo que todo o material de 1Esdras seria uma tradução de textos semíticos (hebraico em sua maioria, aramaico em trechos menores). Ou seja, a época em que se realizou a tradução grega claramente não é a mesma em que o original foi composto. Nas muitas passagens em que 1Esdras é paralelo a Esdras e Neemias, tende a apresentar um texto mais curto e superior, algo que interessaria aos críticos textuais; e se a seção 1Esdras 2,16-30 = Esdras 4,7-24 verdadeiramente pertenceu ao tempo de Cambises, como afirma Josefo, então é possível que 1Esdras preserve uma ordem superior à do Livro de Esdras. Da mesma forma, é possível afirmar que faz mais sentido reunir todo o material de Esdras num único lugar do que espalhado como está na Bíblia Hebraica, com partes em Esdras (capítulos 7 ao 10) e o restante em Neemias (7,73-9,37). Este último ponto, contudo, é um argumento frágil em favor de 1Esdras: parece mais provável que um editor tenha estranhado, como estranham os leitores de hoje em dia, que as várias seções estivessem separadas e decidiu uni-las. Um outro ponto contrário a 1Esdras é que, por alguma razão, somente a primeira parte da história de Esdras do Livro de Neemias está preservada nele.

Assim sendo, o que é 1Esdras, e o que o escritor/editor/compilador conseguiu ao produzi-lo? Alguns afirmam ser uma versão truncada de uma composição mais longa que incluía tudo, ou boa parte, de 2Crônicas, Esdras e Neemias, mas não existe evidência de um trabalho extenso como esse. O livro que conhecemos começa com uma festa (a Páscoa) e termina, quando a lei é lida e o povo está contente, com as primeiras palavras sobre uma outra festividade (a Festa dos Tabernáculos; cf. Ne 8,13-18; Josefo, *Ant.* 11.157), ambas celebradas no templo, com sacerdotes e levitas comandando as celebrações. Entre esses dois festivais há a referência a uma outra Páscoa (1Esd 7,10-15), em que os sacerdotes e os levitas também merecem destaque. Dessa forma, um mérito do compilador foi contar a história da última vez em que é mencionado um momento festivo no templo antes de sua destruição até o tempo em que as festividades retornaram novamente para lá, como exigia a lei. O livro é obviamente composto por material antigo, todo traduzido de textos semíticos, mas é mais provável que seja uma combinação editorial de textos preexistentes do que a forma abreviada de uma obra mais longa. É possível, portanto, que 1Esdras também possa ser considerado um exemplo de escritura reescrita (cf. a seguir).

1Macabeus (deuterocanônico/apócrifo)

É amplamente aceito que 1Macabeus foi escrito em hebraico por volta do ano 100 AEC, pois o último evento ao qual alude pode ter ocorrido em 104 AEC. Recebeu seu título por causa do seu protagonista, Judas Macabeu (epíteto que lhe foi conferido em 2,4, 66 e geralmente traduzido como "martelo", um tributo às suas proezas militares) e se trata de uma fonte histórica de extrema importância para conhecer os eventos passados na Judeia no século II AEC.

Após um relato sucinto das conquistas de Alexandre o Grande e sua morte (1,1-7), o autor se volta para os sucessores dele, mencionando em especial "um rebento perverso, Antíoco Epífanes", que ascendeu ao trono selêucida em 175 AEC (1,10). Em plena era do Helenismo, alguns judeus "renegados" receberam permissão real para "seguir os costumes dos pagãos" (1,13), significando construir um ginásio em Jerusalém, a instituição central do sistema educacional grego, remover as marcas da circuncisão e abandonar a aliança (14-15). Em sua arrogância, Antíoco invadiu o Egito, saqueou-o e marchou de volta para casa. No caminho passou por Jerusalém, saqueou o templo e foi embora. Essa ação parece não ter motivação alguma em 1Macabeus pelo autor só ter mencionado a primeira campanha de Antíoco contra o Egito, em 170 AEC, e não a segunda, 169 AEC, na qual ele foi expulso por autoridades romanas; humilhação essa cujo ódio ele descontou no santuário de Jerusalém.

Dois anos mais tarde, o rei aumentou a opressão contra Israel, ao enviar um agente para novamente saquear a cidade recorrendo a toda sorte de violências. Nessa época, 167 AEC, eles "reconstruíram a Cidade de Davi com uma muralha extensa e sólida, com poderosas torres, transformando-a em sua fortaleza" (1,33), uma cidadela que permaneceria o centro do controle selêucida sobre Jerusalém pelos próximos 25 anos. Além disso, "o rei publicou um edito para todo o reino, ordenando que todos formassem um só povo. Cada um devia renunciar a seus costumes particulares. Todos os pagãos conformaram-se ao edito do rei" (1,41-42), bem como alguns em Israel. Essa política religiosa real incluía a proibição dos sacrifícios no templo, a violação dos sábados e das festas, a profanação do santuário e dos sacerdotes, a construção de altares e templos para outras divindades, o sacrifício de porcos e outros animais proibidos e a proibição de circuncidar os meninos judeus. A pena para quem não cumprisse essas determinações era a morte.

"No dia quinze do mês de Casleu, no ano cento e quarenta e cinco [= 167 AEC], Antíoco fez erigir sobre o altar dos sacrifícios a Abominação da desolação. Também construíram altares nas cidades vizinhas de Judá". Essa "Abominação da desolação" parece ter sido algum tipo de estátua. Cópias da Torá foram destruídas, e no dia 25 do mesmo mês ofereceram sacrifício no altar que havia sido construído sobre o antigo. O autor observa, porém, que "muitos israelitas, no entanto, tiveram coragem e decidiram firmemente não comer alimentos impuros. Preferiram morrer a contaminar-se com alimentos impuros e a profanar a aliança sagrada, como de fato morreram" (1,62-63). O restante do livro narra a história de uma família sacerdotal que não se curvou e transformou a nação por gerações.

O primeiro membro dessa família a liderar a resistência foi o pai, Matatias (2,1-70), da cidade de Modin. Flávio Josefo (*Ant.* 12.265) diz que um dos seus antepassados se chamava Asmon (ou Asamonaios = Hashmon), e dele veio o nome da família, asmoneus. Quando pediram a Matatias, um sacerdote, que oficiasse um sacrifício politeísta em sua própria cidade, ele não só se negou como matou outro judeu que estava prestes a participar da oferenda. Convocou então todos aqueles que tivessem zelo pela lei e pela aliança e junto com seus cinco filhos fugiu para as montanhas. Eles e suas forças decidiram que a guerra defensiva era permitida nos sábados após um outro bando de judeus rebeldes ser massacrado por não se defender no sétimo dia da semana. As tropas de Matatias derrubaram altares politeístas e impuseram o judaísmo de diversas formas.

Pouco tempo depois, após proferir um discurso testamentário sobre os heróis do passado de Israel, Matatias faleceu e foi sucedido pelo provável personagem principal do livro, seu filho "Judas, chamado Macabeu" (2,4), que assume o protagonismo nas passagens que vão de 1Mc 3,1 até 1Mc 9,22, e logrou diversas vitórias sobre forças selêucidas por conhecer bem o terreno e utilizar ataques surpresa como arma. Esses esforços permitiram-lhe entrar em Jerusalém, e uma vez lá, com seus homens a defendê-lo, selecionou sacerdotes, purificou e reconstruiu algumas partes do santuário negligenciado e edificou um novo altar, onde ofereceram os primeiros sacrifícios exatos três anos após as primeiras oferendas politeístas terem sido feitas naquele mesmo lugar. Eles rededicaram o templo, celebraram uma festa a ele relacionado e decidiram que, dali em diante, os judeus deveriam sempre celebrar (e assim o fazem até hoje) uma festa de oito dias em homenagem à rededicação do templo (*Hanukkah*), marcando assim a consagração do novo altar.

Judas e seus homens combateram em áreas próximas e conquistaram territórios para os judeus, mas por esse tempo os decretos religiosos de Antíoco IV ainda permaneciam em vigor. O rei morreu, possivelmente por volta da época da celebração do primeiro *Hanukkah*, mas foi somente em 162 AEC que seu sucessor revogou os editos que baniam o judaísmo. Além de todas essas batalhas, um ato importante que Judas realizou foi enviar uma embaixada a Roma para estabelecer um tratado de amizade (1Mc 8). Essa conexão com os romanos se provaria extremamente importante à medida que a comunidade judaica na Judeia tentava se salvaguardar dos selêucidas. O próprio Judas morreu em batalha contra tropas reais em 161 AEC.

A liderança do seu exército passou para seu irmão, Jônatas (9,23-12,53), quinto e último filho de Matatias. Também ele lutou muitas batalhas, mas o evento mais importante ocorrido durante o seu tempo como comandante foi quando se tornou sumo sacerdote. 1Macabeus menciona somente um antecessor, Alcimo, amplamente condenado por sua impiedade e pelo dano que causou ao santuário. Sua morte se deu em 159 AEC e Jônatas assumiu o cargo sete anos depois, quando dois contendores pelo trono selêucida lhe ofereceram a posição. Ele aceitou a oferta do vencedor, Alexandre Balas, de modo que o membro de uma família que havia liderado a revolta fora apontado sumo sacerdote dos judeus por um rei selêucida, um cargo que o clã dos asmoneus manteria até 37 (ou 35) AEC.

Em 142 AEC, Jônatas foi capturado e assassinado por forças selêucidas, cabendo a seu irmão mais velho, Simão (13,1-16,24; listado como segundo filho de Matatias em 2,3), sucedê-lo como comandante militar das forças macabeias e como sumo sacerdote. Logo no início de seu pontificado, suas tropas conseguiram expulsar as tropas selêucidas da cidadela em Jerusalém, dissolvendo assim o centro do poder e da influência estrangeira, garantindo alguma forma de liberdade aos judeus. A grande assembleia atribuiu a Simão (e a sua descendência) a regência perpétua da nação e o sumo sacerdócio. Ele foi assassinado pelo seu genro em 134 AEC e sucedido pelo filho, João Hircano, que foi líder e sumo sacerdote entre 134 e 104 AEC.

1Macabeus é um trabalho historiográfico sério, baseado em fontes que chegam a ser citadas (por exemplo, 8,23-32; 10,18-20). Seu escritor teve o cuidado de datar os eventos com precisão, conforme a era selêucida, que teve início no outono de 312, ou na primavera de 311 AEC, além de mencionar muitos nomes e eventos documentados enquanto narra a história emocionante de como o judaísmo quase morreu e só foi salvo quando Deus pôs de pé a família de Matatias, que levou os judeus da beira do abismo ao *status* de nação com direito a praticar sua religião tradicional. O foco do livro na família de Matatias é sua mais óbvia característica; observe-se a derrota dos líderes não asmoneus José e Azarias, que "não eram da estirpe daqueles homens a cujas mãos fora confiada a salvação de Israel" (5,62). Os primeiros capítulos são mais dedicados às questões relativas à religião – a helenização, a proibição à prática do judaísmo, a reconquista do templo –, e os últimos (do capítulo 5 em diante) são mais uma história militar dos três irmãos famosos. O escritor não expressou nenhuma preocupação pelo fato de Jônatas e Simão terem se tornado sumos sacerdotes, muito embora não pertencessem a uma tradicional família sumo sacerdotal. A reverência expressa no livro (especialmente em seus primeiros capítulos) consiste na observância cuidadosa das leis da aliança – nada se diz sobre escatologia. A referência final a João Hircano, e muito especialmente a maneira como foi redigida, "o resto das ações de João, suas guerras, as façanhas que realizou, a construção das muralhas que levantou e todas as suas realizações, tudo se encontra escrito nos Anais de seu pontificado, a partir do dia em que se tornou sumo sacerdote em lugar de seu pai" (16,23-24). Sugere-se que o autor escrevia após o término de seu reinado em 104 AEC (comparem-se exemplos similares dos livros de Reis, por exemplo 2Rs 10,34). Quão depois não temos como saber, mas sua atitude pró-romana certamente indica que foi escrito antes de 63 AEC, quando os romanos conquistaram Jerusalém.

2Macabeus (deuterocanônico/apócrifo)

2Macabeus não é uma continuação do primeiro livro, diferentemente, por exemplo, de 2Reis, que é uma sequência de 1Reis. Antes, narra a história dos judeus desde o tempo do Rei Seleuco IV (187-175 AEC) e do sumo sacerdote Onias III até a derrota do general selêucida Nicanor nas mãos de Judas Macabeu em 161 AEC. Essa história é prefaciada por dois capítulos que contêm duas cartas endereçadas aos judeus do Egito. A primeira (2Mc 1,1-9; no versículo 7 os escritores se referem a uma outra, mais antiga, datada de 143 AEC) foi redigida pelos judeus da Judeia e de Jerusalém no ano 124, e nela narram o livramento de suas angústias e pedem aos judeus egípcios que celebrem "a festa das Tendas do mês de Casleu" – noutras palavras, o *Hanukkah*. A segunda (1,10-2,18), mais longa, teve como remetentes os habitantes de Jerusalém e da Judeia, o conselho dos anciãos e Judas (aparentemente o Macabeu), e foi dirigida a Aristóbulo, "preceptor do Rei Ptolomeu (VIII, 145-116 AEC) e pertencente à linhagem dos sacerdotes ungidos, e aos judeus do Egito". Ela também os estimula a manter a nova Festa do *Hanukkah*, relembrando os incríveis eventos ocorridos no tempo de Neemias, quando o fogo do altar e os itens do Primeiro Templo que Jeremias havia escondido foram redescobertos e levados para o uso no Segundo Templo. A ênfase no santuário e a referência à sua purificação compõem o tópico central do texto. As cartas podem até ter autores diferentes do restante do livro, ainda assim compartilham com ele alguns temas; entretanto, a esperança de que "Deus terá piedade de nós e nos congregará no lugar santo, trazendo-nos de todas as regiões que há debaixo do céu", não encontra eco em qualquer outra parte de 2Macabeus.

O livro diz mais a respeito de si mesmo do que a maioria dos escritos antigos. Seu autor, ou outro resenhista, elaborou um prefácio à seção dedicada à história com o intuito de explicar a natureza e o propósito de seu trabalho (2Mc 2,19-32), e nele nos informa que um certo Jasão de Cirene (uma cidade no norte da África) havia redigido um relato em cinco tomos a respeito de Judas Macabeu e seus irmãos, da purificação do templo, das guerras contra Antíoco IV e seu filho e da abolição e restabelecimento da lei. Tudo isso "tentaremos resumi-lo em um só compêndio" (2,23). Segundo suas próprias palavras, "fazer pesquisas, examinar circunstâncias, estudar cada coisa pormenorizadamente, isto pertence ao autor da história. Adotar estilo conciso e renunciar a uma exposição minuciosa dos fatos, eis o que compete a quem escreve um resumo" (2,30-31). Ao final do livro, ele mais uma vez se dirige ao leitor: "Se a composição está bem-feita e preenche sua finalidade, foi isto que desejei. Se está fraca e medíocre, é porque melhor não pude fazer" (15,38).

A história contada pelo resenhista anônimo começa num momento anterior à detalhada narrativa de 1Macabeus e não segue os acontecimentos para além do tempo de Judas. Esse livro é nossa única fonte de informação sobre alguns importantes eventos ocorridos em Jerusalém entre as décadas de 180 e 170 AEC, e começa com Onias III, que ocupava o sumo sacerdócio durante o reinado de Seleuco IV, ou seja, de 187 a 175 AEC. Após a narrativa de uma tentativa mal-sucedida por parte de Heliodoro, um oficial selêucida, de confiscar dinheiro do templo (uma história que deve ser comparada à da visita do Rei Ptolomeu III ao templo, encontrada em 3Macabeus, que veremos mais adiante), o escritor nos fala do lance oferecido ao novo rei, Antíoco IV, pelo irmão do sumo sacerdote,

Jasão, para arrebatar o sumo sacerdócio. Sua oferta foi aceita, e pela primeira vez em séculos (pelo menos até onde sabemos) o cargo foi tomado de uma pessoa (Onias, que posteriormente seria assassinado) e vendido para outra, durante cujo pontificado (175-172 AEC) a helenização foi oficialmente promovida em Jerusalém, inclusive com a construção de um ginásio. Não demorou para que outro indivíduo, Menelau, oferecesse um valor ainda mais alto aos cofres reais para ser nomeado ao sumo sacerdócio (172 AEC). Após a segunda invasão de Antíoco ao Egito, quando os romanos o forçaram a recuar e Jasão tentava recuperar à força o cargo que perdera, o rei foi a Jerusalém, saqueou o templo e até chegou a tentar eliminar o judaísmo.

É nesse contexto que os macabeus aparecem pela primeira vez. Nada é dito sobre Matatias; o primeiro a ser mencionado e a receber o epíteto macabeu é Judas (2Mc 5,27), e ele permanecerá como protagonista até o fim da história. É notável, quando comparamos com 1Macabeus, que Jônatas e Simão quase não sejam mencionados (em 8,22 Judas indica ambos como comandantes) e cheguem até a aparecer sob uma luz negativa – Simão, por exemplo, é mostrado como um homem venal em sua missão (10,20-22) e incapaz de derrotar Nicanor (14,17).

Após mencionar Judas Macabeu, mas antes de iniciar a narrativa da revolta, 2Macabeus dedica um longo trecho à descrição de diversos casos de martírio resultantes da proibição do judaísmo, um dos quais a morte de Eleazar, um escriba idoso que estava sendo forçado a comer porco. Foi-lhe oferecida a oportunidade de fingir que consumia a carne suína enquanto, na verdade, comia alimentos *kosher*, mas ele recusou, citando o exemplo que daria à juventude e declarando: "e ainda que, por um momento, escapasse ao castigo dos homens, não poderia, nem vivo nem morto, evitar as mãos do Todo-poderoso" (2Mc 6,26).

Sete irmãos e sua mãe foram presos e forçados a comer porco, dessa vez na presença do rei. Um deles, falando em nome de todos, declarou que preferiam morrer a desobedecer à lei. Um após o outro, cada um deles foi horrivelmente torturado, mas nenhum se submeteu à vontade real. Quando estava prestes a perder a língua e as mãos, um deles confessou: "Do Céu recebi estes membros; por causa de suas leis os desprezo, pois do Céu espero recebê-los de novo" (2Mc 7,11) – noutras palavras, expressou a crença que seu corpo seria ressuscitado. O quarto irmão não somente abraçou essa esperança como declarou que o rei não receberia essa graça (7,14; compare-se com a mãe em 7,23, 29, o sétimo irmão em 7,36, e Razias em 14,46). O último dos irmãos explicou que estavam entregando suas vidas em nome da lei dos seus ancestrais, enquanto pediam a Deus que tivesse misericórdia da nação e que fizesse o rei reconhecê-lo como o deus único, que o sacrifício dos sete irmãos poria um fim ao ódio que ele dirigia contra seu povo (7,37-38). Ao final, a mãe também morreu e, na sequência, Deus voltou-se favoravelmente para os judeus.

Após o interlúdio martiriológico, o escritor retorna a Judas Macabeu e seus companheiros. Como em 1Macabeus, lemos a respeito de diversas vitórias de suas forças, em especial sobre Nicanor. 2Macabeus (9) narra a morte de Antíoco IV, ocorrida durante uma tentativa malsucedida de assalto a templos na parte oriental de seu reino. Como de costume, o autor descreve o terrível fim de Antíoco no detalhe e acrescenta que em seus últimos momentos, quando já não mais suportava o fedor de sua própria carne apodrecendo, prometeu se converter ao judaísmo e proclamou a onipotência de Deus; e, dessa forma, um dos propósitos do martírio dos sete irmãos foi alcançado. Após esse fato, Judas e suas tropas tomam Jerusalém e reconsagram o templo – 2Macabeus inverte a ordem dos acontecimentos encontrada em 1Macabeus (lá, a morte de Antíoco precede a reconsagração). O restante do livro é dedicado a mais campanhas militares de Judas, destacando mais uma vitória sobre Nicanor. Os vencedores decretam que a data da vitória, o dia 13 do mês de Adar (o décimo segundo do calendário judaico), deveria ser eternamente celebrado em memória do evento.

A primeira carta a compor o prefácio do livro indica que o presente formato de 2Macabeus não deve ter sido finalizado antes de 124 AEC. Determinar com precisão quando o resenhista condensou e editou os múltiplos volumes escritos por Jasão é bastante difícil, mas parece provável que tenha sido composto antes que os romanos ocupassem a Judeia, 63 AEC, pois em 15,37 o escritor/resenhista diz que "a cidade ficou em poder dos hebreus".

2Macabeus tem sido identificada como exemplo de história "pática" (de *páthos*, πάθος, que apela aos sentimentos e ideais), uma história cuja ênfase recai nas emoções (tanto dos personagens quanto dos leitores) e que descreve pessoas e eventos em detalhes explícitos – por vezes até dolorosos. O escritor optou por um estilo específico, bem diverso do de 1Macabeus, como veículo para a expressão de suas convicções sobre como Deus operava secretamente na história e, mais uma vez, tinha manipulado os fatos narrados no livro. Sua teologia é deuteronomista:

Deus castiga seu povo quando é desobedecido e pode usar as outras nações para fazê-lo, da mesma forma que o abençoa quando se mantém fiel à aliança. Os governantes estrangeiros opressores, como Antíoco IV, eram instrumentos com os quais Ele fustigava seu povo por culpa dos pecados cometidos, como a adoção dos costumes helenísticos e a rejeição da lei e da aliança. Ele, contudo, escuta as orações de personagens como Judas, os sete irmãos e até mesmo de pessoas já falecidas (Onias e Jeremias, 2Mc 15,12-16) que reconheceram sua suserania e o modo deuteronomístico pelo qual conduz suas decisões.

O templo é claramente o cerne do livro, o tema que liga as cartas do prefácio ao corpo do trabalho. As duas missivas pedem pela celebração do *Hanukkah*, a festa da reconsagração do altar e do templo, e a segunda recorda os eventos miraculosos que envolvem o Segundo Templo; e, como certos elementos do Primeiro, por meio da ajuda divina, foram preservados e levados para o Segundo. No âmbito dessa narrativa, a tentativa de Heliodoro de entrar no santuário é frustrada pela ação divina, e o templo profanado termina por ser reconquistado por Judas e seus homens. Após esse fato, o Macabeu continua ativo à volta do templo, e a história termina com a morte de Nicanor, que ameaçara destruí-lo. O próprio epítome (2Mc 3-15) divide-se em suas partes que têm a ver com o templo: a primeira envolve sua profanação e a morte do inimigo (Antíoco IV) após os martírios (Eleazar, os sete irmãos e sua mãe) e a celebração do *Hanukkah*; a segunda fala sobre a ameaça representada por Nicanor e a morte deste após o martírio de Razias, um idoso de Jerusalém (14,37-46), e a Festa de Nicanor. O autor escreveu em grego, o livro não é uma tradução, e presumivelmente desenvolveu seu trabalho em alguma parte da diáspora – o Egito, talvez.

Contos

Diversas narrativas judaicas do Período do Segundo Templo são novelísticas, ou seja, sem qualquer recurso sério à historicidade e destinadas a inculcar ensinos sapienciais por meio de suas narrativas e dos discursos que registram. A sabedoria que apresentam é inteiramente judaica: exortações às ações piedosas, a crença no deus único e a obediência à sua verdade revelada. Quem quer que imite os comportamentos lá exibidos, mesmo que não em tão grande escala, será abençoado por Deus no momento certo e conforme sua vontade.

Tobit (deuterocanônico/apócrifo)

O Livro de Tobit foi escrito em aramaico, e quatro cópias fragmentárias da versão nesse idioma foram encontradas entre os Manuscritos do Mar Morto (4Q196-199) e outra em hebraico (4Q200). Parece, portanto, que não demorou para que fosse traduzido para o hebraico, mais tarde vertido para o grego e incluído nas cópias da Bíblia Grega. Muito embora as cópias de Qumran estejam fragmentadas, quando combinadas apresentam partes de cada um dos capítulos do livro e mostram que a versão grega está mais próxima do texto aramaico que de sua versão abreviada.

Não há evidências incontroversas para sua datação, mas algumas apontam para os séculos IV ou III AEC, o que não é improvável. A mais antiga das cópias de Qumran (4Q199) vêm de aproximadamente 100 AEC; o quão antes o livro foi escrito é bem mais difícil de dizer. A previsão do futuro feita em Tb 14,3-11 se refere à reconstrução do templo (520-515 AEC) como último evento predito; nada se diz sobre a chegada dos gregos e não há menção à profanação do templo empreendida por tropas selêucidas em 167 AEC. A natureza dessa profecia sugere que pelo menos a violação do santuário teria sido mencionada se o autor soubesse de sua existência. Consequentemente, Tobit deve ter sido escrito durante o Período Persa, ou pouca coisa depois.

Esse livro combina histórias de duas famílias com o propósito de demonstrar como Deus opera em segredo e abençoa seus fiéis, mesmo em seus momentos de maior atribulação. As ações piedosas mencionadas no texto incluem dar esmolas e ser misericordioso de forma mais geral, rezar, casar dentro de sua própria gente e louvar a Deus pelas suas bênçãos.

Os protagonistas são Tobit, seu filho Tobias e uma parenta distante chamada Sara. O primeiro é apresentado como uma pessoa exemplar, oriunda do norte de Israel e da tribo de Neftali que foi para o exílio quando o rei assírio Salmanaser deportou os israelitas. Muito embora tenha entrado para o serviço real, continuou a praticar suas boas ações, cuidando de israelitas em necessidade e enterrando dignamente os corpos abandonados de seus compatriotas executados pelo rei. Essa devoção eventualmente custou-lhe o emprego e suas posses, mas ele havia sido precavido e depositado algum dinheiro com um conhecido que vivia bem longe, na Média. Com uma sentença de morte pesando sobre sua cabeça, Tobit conseguiu se restabelecer graças à intervenção de um parente chamado Aicar (cf. mais adiante a seção sobre os Papiros de Elefantina), mas continuava pobre, e logo depois perdeu a visão e caiu num desespero ainda mais profundo: ele teve a má sorte de descansar sob uma árvore onde havia pardais, e suas fezes caíram justo em seus olhos, formando um filme branco que o cegou. Sob tais circunstâncias, é compreensível que Tobit tenha rezado para que a morte viesse até ele.

Entrementes, uma outra história trágica se desenrolava em Ecbátana, na Média, onde a jovem e linda Sara, a parenta de Tobit, também rezava pela própria morte. Ela havia se casado sete vezes, mas cada um dos maridos havia morrido na noite de núpcias, antes mesmo de tocá-la. Embora o culpado fosse o demônio Asmodeu, que estava apaixonado pela moça, as servas acusavam Sara de assassinato.

O resto da história mostra como Deus ajeita as coisas e beneficia esses israelitas virtuosos após eles terem sofrido tribulações no exílio. Tobit enviou o filho Tobias para resgatar o dinheiro que estava depositado na Média, e providencialmente o Anjo Rafael, cujo nome significa "curado por Deus", foi acompanhá-lo. O anjo escondeu sua identidade e assumiu o nome de Azarias ("O Senhor Ajudou"), e enquanto viajavam, capturaram um grande peixe nas margens do Rio Tigre e dele removeram o coração, o fígado e o fel (a vesícula), partes que continham poderes medicinais maravilhosamente convenientes: os dois primeiros, quando queimados, produziam uma fumaça que afastava os demônios; já o fel, quando aplicado aos olhos, tinha a capacidade de remover o filme branco deles. Eles visitaram a casa de Sara, onde Tobias, seu parente mais próximo, a desposou, e para evitar o destino dos seus sete predecessores, queimou o coração e o fígado do peixe, e a fumaça especial que emanava espantou Asmodeu. Tobias e o anjo (que continuava sob disfarce) viajaram então para resgatar o dinheiro que Tobit havia depositado na Média, e retornaram com ele e Sara para a casa paterna. Lá chegando, aplicou o fel em seus olhos e Tobias resgatou a visão, e foi só nesse momento que Rafael revelou sua verdadeira identidade.

Algum tempo depois, em seu leito de morte, Tobit falou sobre o futuro, prevendo a destruição de Nínive e Jerusalém, os judeus retornando do exílio e a reconstrução do templo. Em verdade, sua visão vai além desses eventos e chega até o retorno de todo povo de Deus a Jerusalém, um novo santuário (aquele que os profetas haviam previsto) e a conversão de todas as nações. O mal desapareceria da face da terra.

A sabedoria passada no livro é que os justos devem perseverar em seu comportamento pio e dar graças a Deus, em quem devem confiar apesar de todo sofrimento que possam estar vivenciando. Suas vidas deveriam ser marcadas pelas virtudes demonstradas por Tobias, Tobit e Sara: a observância dos festivais, a caridade, as boas obras (como enterrar os mortos), comer alimentos *kosher*, honrar pai e mãe, contrair matrimônio no âmbito do próprio grupo étnico, rezar e oferecer graças a Deus – que nesse caso atuou por intermédio de um anjo. Em certas partes do livro, alguns personagens expõem seus ensinamentos. Primeiro os de Tobit (Tb 4,3-19), um conjunto de instruções para Tobias quando o enviou em viagem, entre os quais está a observação de que aquilo que se dá aos outros acumula tesouros para os tempos de necessidade daquele que doou (Tb 4,8-10). Posteriormente, Rafael ensina Tobit e Tobias sobre dar esmolas (12,6-10), pois "preserva da morte e purifica de todo pecado" (Tb 12,9). Perto do fim, mais uma vez Tobit volta a instruir Tobias sobre o mesmo tema (14,8-11), reforçando novamente a importância da caridade.

O livro fala de um futuro bem-aventurado para todos em Jerusalém e seu templo. Esse retrato da nova era não envolve a destruição da terra ou um líder messiânico. O esquema de impérios mundiais que subjaz a seção apocalíptica no capítulo 15 tem intrigado os pesquisadores, pois parece refletir um padrão antigo no qual a Assíria é sucedida pela Babilônia e, depois, pela Média (os gregos não são mencionados). A forma dessa lista é um outro fator que favorece a datação do livro dentro do Período Persa.

Judite (deuterocanônico/apócrifo)

O estilo deste livro faz com que pensemos que muito provavelmente tenha sido composto em hebraico, embora essa versão já não mais exista. O texto mais antigo ainda existente é escrito em grego e encontra-se na Bíblia Grega.

Judite é uma história sobre como uma mulher de recursos, extremamente piedosa e capaz, usou sua inteligência, seu charme feminino e confiou em Deus para matar Holofernes, grande general vitorioso de Nabucodonosor, e ao fazê-lo salvou sua cidade e seu povo da destruição. É um trabalho de considerável sofisticação verbal, perceptível na linguagem deliciosamente ambígua empregada por Judite (especialmente seu uso da palavra "senhor/Senhor") e involuntariamente utilizada por Holofernes durante a fracassada cena de sedução dos capítulos 11 e 12.

Muitos especialistas têm tentado situar o livro em seu contexto histórico, mas têm sido confrontados com o fato de que ele pode ser lido como refletindo dois diferentes períodos. Primeiramente, muito do texto sugere que provém do Período Persa (ou seja, algum momento anterior a 330 AEC), ainda que o autor apresente Nabucodonosor como rei da Assíria. Os elementos persas incluem (a) nomes como Holofernes e Bagoas; (b) a exigência de terra e água como símbolo de submissão (Jt 2,7); (c) o retorno recente dos judeus à sua terra e a reconstrução do templo (4,3); e (d) lideranças locais sendo chamadas de sátrapas (se, e somente se, for essa a tradução empregada do termo grego *stratēgoi*). Contrapondo esses fatores, porém, há outros que fizeram especialistas considerá-lo oriundo do tempo dos macabeus (pós-167 AEC, portanto), entre os quais: (a) a adoração do divino Rei Nabucodonosor, eco de uma prática da Era Helenística, quando o culto ao líder reinante havia se difundido (cf. 3,8, por exemplo), muito embora tal fato também tenha sido atestado em momentos anteriores (cf. Is 14; Ez 28); (b) a profanação do Templo de Jerusalém, que recorda o que as forças selêucidas fizeram de 167 a 164 AEC (Jt 4,12; 9,8); e (c) aspectos da história (especialmente o destino de Holofernes) que encontram paralelo nas batalhas entre Judas Macabeu e o general selêucida Nicanor, que havia ameaçado o templo e foi decapitado (1Mc 7,33-50; seu exército, como o de Holofernes, entrou em pânico quando ele foi o primeiro a cair). À vista desses dois grupos de evidências, alguns propuseram uma solução de compromisso, qual seja, Judite seria uma história dos tempos persas (re)escrita na época dos macabeus. Da mesma forma, como a Samaria é o palco central da ação, é possível que a história tenha se originado por lá, muito embora se isso for verdade, ocorreu uma alteração para que Jerusalém ocupasse a posição proeminente.

Em diversos momentos, a narrativa recorda uma história da Bíblia Hebraica: Manassés, o marido de Judite, morre tal qual o filho da Sunamita em 2Rs 4,18-20: a terra está em paz durante todos os dias de sua vida (Jt 16,25), do mesmo jeito que na época dos Juízes; e seu cântico (16,1-17) parece ter sido modelado num poema de Êxodo (15).

Qualquer um familiar com a história assíria, babilônica e persa deve se perceber confuso com o início do livro: somos informados que Nabucodonosor é o rei da Assíria e governa a partir de Nínive; isso ocorre no período pós-exílio, pois os judeus já reconstruíram o templo quando os eventos narrados aconteceram. Em todo esse contexto truncado, um aspecto bastante reconhecível de Nabucodonosor é sua aspiração a ser deus e a exigência de que todos em seu reino o venerem em conformidade (Dn 3). Ele é chamado “grande rei, o senhor de toda a terra” (Jt 2,5), e afirma que pela sua mão realizará seu poderoso desígnio (2,12). Diante dessas afirmações improváveis, Judite é mais bem entendida como uma obra de ficção elaborada para exaltar os valores da obediência e da confiança no Deus único e verdadeiro, poderoso o bastante para resguardar os seus como bem entender e contra qualquer inimigo. À medida que o autor conta sua história fascinante, ele consegue entreter o leitor com suas narrativa e qualidades literárias.

Nabucodonosor é apresentado organizando uma campanha militar contra todo o Ocidente no intuito de punir as nações que não o ajudaram em sua batalha contra Arpachade o Meda. Holofernes, seu braço direito e segundo no comando, lidera 120 mil soldados de infantaria e outros tantos de cavalaria num ataque devastador que arrasa toda oposição e apavora os demais à submissão, e todos são forçados a adorar Nabucodonosor. Estranhamente, contudo, essa imensa máquina de guerra se detém por um mês inteiro para reunir suprimentos antes de atacar a pequena nação montanhosa de Israel. Acontece que, como nas Termópilas, existe um desfiladeiro crucial por onde só passam dois soldados por vez. Esse estreito se localizava próximo à cidade de Betúlia, e se os atacantes fossem capazes de forçar sua passagem por ela conseguiriam conquistar o país inteiro, incluindo Jerusalém.

Joaquim, o sumo sacerdote, organizou a resistência judaica, todos jejuaram, vestiram o cilício e clamaram ao Senhor, que ouviu a súplica. Holofernes se enfureceu quando descobriu a movimentação dos judeus e pediu a membros de povos vizinhos em seu exército que fornecessem informações sobre os tais israelitas. Um amonita chamado Aquior apresentou um relato notavelmente bem informado da história bíblica, e contou que se os israelitas tivessem pecado, seriam derrotados, mas se fossem obedientes ao seu deus, ninguém poderia conquistá-los. Furioso, Holofernes declara que Aquior não voltará a ver sua face até que ele tenha conseguido sua vingança, e ordena que seja entregue aos israelitas, que recebem o não judeu e o convidam à casa dos seus líderes.

O exército aparentemente invencível cerca Betúlia, toma as nascentes da área e sujeita a cidade ao sítio. Após 34 dias, quando os moradores já pensavam na rendição, pois seus suprimentos se exauriam, um dos magistrados da cidade, Uzias, sugere que esperem mais cinco dias para ver se Deus atenderá seus clamores por auxílio. Se não, eles se entregarão (Jt 7,23-31).

Judite faz, então, sua primeira entrada na história, uma linda, rica e piedosa viúva da tribo de Simeão (Jt 9,2) que se retirara da vida urbana até aquele momento (ela jejuava basicamente todo dia, mas de alguma forma essa prática não prejudicou sua beleza), concebe um plano e critica as autoridades por colocarem Deus à prova ao lhe dar cinco dias para salvá-los antes que se entreguem. Ela expressa a teologia do autor:

> Por isso, de nossa parte, não exijais garantias em relação aos desígnios do Senhor nosso Deus. Deus não é como um homem, a quem se possam fazer ameaças, nem como um ser humano, para o submetermos a pressões. Invoquemo-lo, portanto, em nosso socorro e aguardemos com paciência a salvação que dele vem. Ele há de ouvir a nossa voz, se for de seu agrado (Jt 8,16-17).

Judite propõe um plano heterodoxo, mas foi autorizada a pô-lo em ação: os líderes permitiram que ela e sua criada deixassem a cidade em direção ao acampamento inimigo, e ao entrar em contato com o exército assírio, sua beleza causa comoção e ela é conduzida até o próprio Holofernes. Embora lhe sejam oferecidos comidas finas e vinho, ela trazia consigo seu próprio alimento, e dele se alimentava. Judite estabelece um padrão para suas atividades, segundo o qual precisa deixar o acampamento na primeira hora da manhã para fazer suas orações, mas Holofernes está decidido a seduzi-la e a convida para um banquete, e no momento certo, todos os demais se retiram. O general bebe mais vinho que na noite anterior, e acaba embriagado, então Judite toma sua espada, corta-lhe a cabeça, a coloca em seu saco de comida e deixa o campo com sua criada, exatamente como fazia todas as madrugadas. Elas retornam a Betúlia e lá Aquior reconhece a cabeça decepada (ou seja, ele volta a ver a face de Holofernes novamente, apenas sob circunstâncias bem diversas das que se esperava). O amonita é, então, circuncidado e se junta à casa de Israel.

Após o retorno de Judite e sua criada, as tropas de Betúlia se movimentam como se fossem atacar, fazendo os assírios correrem ao encontro de Holofernes, e após descobrirem seu pavoroso destino, todos entram em pânico, exatamente como Judite previu que aconteceria. Os betulianos e outros israelitas alcançam uma grande vitória naquele dia e saqueiam o acampamento assírio, cabendo a Judite as posses de Holofernes. Ela é amplamente celebrada e vive o resto de sua vida coberta de honras.

Há diversos aspectos desse livro que devem ser destacados. Ele tem sido chamado de "romance nacionalista", ou de "novela histórica". Não há dúvida de que possui um quê nacionalista bastante pronunciado, pois conta a história de uma pequena nação que resistiu a um império mundial governando por um monarca que se afirmava divino. O autor fez uso de figuras históricas em sua escrita, mas os inconfundíveis desvios do rigor histórico nos levam a pensar que ele estava menos interessado nas pessoas e nos lugares verdadeiros e mais no objetivo imediato de ensinar uma lição.

O nome da cidade, Betúlia, é um exemplo de como o autor agiu: não existe uma localidade com esse nome em qualquer registro histórico, e a posição que ocupa no livro seria mais apropriada a um lugar que protegesse a cidade de Samaria do que Jerusalém. O nome pode muito bem ser simbólico, um reflexo do termo hebreu para virgem (*betulah*), e "Betúlia" representaria, então, Israel, a Israel virginal que o inimigo desejava violar, assim como Holofernes queria possuir Judite, nome que significa "judia". Deus, que salvara Judite, também salvou Betúlia (a Israel virginal) das mãos inimigas.

A figura de Aquior o Amonita, é outro elemento intrigante da história, pois seu papel contrasta e, ao mesmo tempo, espelha o de Judite. Ambos são, de muitas maneiras, opostos (homem/mulher, estrangeiro/judia, soldado/viúva reclusa, inimigo/vítima em potencial, campo assírio/Betúlia) e a princípio movem-se em direções diversas (ele do acampamento para a cidade, enquanto ela no sentido contrário), mas apesar de tudo isso, refletem um ao outro por proferirem discursos nos quais evocam a história de Israel e enfatizam o poder salvífico do Deus de Israel quando é obedecido (ou seja, os dois apresentam uma teologia deuteronomista). Em verdade, Aquior tem mais confiança em Deus do que os betulianos, que planejam se render. Ao fim, os dois terminam no mesmo lugar: ele é circuncidado e entra na casa de Israel, uma conversão que é, em si mesma, notável porque, segundo a lei, ele deveria ser excluído: "Nenhum amonita ou moabita entrará na assembleia do Senhor; nem mesmo na décima geração poderão entrar na assembleia do Senhor" (Dt 23,4). É possível que tenha se qualificado através do estatuto de limitações até a décima geração (Dt 23,3), mas sua admissão à casa da liderança judaica e à comunidade religiosa parecem contrárias às políticas de figuras destacadas como Esdras e Neemias – ou seja, o Livro de Judite parece representar uma posição contraditória.

Como Tobit, a história de Judite lida com um momento de profunda angústia, mas mesmo sob tais circunstâncias, a sábia heroína mantém sua fé em Deus por ter compreensão de sua natureza. Ela simplesmente se recusa a comprometer os próprios princípios, e devido à sua coragem e à sua confiança, Deus livrou seu povo de um inimigo de grande poder "pela mão de uma mulher!" (Jt 13,15).

Susana (deuterocanônico/apócrifo)

Susana é uma das três adições ao Livro de Daniel em sua versão grega. Não existe evidência clara para datar essa história espirituosa, e tudo o que se pode dizer é que foi escrita em algum momento dos últimos séculos AEC, pois é parte da tradução grega da Bíblia. Seu estudo é complicado pela existência de suas versões relativamente diversas: a mais familiar é a de Teodócio, que tem sido utilizada para a maioria das traduções; a outra, da Septuaginta, basicamente foi substituída pela anterior e quase desapareceu. Ambas situam Susana em dois locais diferentes do Livro de Daniel (Dn 1-12): a segunda no capítulo 14, após Bel e o Dragão, outra das adições gregas), enquanto a de Teodócio logicamente a situa antes do capítulo 1, como o início da impressionante carreira de Daniel na Babilônia.

A versão mais longa, de Teodócio, é uma história sapiencial que abre a carreira de Daniel e que, como Ester e Judite, envolve uma judia rica, bonita e piedosa. Dentro da comunidade judaica no exílio babilônico, havia um homem rico chamado Joaquim, que se casou com a linda e devota Susana. Os jardins de sua propriedade eram um ponto de encontro para os judeus da área, e num certo ano, dois homens maus assumiram cargos de juiz do povo judeu na Babilônia. Acredita-se que esse mote adveio da referência feita por Jeremias a Acab e Sedecias, dois falsos profetas daquela cidade que "cometeram uma infâmia em Israel, cometeram adultério com as mulheres de seus próximos e falaram mentiras em meu nome sem que eu tivesse dado ordem. Mas eu o sei e sou testemunha – oráculo do Senhor" (Jr 29,23). Eles desenvolveram um desejo carnal por Susana e passaram a espioná-la enquanto passeava pelo jardim.

Certo dia, enquanto os dois a espiavam, ela dispensou as servas para que fossem buscar os artigos necessários ao seu banho. Uma vez sozinha, e eles não conseguiam mais conter o desejo que os consumia, correram até ela e disseram: "Olha, as portas do parque estão trancadas e ninguém nos vê; nós estamos apaixonados por ti: faze-nos a vontade e entrega-te a nós! Caso contrário, nós deporemos contra ti que um moço estava contigo, e foi por isso que mandaste embora as meninas" (Sus 20-21). Ela recusou frontalmente a proposição e os dois cumpriram a ameaça: apresentaram seu falso testemunho, ela foi considerada culpada por adultério e levada para a execução.

Nesse momento Deus agitou o espírito de um jovem chamado Daniel (cujo nome pode significar "Deus é o meu juiz"), que interrompeu os procedimentos, acusou os juízes de perjúrio e reabriu o caso. Daniel interrogou os dois separadamente e flagrou contradições: um deles afirmou que Susana e o jovem estavam sob a sombra de um lentisco, enquanto o outro citou um carvalho. Daniel proferiu as sentenças individuais, que incluíam trocadilhos com os nomes das árvores que cada um havia mencionado. Susana foi libertada enquanto as duas falsas testemunhas sofreram o destino que estava preparado para ela e foram decapitadas (Dt 19,18-19). Todos os sobreviventes ficaram felizes e Daniel, famoso.

A versão da Septuaginta começa no versículo 5 do texto de Teodócio, carecendo então da descrição que é feita de Susana. Embora haja várias diferenças menores entre ambos, os dois finais soam acordes bem diversos entre si.

Septuaginta	**Teodócio**
Por essa razão os jovens são os amados de Jacó em sua simplicidade, e estaremos atentos para que esses jovens se tornem filhos poderosos. Os jovens, então, serão piedosos e o espírito do conhecimento neles residirá para sempre.	Helcias e sua mulher louvaram a Deus por causa da sua filha e o mesmo fizeram Joaquim, marido de Susana, e todos os seus familiares; eles louvaram a Deus, porque nela não foi achada qualquer coisa que merecesse reprovação. Daniel, por sua vez, ganhou grande prestígio junto ao povo daquele dia em diante.

A partir dos finais, parece que a versão grega antiga é uma história sobre o perigo que líderes corruptos representam para a comunidade judaica, que foi poupada de cometer uma imensa injustiça por Daniel (em quem um anjo de Deus havia insuflado um espírito de sabedoria), e se encerra com um apelo à educação apropriada da juventude. O outro final é mais romântico, com uma descrição mais completa sobre Daniel e os desdobramentos que se seguiram – termina como começa, nomeando os membros de sua família, celebrando a salvação de sua reputação e com uma nota sobre a fama de Daniel.

Desde a Antiguidade debate-se o idioma original do livro, se grego ou hebraico/aramaico. O cerne para os argumentos reside nos trocadilhos encontrados nos versos 54-55 e 58-59, e que envolvem o nome da árvore e a punição ao juiz que a mencionou: *schinon-schisei* (= "cortar em dois") e *prinon-kataprisē* (= "dividir em dois", na Septuaginta e virtualmente os mesmos em Teodócio). Observe que não se trata de meros trocadilhos, pois os nomes das duas árvores rimam como os verbos a eles relacionados. Sexto Júlio Africano (século III EC) defende que o jogo de palavras funciona em grego, logo esse fato aponta para a língua original do texto. Uma objeção a esse argumento é que os trocadilhos podem ter sido criados pelo tradutor, enquanto termos diferentes teriam sido usados num eventual original semítico – embora tal fato não seja improvável, ainda não se encontrou nenhum indício.

3Macabeus (nem deuterocanônico nem apócrifo; considerado autoritativo pelas Igrejas Orientais e, portanto, frequentemente incluído nas traduções dos apócrifos)

O título 3Macabeus é curioso porque o livro não tem nada a ver com os macabeus, que nem sequer chegam a ser mencionados. O elemento principal que compartilha com os dois outros livros homônimos é tratar de uma história na qual o povo judeu, dessa vez no Egito, estava sob risco de aniquilação por um monarca helenístico, em parte por suas convicções e práticas religiosas. O texto foi composto em grego e narra fatos situados no tempo de Ptolomeu IV Filópator (221-203 AEC).

Segundo a nossa história, após a vitória sobre Antíoco III (223-187 AEC) na Batalha de Ráfia (217 AEC), Ptolomeu visitou as cidades da Celessíria (a região que estava sendo disputada pelos dois monarcas) para aumentar o moral e presentear os santuários (3Mc 1,1-7), e naturalmente chegou a Jerusalém. Enquanto lá esteve, ficou tão impressionado com o templo que desejou adentrá-lo, inclusive no Santo dos Santos. Desesperados, os judeus tentaram evitar a violação de sua lei, e em meio à grande comoção que tomou a cidade, Simão, o sumo sacerdote, ofereceu uma prece na qual apelava a casos passados de livramentos divinos e à promessa de que, se o povo orasse angustiado pelo seu templo, Deus o ouviria (1Rs 8,33-34, 48-50). O Senhor atendeu às preces rapidamente e atingiu com uma paralisia o Rei Ptolomeu, forçando-o a se retirar da Palestina e retornar ao Egito, muito embora no caminho ele lançasse maldições e jurasse vingança pelo tratamento humilhante que havia recebido (3Mc 1,8-2,24; 2Mc 3).

Seu plano de vingança centrou-se nos judeus de Alexandria. O rei decretou que eles deveriam ser cadastrados, pagariam mais impostos, seu *status* seria rebaixado ao dos escravos e ainda seriam marcados com a folha da hera, símbolo do deus Dionísio. Também foi ordenado que os muitos judeus que viviam fora de Alexandria fossem enviados acorrentados à cidade, após terem sofrido outras formas de maus tratos, e detidos no hipódromo. Todos os que entregassem judeus às autoridades receberiam recompensas monetárias substanciosas. Durante o cadastramento de um grande número de judeus destinados à pena de morte, ocorreu a segunda intervenção divina da história: Deus fez desaparecer todo o material de escrita utilizado pelos escribas, para que o processo fosse interrompido.

Quando Ptolomeu viu frustrados seus planos por falta dos materiais, ordenou furioso que quinhentos elefantes recebessem bebidas alcoólicas e, uma vez bêbados, fossem soltos no hipódromo e pisoteassem os judeus que lá estavam. No dia em que isso deveria acontecer, o rei milagrosamente dormiu tanto que o evento precisou ser adiado para o dia seguinte, quando então Deus o atingiu com a praga do esquecimento; incapaz de se recordar do plano, desmentiu a si mesmo e defendeu os judeus como súditos leais. Na verdade, ele observou que fora sua própria benevolência que o havia impedido de soltar os paquidermes sobre os empregados que o haviam embebedado. Mais tarde, voltou a mudar de opinião e prometeu de forma irreversível matar os judeus no dia seguinte e que depois arrasaria a Judeia e o templo. Quando tudo parecia perdido, Eleazar, um velho sacerdote judeu, fez uma prece, e como Simão antes dele, citou exemplos de livramentos passados e pediu a Deus que interviesse em favor de seu povo nesse momento tão sério. A resposta divina veio na forma de dois anjos (invisíveis para os judeus) que aterrorizaram os elefantes e os fizeram voltar-se contra os soldados e Ptolomeu, que os conduziam ao hipódromo.

Incrivelmente, o rei mudou de ideia mais uma vez e repreendeu seus subordinados pelo modo como estavam tratando os judeus. Ele mandou libertar todos os prisioneiros e proveu recursos para que pudessem celebrar uma festa de sete dias pelo livramento recebido. Ele então os dispensou e redigiu uma carta às autoridades egípcias, na qual punha a culpa de todas as desventuras sofridas pelos judeus em amigos malvados dele, atribuindo a salvação às suas próprias ações e à consciência da situação. Alguns trechos da carta são temáticos para o livro:

> Como percebemos que Deus do céu certamente defende os judeus, sempre toma o lado deles como um pai para com seus filhos, e como

> levamos em consideração a amizade e a imperturbável boa vontade que eles têm demonstrado em relação a nós e aos nossos ancestrais, com justiça os absolvemos de todas as acusações, quaisquer que sejam (3Mc 7,6-7; cf. também 7,9).

Os judeus requisitaram, e receberam a permissão real, para executar qualquer um deles que houvesse abjurado para se salvar dos primeiros editos; cerca de trezentos foram mortos e o dia tornou-se um feriado. Os judeus dos campos foram transportados para casa, onde houve mais celebrações e todos receberam de volta as propriedades que haviam sido confiscadas (2,25-7.23).

Diversos temas se destacam no livro, alguns dos quais encontrados noutras partes da literatura judaica diaspórica. Um deles é o Deus Todo-Poderoso servido pelos judeus, e sua disposição em intervir em favor daqueles que lhe são fiéis e obedecem à lei (por exemplo, 3Mc 7,6). Outro é a lealdade dos judeus, que é reconhecida pelas pessoas de boa vontade e pelos reis quando estão com o juízo no lugar – algo que nem sempre acontece. Na provisão de motivos típicos dessa literatura está o rei muito poderoso, mas que como Nabucodonosor e Xerxes, é igualmente louco e dado a excessos, e inimigos que fazem acusações injustas contra os judeus relacionadas às suas práticas distintas.

3Macabeus lembra 2Macabeus por ser um tipo de narrativa cuja ênfase reside nas emoções. O autor recorre a um estilo palavroso e pomposo para descrever as terríveis condições em que se encontravam os judeus e a fúria terrível que o rei e os inimigos destinam contra eles – e mesmo assim, consegue oferecer-se como o relato de eventos supostamente ocorridos. Não há confirmação externa das ações que o livro relata, muito embora Flávio Josefo conte uma história similar, mas situando-a no tempo de Ptolomeu VIII Evérgeta II (Fiscão), que reinou de 146 a 117 AEC (cf. *CA* 2.49-55). Em seu relato, durante uma luta pelo controle de Alexandria, o rei

> fizera expor, atados e nus, aos seus elefantes, todos os judeus que moravam em Alexandria com suas mulheres e filhos, a fim de que os pisassem, e tinham mesmo mandado embebedar esses animais para lhes aumentar o furor, mas aconteceu justamente o contrário. Os elefantes afastaram-se dos judeus e lançaram-se sobre seus amigos, matando a muitos deles.

Houve também a aparição de um espírito, invocado pela concubina favorita do rei, para que ele não levasse a termo suas intenções maléficas – ambos elementos encontráveis em 3Macabeus. Josefo diz que o monarca cedeu, e que essa ocasião deu origem à festa dos judeus alexandrinos, celebrado naquele dia. Na versão de Josefo, a história carece do *páthos* (emoção) tão característico de 3Macabeus. Ambas as histórias podem ser relatos lendários, eventualmente com alguma base em fatos reais, que registrava como os judeus egípcios passaram a celebrar a festa do livramento. Não se trata, obviamente, de um livro privado de fatos históricos (a promoção ao culto de Dionísio feita por Ptolomeu IV, sua crueldade, seu interesse em arquitetura etc.), mas, da forma que está, parece um relato improvável de fatos ocorridos durante o reinado desse monarca.

Não se conhece a data em que o livro foi escrito. Um indício pode ser a utilização da palavra *laographia* em 2,28, indicando o registro dos judeus – Augusto havia ordenado que um censo semelhante fosse realizado no Egito, para que a cobrança de impostos fosse implementada. Essa ordem, datada de 24 ou 23 AEC, estabeleceu uma distinção entre cidadãos gregos e outros, reduzindo estes últimos a escravos. É possível que a *laographia* de 3Macabeus seja um reflexo literário daquele evento, mas o assunto está longe de ser pacificado. Outros perceberam similaridades próximas entre o livro e as adições a Ester; as relações entre esses dois trabalhos sugerem que 3Macabeus é anterior, logo precisaria ter sido redigido antes de 77 AEC, a última data possível para as adições de Ester. Não seria de se estranhar que o livro tivesse sido composto no século I AEC.

Carta de Aristeias (Carta a Filócrates, pseudepígrafo)

A Carta de Aristeias deve sua fama ao fato de supostamente contar como a Torá, a Lei Judaica, sendo traduzida do hebraico para o grego. A bem da verdade, esse assunto ocupa nada mais que uma pequena parte do final do texto, mas sua presença tem atraído a atenção dos leitores desde a Antiguidade. Ela foi escrita em grego, por volta do século II ou até mesmo do I AEC, mas não há, efetivamente, dados que possam atribuí-la a um determinado período. A primeira referência indiscutível de um escritor posterior é as *Antiguidades Judaicas* (12.11-118), de Flávio Josefo, escritas nos anos 90 EC e que resume boa parte do seu conteúdo. É igualmente possível, ou até mesmo provável, que Fílon também conhecesse o livro (cf. desse autor *A Vida de Moisés* 2.25-44).

Aristeias se apresenta como alguém da corte de Ptolomeu II Filadelfo (283-246 AEC, cujo nome não é citado, mas pode ser inferido por meio das referências ao seu pai), que havia sido enviado em missão oficial junto a Eleazar, sumo sacerdote em Jerusalém, em conexão com a tradução da Torá. O texto tem a forma de uma missiva ao seu irmão, Filócrates (cf. as referências em segunda pessoa a ele em *Ca.Ar.* 1, 4-7 etc.) em que conta essa e outras experiências (parágrafos 1-8).

Conforme o relato, o rei havia indicado Demétrio de Faleros como diretor da nova biblioteca real em Alexandria, e "desejava, se possível, colecionar todos os livros do mundo" (*Ca.Ar.* 9). Numa conversa com o rei, ele afirmou que queria ampliar o acervo dos atuais duzentos mil para quinhentos mil volumes, e acrescentou "informações chegaram até mim de que os livros da Lei Judaica merecem ser traduzidos e incluídos em sua biblioteca" (10). O monarca, então, ordenou que uma carta fosse enviada ao sumo sacerdote em Jerusalém, para que o trabalho pudesse começar (10). Aristeias diz que aproveitou o momento em que os judeus estavam sob as boas graças reais para pedir-lhe que libertasse da escravidão cerca de cem mil judeus que seu pai havia deportado da Judeia. Em linha com o espírito do livro, disse a Ptolomeu que judeus e gregos adoravam ao mesmo deus, somente sob nomes diferentes (16). O generoso soberano ordenou a libertação e ainda lhes entregou grandes somas de dinheiro (12-27).

A próxima seção contém uma cópia dos documentos elaborados para proceder com a tradução. Em uma passagem bastante discutida, referente à Lei Judaica e a outros trabalhos (*Ca.Ar.* 30), Demétrio teria dito:

> Mas eles têm sido transcritos um tanto descuidadamente, e não como deveriam ser [os termos "transcritos" ("interpretados? Copiados?") e "deveriam ser" ("já haviam sido?") são os amplamente discutidos], conforme o relatório dos sábios, porque não receberam nenhum patrocínio real. Esses livros precisam estar em sua biblioteca em versões primorosas, pois essa legislação, como seria de se esperar de algo com natureza divina, é muito filosófica e genuína. Portanto, escritores e poetas e batalhões inteiros de historiadores têm relutado em se referir a ela e aos homens do passado (e do presente) nela presentes com grande expressão, dado que a consideração por eles é sagrada e consagrada (30-31).

Sua recomendação foi que seis eruditos de cada uma das doze tribos fossem trazidos a Alexandria para que "após o exame do texto aprovado pela maioria e que a precisão tradutória fosse alcançada, pudéssemos produzir uma versão inigualável e digna tanto do próprio conteúdo quanto dos seus propósitos" (32).

Aristeias também reproduz uma carta que o rei enviou ao sumo sacerdote Eleazar, requisitando esses tradutores e mencionando a libertação dos escravizados e dos soberbos presentes que ele lhe enviava (*Ca.Ar.* 35-40). A resposta encontra-se em 41-46, e os nomes dos setenta e dois sábios são listados em 47-50. Os presentes reais são detalhados 51-82 (especialmente a mesa para o templo), enquanto os parágrafos 83-120 fornecem descrições de Jerusalém, do Templo, do serviço sacerdotal, das vestes dos sumos sacerdotes e da cidadela em Jerusalém.

As excelsas sabedoria e virtude desses setenta e dois tradutores, seis de cada uma das doze tribos, foram de grande interesse para o escritor. Aristeias nos diz que o sumo sacerdote escolheu:

> [...] homens do mais alto mérito e de excelente formação graças à distinção de sua parentela; eles não apenas dominavam a literatura judaica, como também eram estudiosos sérios da grega – logo, muitíssimo bem qualificados para a missão, e souberam tirar proveito disso quando a ocasião demandou. Exibiam uma notável, e natural, habilidade para negociar as questões que se colocavam a partir da Lei, tendo a equidistância como seu ideal recomendável (*Ca.Ar.* 121-122; 121-127 ocupam-se dos tradutores).

Após descrever as qualidades insuperáveis dos homens escolhidos para a tradução, Aristeias dedica um longo trecho às respostas que o sumo sacerdote proferira relativamente à lei que ele e seu companheiro André haviam apresentado (*Ca.Ar.* 128-171). Perguntaram-lhe especialmente sobre a grande preocupação demonstrada nas escrituras com as matérias relativas ao "puro" e ao "impuro". Entre as declarações do sumo sacerdote, encontramos essa notável explicação: "não adote a posição contemptível de que Moisés estabeleceu essa legislação graças à preocupação excessiva com camundongos, doninhas e que tais. O fato é que tudo foi solenemente posto em ordem para a investigação ilibada e a retificação da vida pelo bem da justiça" (144). Os detalhes aparentemente triviais da lei apontavam para e corporificavam princípios mais elevados.

Por fim, os tradutores foram enviados e o rei os recebeu imediatamente – algo que não era costumeiro nem para os embaixadores de outros reinos – demonstrando assim o *status* que Ptolomeu atribuiu ao sumo sacerdote que os havia enviado (cf. *Ca.Ar.* 175). Ele os convidou a todos para um banquete, em que foram servidas comidas em harmonia com seus preceitos, e o próprio rei consumiu os mesmos pratos (181). O mais velho sacerdote entre os tradutores foi convidado a realizar a oração em que pediu as bênçãos de Deus para o rei, sua família e todos que pensavam como ele (195).

Os parágrafos da 187-294 *Ca.Ar*, um terço da obra, são dedicados a um relato um tanto longo (o próprio Aristeias se desculpa pela extensão em 295) dos sete banquetes sucessivos nos quais o rei fez perguntas a cada um dos setenta e dois tradutores, que foram sabiamente respondidas – dez em cada banquete, onze nos dois últimos. As questões, e especialmente as respostas, diziam respeito à monarquia, um fato reconhecido pelo rei em 294: "seus ensinamentos essenciais a respeito da monarquia têm sido muito úteis para mim". Os tradutores salientaram virtudes reais como imparcialidade, liberalidade e justiça. As seções 295-300 trazem as reações pessoais de Aristeias ao brilhantismo dos homens de Israel.

A essa altura, não seria de se estranhar que o leitor já tivesse se esquecido da tradução, mas ela é tratada na seção seguinte (*Ca.Ar.* 301-307), muito embora seja dada mais atenção às acomodações e à rotina diária dos homens do que ao seu trabalho – a tradução em si ocupa nada mais que uma sentença "eles concordaram em completar suas diversas obrigações, chegando a acordos entre si sobre cada versões comparadas" (302; cf. também 306, que menciona a leitura feita e as explicações sobre cada ponto). O trabalho levou setenta e dois dias, "como se o resultado tivesse sido alcançado por algum desígnio deliberado" (307). A tradução, na bela cópia de Demétrio, o bibliotecário, foi apresentada aos judeus que viviam na área (308-311), e eles concordaram que "como essa versão foi realizada correta e reverentemente, e é acurada em todos os particulares, é bom que se mantenha exatamente assim, e que não haja nenhuma revisão" (308-311) Qualquer um que a mudar deve ser amaldiçoado (311). O produto final também foi apresentado ao rei, que o leu por inteiro, encantou-se com o legislador e deu ordens para que o livro fosse cuidadosamente preservado. Por fim, permitiu-se aos tradutores que voltassem para casa cheios de presentes reais e com convites para retornar (318-321).

A Carta de Aristeias apresenta uma defesa do judaísmo e, muito especialmente, de sua Lei, a qual, por ter origem divina, continha a maior das sabedorias e havia sido entregue pelo maior legislador de todos, Moisés. Aquela Lei tinha não somente condições de ombrear-se aos exemplos mais sublimes da cultura grega, mas de superá-los a todos. O sumo sacerdote Eleazar, até então mais um dos nomes na lista das lideranças religiosas do Período do Segundo Templo, foi um homem de grande sabedoria, que não apenas conhecia os detalhes da Lei, mas também compreendia os grandes princípios que os sustentavam. Além disso, soube lidar tranquilamente com o maior dos monarcas ptolomaicos, que tratou seus mensageiros com mais deferência do que os enviados de outros reis. Os tradutores, escolhidos entre as tribos, eram homens de cultura, bem formados tanto em seu hebraico nativo quanto na literatura grega. O rei admirou a Lei Judaica e os homens nela versados, enquanto os filósofos presentes aos banquetes não deixaram de elogiar as respostas dadas pelos tradutores. Quando o rei disse "creio que esses homens são excelentes na virtude e possuem o entendimento mais completo, pois sempre que são, de repente, apresentados a uma questão dessa natureza, dão as respostas apropriadas, todas colocando Deus como a base de sua argumentação" (*Ca.Ar.* 200), o filósofo Menêdemo de Erétria concordou calorosamente (201). Num banquete posterior, após outra rodada de perguntas e respostas, mais uma vez o rei e também a audiência os cumprimentaram, "especialmente os filósofos, pois esses homens os superavam em muito em atitude e eloquência, e seu ponto de partida era o próprio Deus" (235).

Não apenas o judaísmo, seus intelectuais, sua Lei e seus serviços religiosos foram colocados sob uma luz mais favorável, como também foi encorajada uma atitude mais positiva em relação à cultura grega. Demétrio havia aprendido a excelência da lei, enquanto o monarca, rico a ponto de não conhecer limites, organizou e financiou a empreitada. Da mesma forma, libertou mais de cem mil judeus que haviam sido escravizados por engano pelo seu pai, e durante os banquetes recebeu muitos cumprimentos dos tradutores. Para o autor, o reino helenista e o judaísmo poderiam tranquilamente conviver em harmonia e apreciação mútua.

Tem havido um grande debate entre os pesquisadores sobre se a Carta de Aristeias nos diz algo historicamente confiável a respeito da tradução da Torá para o grego. Não é impossível que o processo tenha acontecido, ou ao menos começado, no reinado de Filadelfo, dado que o uso do material traduzido é atestado por volta de 200 AEC. Em termos gerais, parece improvável que tudo tenha transcorrido como afirma a carta. É possível que ela tenha sido escrita, em parte, para defender a validade da Torá em grego, diante das afirmações feitas em prol da suficiência da versão em hebraico.

Em recontagens cristãs posteriores sobre a tradução descrita na Carta de Aristeias, a história foi expandida até que eventualmente toda a Bíblia Hebraica fosse incluída (Justino Mártir fala dos livros dos profetas em sua *Primeira Apologia* 31.1-5). De fato, todos os tradutores trabalharam no projeto independentemente, e ao final, quando compararam os resultados, maravilha das maravilhas, cada um e todos eles eram exatamente iguais (Irineu de Lyon, *Contra Heresias* 3.21.2, 11-15).

A Ester grega (as adições são deuterocanônicas/apócrifas)

As versões gregas do Livro de Ester contêm não só uma reprodução dos dez capítulos do livro hebraico (com algumas diferenças), mas também 107 versículos extras divididos em seis unidades espalhadas ao longo do livro e convencionalmente denominadas pelas letras A-F. Dessa maneira, esse livro lembra o de Daniel, que ao longo do tempo acabou atraindo seções adicionais. A maior parte das adições ou expansões (A, C, D, F) foram compostas numa língua semítica (hebraico ou aramaico), enquanto o grego foi o idioma original de B e E. A adição F, apensada ao final, é encerrada com um colofão, uma unidade de conclusão que explica as circunstâncias de pelo menos a adição F: "No quarto ano de Ptolomeu e de Cleópatra, Dositeu, que se dizia sacerdote e levita, assim como seu filho Ptolomeu, trouxeram a presente carta concernente aos Purim. Eles a deram como autêntica e traduzida por Lisímaco, filho de Ptolomeu, da comunidade de Jerusalém". É possível que a "carta sobre os Purim" se refira ao livro inteiro de Ester e, pelo menos, à adição F (que o encerra). Há somente uma disputa a respeito de que Ptolomeu e Cleópatra se fala, dado que houve diversos desses pares. Os candidatos mais prováveis são Ptolomeu IX Sóter II, cujo quarto ano foi 114 AEC, e Ptolomeu XII Auletes, cujo quarto ano foi 77 AEC.

As seis adições foram deslocadas para o fim do livro por São Jerônimo, quando ele fez a tradução para o latim. Como resultado, os capítulos dessas adições foram numerados sem refletir sua verdadeira localização no livro, mas sim a ordem em que foram organizadas no final (a segunda coluna do gráfico abaixo). A localização das seis adições das cópias gregas relativas ao texto hebraico mais antigo com dez capítulos está na coluna 3.

Adição A	(11,2-12,6)	Precede Ester 1	O sonho de Mardoqueu
Adição B	(13,1-7)	Entre 3,13 e 3,14	Uma carta de Artaxerxes
Adição C	(13,8-14,19)	Após o capítulo 4	Preces de Mardoqueu e Ester
Adição D	(15,4-19)	Após Adição C	Ester arrisca sua vida
Adição E	(16,1-24)	Entre 8,12 e 8,13	Segunda carta de Artaxerxes
Adição F	(10,4-11,1)	Após 10,3 (fim do livro)	Interpretação do sonho de Mardoqueu

Ou seja, a Ester grega apresenta a história com uma nova introdução e uma nova conclusão, reforçadas por outros suplementos em três lugares: dentro dos capítulos 3 e 8 e entre os 4 e 5. A análise dessas adições dará ao leitor uma ideia do efeito que tiveram sobre o livro como se conhece na versão hebraica.

Adição A. A seção é aberta pela identificação de Mardoqueu e suas circunstâncias, apresentando algumas afirmações implausíveis no processo. Segundo o texto, ele foi levado cativo durante a primeira conquista de Jerusalém por Nabucodonosor, quando o Rei Joaquim (ou Jeconias) foi deportado, muito embora ainda estivesse servindo na corte do Rei Artaxerxes, mais de um século depois. Ele tem um sonho no qual vê dois dragões preparados para lutar, e à medida que as feras rugem em antecipação, todas as nações se preparam para a guerra contra "a nação justa" (adição Est 11,8). Quando a nação justa estava prestes a morrer, clamou-se à divindade, e "de seu grito nasce, como de uma pequena fonte, um grande rio, águas caudalosas. A luz e o Sol se levantam. Os humildes são exaltados e devoram os poderosos" (11,9-11). Mardoqueu reconheceu que o sonho profetizava o que Deus faria, mas naquele momento não conseguia entender seu significado. Ele também escutou a conversa de dois eunucos planejando um ataque contra o rei, informou o que ouvira e foi recompensado (enquanto os conspiradores foram executados). Tudo isso deixou Hamã furioso: "por causa dessa questão dos dois eunucos reais, planejou aniquilar Mardoqueu e o seu povo" (12,6). O episódio inteiro se parece bastante com a história de Ester 2,21-23.

Adição B. Ester (3,12-13) se refere à carta que Artaxerxes ordenou que fosse redigida e na qual ele comandava o desejo de Hamã de que os judeus fossem exterminados se cumprisse. O texto em si, contudo, não é reproduzido. Essa adição suplementa o texto da longa epístola real na qual o xá afirma que os judeus atrapalham a paz em seu império e devem ser mortos no dia 14 de Adar (décimo segundo mês do calendário hebraico).

Adição C. Enquanto Ester se prepara para arriscar a própria vida se apresentando ao rei sem ser convocada, Mardoqueu ora. Ele reconheceu Deus como Senhor e Criador de tudo e declara que não foi por vaidade que se recusou a prestar referência a Hamã. Antes, pretendia demonstrar que não se curvaria para ninguém que não Ele, e implora ao Deus de Abraão que poupe seu povo para que ele possa viver e louvá-lo. Em seguida, a rainha Ester, extremamente ansiosa, oferece uma oração, mas antes remove suas vestes reais e se põe em trajes de luto. Para ela, diz, só Deus é rei. Quando criança, ouvia que Deus escolhera Israel no conjunto de nações para receber uma herança eterna, mas o pecado o havia levado a entregá-lo ao inimigo. A rainha pede a Deus que reverta os planos do inimigo e implora por uma retórica eloquente que faça o xá se voltar contra Hamã. E, enquanto clama por ajuda, diz: "sabes que odeio a glória dos ímpios, que me horroriza o leito dos incircuncisos e o de todo estrangeiro" (adição Est 14,15), bem como o sinal de realeza que usa sobre a cabeça. Suas palavras lidam com o problema colocado pela versão hebraica do livro, em que Ester aparentemente não tinha escrúpulos a respeito do modo como havia sido escolhida e sobre seu casamento com o xá da Pérsia. Ao final, ela implora: "Ó Deus, cuja força tudo vence, ouve a voz dos desesperados, tira-nos da mão dos malfeitores e a mim, livra-me do medo!" (adição Est 14,19).

Adição D. Vindo logo em seguida à Adição C, D conta a história de como Ester, morrendo de medo, arriscou-se a apresentar-se a Artaxerxes sem ser chamada. É uma versão expandida e deslocada de Est 5,1-2. A adição agudiza o drama ao descrever a beleza extraordinária de Ester, sua grande apreensão e a terrível majestade do xá. De início, ele se enfurece ao vê-la e Ester desmaia, mas Deus faz do monarca um marido mais calmo e gentil, que tenta ajudá-la e confortá-la. Ele a explicou que, diferente do que a lei exigia, ela não seria morta, pois esse comando só era aplicável aos súditos. Ester o elogiou, dizendo que parecia um anjo, mas voltou a desmaiar, causando grande comoção à corte. À Adição D, segue-se imediatamente Est 5,3.

Adição E. Ester (8,9-12) descreve uma outra carta de Artaxerxes, que se contrapunha à primeira. Nela, o xá permitia aos judeus que vivessem segundo suas leis, que se defendessem e que agissem como bem entendessem contra seus inimigos no décimo terceiro dia do décimo segundo mês, aquele imediatamente anterior ao que os inimigos deveriam matá-los. Como a Adição B, a E cita o texto da carta. O xá inicia comentando como gente honrada se tornava orgulhosa e má, e que dali em diante, ele administrará seu reino com maior cuidado e condena Hamã e seu pedido para que Ester, Mardoqueu e todo seu povo sejam destruídos. Na carta, o monarca diz que Hamã é um macedônio que deseja entregar o Império Persa de volta para o povo dele. Artaxerxes elogia os judeus, sua Lei e seu Deus, e chega a atribuir-lhes a preservação do estado. Os governadores reais são instruídos a não executarem a primeira carta; pelo contrário, aos judeus deve ser permitido viver segundo suas leis e reforços devem ser direcionados para ajudá-los a se defender no dia treze de Adar. Ele também dá ordens para que esse dia se torne um festival tanto para os judeus quanto para os persas leais.

Adição F. Assim como as adições B e E (as duas cartas) e C e D (colocadas uma após a outra e que compartilham conteúdo) formam duplas, o mesmo sucede entre A e F. Na última delas, Mardoqueu relembra o sonho descrito em A e se dá conta de que, agora, ele havia se cumprido. A pequena fonte que cresceu até tornar-se um rio era Ester, e os dragões, Hamã e Mardoqueu. Deus havia resgatado seu povo de Israel e realizado sinais poderosos. Aludindo à Festa do *Purim* (= sorteio) que memorializa os eventos do Livro de Ester, Mardoqueu diz que existe uma sorte para Israel e outra para todas as nações, de modo que quatorze e quinze de Adar deveriam ser festejados com alegria para sempre. O colofão ao qual nos referimos anteriormente conclui a Adição F.

Em que essas adições contribuem para o Livro de Ester? Primeiramente, as muitas referências a Deus e as preces a Ele dirigidas, as referências à história da salvação de Israel e a apostasia, tudo isso confere um poderoso papel religioso ao livro, quase que inteiramente ausente em sua forma hebraica. A versão grega também faz referências a Deus em lugares onde a tradução é hebraica, mas onde o hebraico não o menciona. Em segundo lugar, as adições preenchem certos dados faltantes da versão hebraica (por exemplo, as cartas), além de acrescentar detalhes intrigantes, como a origem macedônica de Hamã. Em terceiro lugar, elas eventualmente acentuam o drama de uma história já em si dramática, algo que acontece mais especialmente na Adição D. Por fim, o sonho no início demonstra que tudo o que acontece no texto já era previamente conhecido por Deus, que também a tudo já havia ordenado.

José e Asenet

Segundo Gênesis, faraó deu a José Asenet, filha de Potifar (homônimo de quem o havia comprado e cuja esposa tentou seduzi-lo), como esposa e ela lhe deu dois filhos: Manassés e Efraim (Gn 41,45, 50-52; 46,20). O livro nada diz de mais profundo sobre a união entre o filho de Jacó e uma mulher egípcia, filha de um sacerdote egípcio, e cujos dois filhos se tornaram ancestrais de tribos israelitas. São elementos do texto que claramente mereceriam comentários, e diversos escritores do Período do Segundo Templo se dedicaram a explorar a questão.

Uma dessas tentativas é José e Asenet (a grafia grega para Asenath), que poderia muito bem ser chamado Asenet e José, pois ela desempenha um papel significativamente mais relevante que o dele, além de possuir falas bem maiores.

Parece não haver um modo seguro para datar com precisão o texto, mas é possível que tenha sido escrito no Egito (alguns sugeriram Heliópolis, uma cidade importante na narrativa e localizada não muito distante do templo judeu) na virada entre o último século AEC e o primeiro EC. Sua linguagem original era, provavelmente, o grego, e entre as muitas cópias nesse idioma, diversas recontagens estão representadas, algumas mais longas e outras mais curtas que o livro. Não demorou para que fosse traduzido para o siríaco.

José e Asenet divide-se em duas partes: os capítulos 1-21 e 22-29. O livro começa situando a ação no primeiro dos sete anos de fartura preditos por José, e enquanto percorria a terra do Egito reunindo grãos, chegou até a magnífica residência de Pentefres (= Potifar), grande sátrapa do faraó e seu principal conselheiro. Embora fosse o convidado de honra, "José nunca comia com os egípcios, pois isso era uma abominação para ele" (*Jos. Asen.* 7.1). Potifar tinha uma filha virgem, Asenet, maravilhosamente linda e desejada por nobres do mundo inteiro, entre os quais o filho mais velho de faraó. Ela, contudo, os desprezava a todos, não os tocava e vivia numa torre luxuosa na residência de seus pais, atendida por sete virgens que haviam nascido no mesmo dia que ela.

Quando Potifar pretendeu dar a mão de sua filha a José, ela de pronto recusou e o rebaixou, dizendo que era filho de um pastor de Canaã que havia seduzido a esposa do seu senhor, mas depois de ver o homem incrivelmente belo e sábio, mudou rapidamente de ideia e se arrependeu das duras palavras que dirigira contra ele. Em seus devaneios, ele era "o sol do céu [que] veio a nós" (*Jos. Asen.* 6.2) e "o filho de Deus" (6.5; e também 13.13). Ao vê-la de relance na torre, primeiro homem a fazê-lo (7.7), de início José teve de ser convencido de que Asenet não o assediaria, "porque todas as esposas e filhas dos nobres e sátrapas de toda a terra do Egito o molestavam" (7.3-5; logo se vê, portanto, que não foi só a esposa de Potifar que se apaixonou por ele). Ele ficou feliz ao saber que ela, como ele, era virgem, e nesse particular a amou como a uma irmã, mas quando ela quis beijá-lo, afastou-a fisicamente por causa de sua religião.

Nesse contexto, o leitor encontra uma tríade recorrente no livro, ligada às diferenças religiosas entre José e Asenet. Ele disse:

> Não é apropriado a um homem que adora a Deus, que vai bendizer com sua boca o Deus vivo, comer o pão abençoado da vida, beber o cálice abençoado da imortalidade, e ungir-se com o óleo abençoado

> da incorruptibilidade, beijar uma mulher estrangeira que vai bendizer, com sua boca, ídolos mortos e mudos, e comer, de sua mesa, o pão do estrangulamento, beber de sua libação um cálice da emboscada e ungir-se com o óleo da destruição (*Jos. Asen.* 8.5)[4].

O contraste entre as duas fés e a associação entre pão, cálice e óleo é absoluto; algo drástico teria de acontecer para que os dois pudessem se casar. Apesar de tudo, José abençoou Asenet e pediu a Deus que a renovasse.

Rejeitada, Asenet retirou-se para sua torre, onde deu início a uma sofrida forma de penitência durante uma semana inteira (período após o qual José deveria retornar). Ela usou cilício, jejuou e trocou seus ricos trajes por uma túnica preta. Desfez-se de todos os seus tesouros, descartou seus ídolos, falou com Deus de arrependimento e angústia, oferecendo-lhe uma oração de confissão, na qual pedia perdão pelos seus pecados e pelo que havia dito de José. Ela disse que todos, dentro e fora de sua família, a haviam rejeitado por ter se desfeito dos ídolos (capítulos 12, 13). O livro faz uma dura oposição à idolatria, embora apenas condene os ídolos, e não os ridicularize como fazem outros textos.

Os capítulos de 15 a 18 são um momento significativo: um homem celestial muito parecido com José, visitou Asenet na torre. Esse comandante das hostes divinas (*Jos. Asen.* 14.8) reconheceu a sinceridade do seu arrependimento, disse-lhe que seu nome estava escrito no livro da vida nos céus e acrescentou:

> Eis que, de hoje em diante, tu serás renovada, formada de novo e vivificada novamente. Comerás o pão abençoado da vida, beberás o cálice abençoado da imortalidade e ungirás a ti mesmo com o óleo abençoado da incorruptibilidade (15.5).

Ela se tornaria, de uma vez por todas, a noiva de José, ele disse, e seu nome passaria a ser Cidade de Refúgio, lugar do abrigo. Mas quando ela pediu que lhe revelasse seu nome, ele negou por ser impronunciável.

Quando Asenet preparava uma refeição para o homem celestial, ele pediu também um favo de mel, um que fosse feito pelas abelhas do paraíso e que miraculosamente fez materializar-se (*Jos. Asen.* 16). Todo povo de Deus, inclusive aqueles que se voltam para ele arrependidos, recebem vida daquele favo. Ele deu

---

4. Todas as citações deste livro provêm da tradução do texto feita por Everson Spolaor para a Editora Paulus (2019) [N.T.].

um pouco a Asenet e declarou “Eis que tens comido do pão da vida e bebido do cálice da imortalidade e ungida com o óleo da incorruptibilidade” (16.16). Após o homem fazer as abelhas se levantarem do favo e mandá-las embora, ele informou a Asenet que tudo aquilo confirmava a verdade do que ele havia lhe dito (17.2), e logo depois partiu para o céu numa carruagem.

José voltou à residência de Asenet, e nesse ínterim, como por milagre sua beleza estava restaurada após o período de penitência. Os dois se beijaram e ela lavou os pés dele. Sua família retornou, faraó preparou o casamento e a grande festa que se lhe seguiu. Há uma referência às duas crianças do casal, e a primeira parte do livro se encerra com um salmo entoado por ela, que toma a forma de uma confissão e resume a história até esse ponto.

A segunda parte do livro (*Jos. Asen.* 22-29) assume um caráter bem diverso, mas possui óbvias linhas de continuidade com a primeira: Asenet conhece Jacó, que a abençoa e a beija. Simeão e Levi (este último, entre todos os cunhados, o favorito da noiva egípcia) acompanharam o casal na volta para casa, mas os quatro filhos das duas concubinas de Jacó estavam muito enciumados. E como se isso não fosse suficiente, o filho mais velho de faraó desejava matar José e casar-se com Asenet, e para tanto ofereceu subornos vultuosos a Simeão e Levi, conquistadores de Siquém (Gn 34) para que eles o ajudassem na empreitada. Diante da recusa de ambos, o príncipe egípcio se voltou para os filhos das concubinas – Dã, Neftali, Gad e Aser, e mentiu dizendo-os que após a morte de Jacó, José pretendia assassinar os quatro como vingança por o terem vendido aos ismaelitas, de modo que eles acabaram aceitando se juntar ao plano, reuniram suas tropas e emboscaram Asenet quando ela estava sozinha. O filho de faraó também tentou matar o próprio pai, mas sem sucesso. Apesar de não estarem totalmente confiantes, Neftali e Aser não conseguiram convencer os outros dois irmãos mais velhos e permaneceram na conspiração. Após a emboscada, Asenet fugiu, mas foi encontrada pelo filho de faraó. Benjamin, que estava com ela, feriu severamente o príncipe, enquanto outros irmãos de José conseguiram finalmente resgatá-la – ao ser atacada pelos quatro irmãos conspiradores, Asenet orou ao senhor e suas espadas derreteram. Ela perdoou seus quase assassinos e acalmou Simeão e Levi, que desejavam executá-los. Levi cuidou do príncipe ferido e o enviou ao pai, mas ele veio a falecer três dias depois. O mesmo destino teve o faraó, que morreu chorando pelo filho morto e deixou a coroa para José, que reinou sobre o Egito por quarenta e oito anos. E aqui acaba a história.

A narrativa compartilha elementos de histórias como de Judite, Susana e Ester, ao escolher como heroína uma mulher incrivelmente bela e rica. As grandes fortunas dos outros personagens (José, Potifar, faraó) e as relações relativamente boas entre judeus e não judeus evocam textos como a Carta de Aristeias e Susana. Os elementos espetaculares e os feitos miraculosos que contém realçam um conto que passa um bom tempo falando do arrependimento como meio pelo qual um não judeu, Asenet, tornou-se fiel ao verdadeiro Deus de Israel e uma noiva à altura de José. Ele responde à questão sobre como José poderia ter se casado com uma egípcia: ela teria assumido uma nova religião, recebera uma nova vida na qual passou a adorar a Deus e a rejeitar os ídolos, tornando-se parte do povo escolhido, alguém cuja beleza evocava a das mulheres hebreias, e não das egípcias (*Jos. Asen.* 1.5). Dessa forma, o autor defende a possibilidade da conversão ao judaísmo e a união entre um hebreu e uma egípcia – sob as condições descritas na narrativa. Ao longo do livro, é apresentado um modo de vida que incorpora leis dietéticas, monoteísmo e pureza sexual.

Escrituras reescritas

Muito embora os livros narrativos contenham diversos tipos de histórias, algumas factuais, outras novelescas, há um outro grupo de textos que frequentemente se apresenta sob a forma de narrativa, mas que toma um herói da Bíblia Hebraica e expande as histórias a seu respeito para além do que as Escrituras contam, ou ainda modifica seções mais longas de livros antigos. Em alguns momentos, é possível defender que uma dessas histórias influenciou outra – na verdade, todas elas podem muito bem se situar numa tradição exegética mais ampla de leitores judeus dos antigos textos.

1Henoc (pseudepígrafo)

Um dos livros mais antigos do Período do Segundo Templo é o longo, e complexo, trabalho hoje conhecido como 1Henoc, que em sua forma atual trata-se de uma coleção de cinco livros menores, cada um deles composto num tempo diverso e que se apresentam como as revelações apresentadas a Henoc, o sétimo patriarca a partir de Adão (conforme a genealogia encontrada em Gn 5; cf. versículos 21-24).

Nos parágrafos seguintes, trataremos das suas duas partes mais antigas, os capítulos 72-82 e 1-36, enquanto as outras seções serão reservadas para estudos posteriores. Os capítulos 83-90 e 37-71 serão analisados junto às obras apocalípticas, e do 91 ao 108 (menos o Apocalipse das Semanas, dos capítulos 93 e 91) na seção sapiencial.

O Livro dos Escritos Astronômicos (1Henoc, 72-82)

O Livro dos Escritos Astronômicos (LEA) foi originalmente escrito no idioma aramaico, como sabemos a partir de quatro de suas cópias encontradas entre os Pergaminhos do Mar Morto (4Q208-211), e só depois traduzido para o grego (dessa tradução nada mais que pequenos fragmentos sobreviveram) e daí para idiomas etíopes, como o ge'ez e o amárico. A forma de sua escrita indica que a mais antiga das cópias em aramaico (4Q208) é de uma época não distante a 200 AEC, logo, a própria composição do livro não deve ultrapassar essa data (é provavelmente anterior, embora não saibamos o quanto). As cópias aramaicas sobreviventes indicam que a versão etíope do livro, única completa que ainda resta, é uma forma condensada do LEA, sem boa parte das longas seções lunares semelhantes a tabelas presentes nas cópias aramaicas.

O LEA apresenta-se como uma revelação feita a Henoc pelo anjo Uriel – é notável que esse nome signifique "Deus é minha luz". Ele não relata apenas o conteúdo do livro, e sim leva Henoc numa grande viagem e lhe mostra os movimentos do Sol, da Lua e das estrelas, os Portões Celestiais, os quais atravessam, e alguns dos elementos geográficos mais importantes da Terra. Teoricamente, trata-se de uma narrativa em primeira pessoa, na qual o personagem principal conta todos esses fatos ao seu filho, Matusalém, após ter retornado de sua jornada (cf. capítulo 81). O LEA é o mais antigo trabalho conhecido que associa Henoc aos fenômenos astronômicos e à duração do ano – algo de certa forma implícito na Bíblia pela sua idade, 365 anos, quando Deus o "levou" (Gn 5,23-24). As revelações contêm grande quantidade de informações descritivas (muito embora geralmente imprecisas) com as quais Uriel demonstra a maneira consistente como funciona o universo criado por Deus. As leis apresentadas no livro, assim nos é dito, estarão em vigor até a o advento da nova criação (1Hen 72,1).

O primeiro capítulo do texto etíope descreve um ano solar consistindo em 364 dias. Uriel diz a Henoc que o Sol se levanta por seis portões no Oriente e se põe em seis outros no Ocidente, da mesma forma que a Lua e as estrelas, e à medida que se move de um portão para outro, a quantidade de luz solar aumenta ou diminui. Nos solstícios, a relação entre escuridão e claridade em um dia é de dois para um. O primeiro mês do ano possui trinta dias, bem como o segundo, mas já o terceiro tem trinta e um, um padrão repetido em cada um dos quartos de ano. Diversas vezes, o autor observa que as pessoas frequentemente erram por não incluir os quatro dias extras, um para cada quarto, no cálculo do ano.

1Henoc (73,1-74,9; cf. também 1Hen 78) fornece informações sobre os movimentos lunares em relação aos solares, e também começa a descrever a crescente iluminação da superfície lunar voltada para a Terra nos dias após a Lua Nova. A cada noite, a quantidade de superfície iluminada aumenta em 1/14 até alcançar a Lua Cheia, após o que diminui na mesma fração, noite após noite, até se tornar invisível. Essa longa e sistemática apresentação de tais informações é, porém, abreviada na versão etíope. Parece que na forma aramaica original do livro, o escritor descreveu relatos detalhados desse assunto para cada dia do ano, algo que pode ter sido uma seção longa e tediosa. Também somos informados que o ano lunar dura 364 dias, com meses alternados durando vinte e nove e trinta dias.

Após discorrer sobre o Sol e a Lua em vários capítulos, o escritor se volta para tópicos geográficos nos capítulos 76-77, nos quais menciona elementos como sete montanhas excepcionalmente altas, sete rios e sete grandes ilhas. Temas assim podem parecer fora de lugar num livro astronômico, mas sabemos e a astrologia antiga possuía um lado geográfico, pois acreditava-se que certos signos ou configurações poderiam prever o que aconteceria a partes específicas da Terra – desse modo, o LEA parece dar continuidade à combinação desses dois tópicos de interesse astrológico.

A maioria dos capítulos 80,2-82,3 lida com temas inesperados. Eles predizem que nos dias dos pecadores ainda por vir, os anos encolherão, as colheitas atrasarão, a Lua mudará seu padrão e as pessoas considerarão as estrelas como deuses (1Hen 80). No 81, Henoc lê nas tábuas divinas as ações de todas as pessoas, e muito especialmente o capítulo 80 parece estar em tensão com o restante do livro, no qual as leis da natureza devem vigorar até o fim dos tempos – a razão dessa ocorrência do livro etíope não está bem clara. A unidade 82,4-20 fala a respeito dos líderes das estrelas e das quatro estações, descreve as características de duas delas e se encerra – 4Q211 parece fornecer material para o final perdido da versão etíope.

O LEA nos permite ver claramente que os antigos escritores judeus consideravam Henoc um *expert* em astronomia, alguém cuja fama como fonte de informação era indiscutível. Sétimo homem depois de Adão, ele tem sido comparado a Enmendurana, sétimo rei antediluviano na lista dos reis da Suméria e monarca de Sipar, a cidade do deus-sol, levado aos céus pelos deuses Shamash e Adad que lá lhe teriam revelado as artes divinatórias, tornando-o assim o ancestral dos adivinhos. O Henoc de LEA parece corporificar alguns desses elementos por ser um herói judeu que se associa a criaturas divinais e é inteiramente informado a respeito dos movimentos celestes.

O LEA conta que dois calendários esquemáticos para o ano foram revelados a Henoc, sem que fossem analisados ou que alguma preferência fosse apontada. Nenhum deles, porém, nada têm de particularmente judaico. Ainda que o número 364 seja divisível por sete (são exatas cinquenta e duas semanas), o *Shabat* nunca é mencionado, tampouco qualquer outro feriado bíblico a ele vinculado. Há, de fato, somente algumas poucas passagens em que o livro é claramente baseado na Bíblia Hebraica (a escolha de Henoc como herói é uma delas). Trata-se, mais propriamente, de um tratado "científico" que exerceu considerável influência sobre os autores do Livro dos Jubileus e da literatura de Qumran.

O Livro dos Vigilantes (1Henoc 1-36)

O segundo livro antigo conectado ao nome de Henoc também foi escrito em aramaico e igualmente identificado em diversas cópias na Caverna 4 de Qumran (4Q201-202, 204-206), entre as quais a mais antiga (4Q201) foi datada entre 200 e 150 AEC – ou seja, é possível que seja mais um livro do século III. O Livro dos Vigilantes (LdV) é mais bem conhecido por apresentar a estranha história (ou melhor, histórias) dos anjos que pecaram ao se casarem com mulheres e produzirem gigantes, algo que, em suas mais variadas formas, tornou-se um importante tema tanto na tradição enoquiana quanto em diversas outras obras judaicas e cristãs. Trata-se de um livro compósito, que contém pelo menos cinco seções que podem nem sempre ter estado reunidas.

Capítulos 1-5. Servem como introdução ao livro e estabelecem o tema do julgamento divino do pecado humano. O autor escreveu que a composição é a bênção com que Henoc abençoou os justos e uma visão a ele revelada pelos santos anjos em benefício de uma geração longínqua. A maior parte do capítulo I é uma teofania poética, a descrição da descida de Deus ao Monte Sinai para o julgamento final (Judas 4-15 cita seu final, 1Hen 1,9). Esse impressionante poema precede à seção na qual a obediência da natureza às leis estabelecidas pelo criador é contrastada com a desobediência humana aos ordenamentos divinos. Henoc avisa aos pecadores sobre a maldição que os espera, enquanto aos escolhidos promete-se vida e paz (capítulos 2-5).

Capítulos 6-11. Numa parte em que Henoc não tem qualquer participação, temos as formas mais antigas da história sobre os anjos celestes (Vigilantes) que pecaram ao se casarem com mulheres e terem filhos com elas. Baseia-se numa leitura de Gn (6,1-4) que considera os anjos os "filhos de Deus" mencionados, enquanto as "filhas dos humanos" eram, obviamente, mulheres. A seção inclui ao menos duas versões desse mito: em uma delas, Samyaza é o líder de cerca de duzentos anjos que descem dos céus após ver e desejar as moças lindas da terra. Eles casaram-se com algumas delas, ensinaram-lhes artes mágicas e elas pariram gigantes que consumiram todas as colheitas até, finalmente, devorarem os humanos e uns aos outros. Uma segunda versão apresenta Azaz'el como o anjo-chefe, e a ele se atribui ensinar ao povo como fabricar armas e cosméticos e transmitir informações sobre pedras preciosas. Todas essas revelações são consideradas ilícitas e teriam levado as pessoas ao pecado.

A violência e o mal, resultantes da incursão angelical no mundo, fizeram os humanos clamar por socorro, e seu grito foi escutado por quatro anjos justos que tinham permanecido no céu e apresentaram a Deus a agonia humana, e Ele então designou uma tarefa a cada um para que o mal cometido fosse desfeito. Uriel foi enviado para alertar ao filho de Lamec (= Noé) do dilúvio que se aproximava; Rafael deveria amarrar Azaz'el e atirá-lo na escuridão até o dia do Juízo Final, quando seria transferido para uma fornalha, além de também restaurar a terra; Gabriel ficou a cargo da punição da prole dos gigantes, nascida das uniões ilícitas, estimulando-os a uma guerra de destruição mútua; por fim, Miguel deveria avisar a Samyaza e aos demais anjos que seriam obrigados a assistir à batalha entre seus filhos e que também seriam presos até o dia do julgamento e posteriormente enviados ao fogo – anjos e gigantes foram, portanto, punidos antes do dilúvio, não com ele. A seção se encerra com a descrição das abençoadas condições que surgiriam após o mal ser varrido da terra.

Conquanto a história dos anjos possa ter servido a diversos propósitos, um deles foi justamente explicar como o mal crescera exponencialmente a ponto de Deus ter que tomar a decisão drástica de enviar o dilúvio. Gênesis menciona apenas em termos gerais a maldade da raça humana como uma causa, mas 1Hen 6-11 oferece bem mais detalhes, explicando o quanto a situação piorara antes do dilúvio. A passagem não se atém tanto aos pecados dos homens, os quais são majoritariamente apresentados como vítimas da violência e do engodo sobrenatural – mas ainda assim foram igualmente destruídos pelas águas.

Capítulos 12-16. Pressupondo a história sobre os anjos pecadores, 1Hen 12-16 introduz Henoc na ação da qual havia sido previamente alijado (muito embora compreenda-se que os eventos aqui narrados tenham ocorrido durante as ações dos capítulos 6 a 11). Aqui os Vigilantes (para Azaz'el, cf.: 13,1-2) pedem a Henoc que interceda a seu favor junto a Deus, pois já não podem mais estar em sua presença. Há, portanto, uma reversão de papéis: os anjos deveriam trazer petições humanas a Deus (como fazem no capítulo 10), mas agora é um homem especial que apresenta a causa angélica perante a divindade. Henoc recebe a resposta ao recurso na forma de uma visão espetacular na qual vê um palácio-templo celestial, feito de gelo e fogo. Diferentemente de outros dignatários bíblicos, como Isaías, que viram de baixo o Senhor entronizado, Henoc não apenas o viu, mas também foi levado ao céu e convocado por Deus à sua presença, que rejeita o pedido dos anjos, sentencia todos à punição eterna e decreta a destruição de seus descendentes. Deus os condenou por violarem suas naturezas: a procriação era um atributo dos mortais, e não dos imortais angélicos. Essa seção introduz também uma nova classe de desagradáveis personagens: os demônios, ou espíritos maus, que supostamente emergiam dos corpos dos gigantes e espalharam todas as más influências pelo mundo, começando, aparentemente, antes do dilúvio e continuando depois dele. A ação dessas criaturas explica por que a maldade prevaleceu mesmo após os anjos e os gigantes serem eliminados.

Capítulos 17-19. Dada sua localização no texto, esses capítulos retomam a narrativa imediatamente após o encontro visionário de Henoc com Deus em sua morada celestial. Agora, os anjos, especialmente Uriel, conduzem-no numa viagem a partes fascinantes do mundo, especialmente seus limites, como imaginados pelo escritor. Primeiramente, vão para o oeste onde, entre outros fenômenos, ele vê sete grandes montanhas, três alinhadas na direção leste e outras três ao sul, com uma no meio chegando aos céus como o trono divino. Em sua viagem, Henoc vê o horrível lugar onde os anjos pecadores estão aprisionados até o dia do Juízo

Final, e a seção termina com a seguinte declaração: "(Assim) eu, Henoc, somente eu tive a visão do fim de tudo; e ninguém entre os homens verá como eu tenho visto" (1Hen 19,3).

Capítulos 20-36. 1Henoc (20) é um interlúdio que nomeia os seis (ou sete em grego) anjos que se mantêm vigilantes e lista suas funções. Após apresentá-los pelo nome, o texto dá continuidade à viagem de Henoc que, em certos sentidos, espelha aquela dos capítulos 17 ao 19, mas contém uma série de alusões a histórias do Gênesis sobre o Jardim do Éden. Uma das passagens mais interessantes está no capítulo 22, na qual o anjo Rafael mostra a Henoc os lugares em que quatro diferentes tipos de almas são reunidos: um para os justos, um para os pecadores que não foram punidos em vida, outro para os justos que se tornaram mártires (como Abel, que figura com destaque) e o último para as almas dos iníquos que aparentemente tinham recebido alguma forma de punição durante a vida. Henoc vê, portanto, que tais lugares são parte da estrutura do universo então existente.

Um lugar que Henoc visita a oeste possui sete montanhas, distribuídas da mesma forma que aquelas do capítulo 18. A montanha do meio possui muitas árvores ao seu redor, uma das quais, explica o anjo Miguel, criatura alguma pode tocar até o fim dos tempos, quando então seus frutos darão vidas longas aos justos, tão longas quanto as dos ancestrais de Henoc. A árvore será plantada junto à casa do Senhor – essa referência remete claramente à Árvore da Vida do Jardim do Éden.

Henoc, então, viaja para além do centro da terra (a região de Jerusalém) e segue em direção ao leste, onde vê sete montanhas cobertas com árvores odorosas. Eventualmente, passa pelo Jardim da Justiça, que contém a Árvore do Conhecimento, e Rafael explica que foi de seu fruto que Adão e Eva comeram e perceberam que estavam nus. A viagem finalmente o leva até os confins do mundo, onde testemunha mais coisas extraordinárias, incluindo as passagens pelas quais as estrelas e os ventos se movem. Há uma série de pontos de conexão entre os capítulos 33 e 36 e o Livro dos Escritos Astronômicos. Ao final, como costuma fazer em diversos momentos durante sua viagem, Henoc bendiz e dá graças a Deus, que fez todas essas maravilhas.

Após a leitura de 1Hen 1-36, o leitor deve estar impressionado com o conhecimento enciclopédico que Deus revelou a Henoc por meio de seus anjos. Diferentemente dos ensinamentos dos Vigilantes, esses eram legítimos e benéficos, e no curso dos seus contatos com os seres celestiais e dos passeios pelo universo, ele aprendeu não apenas detalhes interessantes, e por vezes exóticos, mas também tomou consciência de que Deus não esqueceu os justos, tampouco fez vista grossa para os erros dos anjos e demais pecadores. Ele já havia, inclusive, criado espaços separados nos quais os diferentes tipos de almas receberiam seu justo quinhão. É de se supor que tais conhecimentos serviam para reafirmar à gente que sofre que Deus estava no controle e que tanto viria em seu resgate quanto puniria seus opressores, além de castigar todos os que espalharam a violência e o mal infinitos pelo mundo.

O Testamento de Levi em aramaico

O Testamento de Levi em aramaico (TLa) difere dos textos previamente considerados por não haver restado nenhuma cópia em seu inteiro teor e por não se encaixar em nenhuma das categorias tradicionais. Ele foi, em verdade, modernamente reconstituído por estudiosos a partir de uma série de testemunhos fragmentários em diversas línguas – especialmente aramaico e grego – de diversos períodos históricos, do século II AEC até a Idade Média. Consequentemente, a ordem do texto, em especial seu início, tem sido amplamente debatida pelos pesquisadores.

Inserimos o TLa nessa parte do livro por ser um texto muito antigo que reescreve partes das Escrituras. Como a cópia mais antiga encontrada na Caverna 4 de Qumran (4Q214b) data de meados do século II AEC, é provável que a obra seja ainda mais antiga. Da mesma forma, pode ter servido de alguma forma como fonte para O Livro dos Jubileus (cf. a seguir), escrito aproximadamente entre 160 e 150 – desse modo, não é impossível que o TLa seja um texto do século III AEC.

Apresentamos então uma ordem possível das seções do Testamento de Levi em aramaico.

A história de Siquém (preservada num estado bastante fragmentário). Em Gn (34), Siquém, filho do governante da cidade de mesmo nome, desejou Dina, única filha de Jacó com Lia, violentou-a e com ajuda de seu pai, Hemor, pediu a mão dela em casamento, uma união que deveria fazer parte de um programa de matrimônios cruzados entre o povo de Siquém e a família de Jacó, mas os filhos deste consideraram que uma aliança desse tipo não poderia ocorrer enquanto os homens da cidade permanecessem incircuncisos. O jovem Siquém convenceu seus compatriotas a se circuncidarem, mas no "terceiro dia, quando ainda sofriam as dores, os dois filhos de Jacó, Simeão e Levi, que eram irmãos de Dina, penetraram tranquilamente na cidade de espada em punho e mataram todos os homens. Passaram a fio de espada Hemor e Siquém, tiraram Dina da casa de Siquém e saíram" (Gn 34,25-26) enquanto os outros irmãos saqueavam a cidade. Em Gn (49,5-7), Jacó amaldiçoou a ação violenta de seus dois filhos, mas na tradição posterior aqui apresentada, seu esforço foi aplaudido como uma expressão de zelo digna de elogios, e que rendeu a Levi o sacerdócio – a Bíblia o considera o ancestral de todos os sacerdotes. (É possível que esse trecho tenha sucedido, ao invés de precedido, os dois que se seguem.)

A Oração de Levi (bem preservado). Levi orou para que um espírito ruim deixasse seu corpo, que fosse apresentado ao Espírito Santo e recebesse aconselhamento, sabedoria e força. Ele também pediu a Deus que trouxesse a ele e aos filhos para junto de si, fazendo deles servos eternos na luta contra o mal.

A Visão de Levi (preservada em fragmentos). Levi vê os céus, aparentemente é levado até lá e recebe um aviso contra os matrimônios fora do clã (uma questão do episódio de Siquém). No mesmo lugar, ele também é proclamado sacerdote, e a soberania sacerdotal é declarada como superior à da espada (ou seja, o governo secular).

Os encontros de Levi com Isaac e Jacó (curto e bem preservado). Isaac abençoa seu neto, Levi, que preside uma celebração e Jacó lhe entrega o dízimo de tudo. Isso acontece em Betel, onde Jacó havia prometido dar a Deus um décimo de tudo (via um sacerdote, Gn 28,22), de modo que agora cumpria sua palavra. Jacó também consagra Levi ao sacerdócio, e este oferece os sacrifícios e abençoa seu pai e seus irmãos. Todos passam a morar próximos ao velho Isaac.

As instruções de Isaac *a Levi sobre os sacrifícios* (bem preservado). Essa parece ter sido a seção mais longa da obra, ocupando, talvez, um terço do texto inteiro. Isaac, que como todos os patriarcas do Gênesis, atua como sacerdote, dá a saber a Levi as leis do sacerdócio. Ele salienta que o neto deveria se manter afastado das impurezas e da fornicação (mais uma vez, um aviso contra a exogamia, ou seja, o matrimônio fora da família/nação). Ao realizar sacrifícios, deveria lavar as mãos e os pés antes e depois, usar exclusivamente os doze tipos aceitáveis de madeira para incinerar a oferenda e ser extremamente cuidadoso quanto a cobrir e lavar o sangue. Uma boa parte do texto é dedicada à ordem correta e à proporção dos itens que acompanham a queima das oferendas (sal e vinho, por exemplo).

Tais instruções cúlticas estão relacionadas aos ensinamentos de Abraão e a informações tiradas de um livro escrito por Noé relativo ao sangue. O sacerdócio de Levi deverá ser eterno.

A Autobiografia de Levi (bem preservado). Levi informa a idade que tinha quando dos vários eventos ocorridos em sua vida. Por exemplo, o episódio de Siquém aconteceu quando estava com 18 anos, e um ano depois ele se tornou sacerdote. Ele cita seus filhos e explica os nomes deles.

O Discurso Testamentário de Levi aos seus filhos (bem preservado). No ano em que José morreu e Levi contava com 118 anos (viveria até os 137), este se dirigiu aos filhos e aos filhos dos seus filhos, enfatizando diversas virtudes, tais quais justiça, verdade e, especialmente, sabedoria (ler, escrever e instruir sabiamente). Também predisse que eles se afastariam do caminho da retidão e menciona, num contexto mal preservado, uma acusação que Henoc já havia feito.

A obra se destina a exaltar Levi, esse curioso personagem bíblico. Fora das listas dos filhos de Jacó, o Gênesis só o menciona na história de Siquém (34) e na maldição que Jacó lança sobre ele em (49); e ainda assim, como patriarca da tribo dos levitas, era o ancestral dos sacerdotes. O TLa traz elementos de Ex (32), em que os levitas zelosamente massacraram todos aqueles que adoravam ao bezerro de ouro, e Nm (25), em que Fineias recebeu a garantia do sacerdócio eterno pelo seu zelo em executar um israelita e uma moabita que mantinham relações sexuais. Em Malaquias, Levi é celebrado: Ml (2,5-7) Deus diz que a "aliança com ele era vida e paz! Eu lhe concedia o temor, ele me temia e diante do meu nome tinha respeito. Tinha na boca uma doutrina verdadeira, em seus lábios não se encontrava perversão; em paz e retidão caminhava comigo e fazia retornar muitos da maldade" – Malaquias chega a chamá-lo mensageiro de Deus. Dessa forma, o TLa transpõe o sacerdócio para um tempo bem mais recuado da história bíblica e reabilita o caráter relativamente questionável de Levi, além de apresentar uma visão das obrigações sacerdotais e, certamente, alertar enfaticamente contra os casamentos fora do clã. Esse perfil de Levi se provaria influente no Livro dos Jubileus e nos Testamentos dos Doze Patriarcas.

O Livro dos Jubileus (ou Pequeno Gênesis) (pseudepígrafo)

Essa é uma obra que deve muito aos primeiros livros de Henoc (que são mencionados) e a materiais atualmente encontrados no Testamento de Levi em aramaico. Trata-se de uma recontagem das histórias bíblicas, desde a criação até a cena no Monte Sinai, não raro reproduzindo trechos do Gênesis e do Êxodo, mas também adicionando ou subtraindo certas partes. Sua linguagem original era, quase certamente, o hebraico, dado que todas as quatorze cópias fragmentárias encontradas em Qumran estão escritas nesse idioma. A mais velha delas (4Q216) pode ser datada aproximadamente entre 125-100 AEC; consequentemente, sua composição deve ter ocorrido antes disso. Como o autor parece conhecer o Livro dos Sonhos enóquico (1Hen 83-90; cf. mais adiante), redigido em finais dos 160 AEC, a década de 150 AEC parece a mais provável para o Livro dos Jubileus. O texto hebraico foi traduzido para o grego e, possivelmente, para o siríaco, mas desapareceu em seguida, até que os Pergaminhos do Mar Morto fossem descobertos. A versão grega (igualmente perdida) serviu de base para as traduções latina e etiópica, sendo esta última a única completa que chegou até nós, e sua comparação com os fragmentos hebraicos demonstra que se trata de uma tradução confiável.

O Livro dos Jubileus começa com o Senhor ordenando a Moisés que viesse até ele no alto do Monte Sinai no dia após a aliança ter sido lá celebrada (Ex 24). À medida que se dirige ao profeta, Deus prediz que Israel se afastará da aliança recentemente celebrada, e Moisés tenta, sem sucesso, interceder em prol da nação. Deus então ordena a um anjo de divina presença que tome as tábuas celestes e dite o curso da história para Moisés. A fala angélica preenche Jub (2-50) com uma nova forma do material encontrado em Gn 1 || Ex 19. Ao prefaciar esse capítulo introdutório à história bíblica, o escritor destaca a importância da obediência às leis da aliança para a manutenção de uma boa relação com Deus.

É desnecessário recitar o conteúdo dos Jubileus, pois o livro reconta as histórias do Gênesis e, de modo mais sucinto, da primeira metade do Êxodo, mas ainda assim há um certo número de aspectos que o distingue de sua base escritural.

A Aliança. Esse é um aspecto tremendamente importante tanto em Gênesis quanto em Êxodo, mas Jubileus apresentam os acordos com Noé, Abrão/Abraão e Moisés sob uma luz relativamente diversa. Cada um dos pactos, a começar pelo primeiro celebrado logo após o dilúvio, é considerado um mesmo, tão somente renovado e atualizado ao longo do tempo. Da mesma forma, cada cerimônia celebratória tem lugar no terceiro mês do ano, e todas elas estão associadas à Festa das Semanas (*Shavuot*), e com a exceção da de Noé, transcorrem no décimo quinto dia do mês a data dessa festividade em Jubileus. A união entre a aliança e essa festa (*pentecostē* em grego) continuaria em Qumran, cuja renovação anual da aliança e a admissão de novos membros parecem ter ocorrido nessa data. Em Jubileus, esse acordo único entre Deus e a linhagem dos escolhidos recebia novas leis à medida que as renovações ocorriam. A fidelidade às leis da aliança, dado que haviam sido reveladas em um momento específico, era essencial para manter uma boa relação com Deus.

A antedatação. Jubileus ensina que certo número de leis ou práticas que, na Bíblia, haviam sido introduzidas somente no tempo de Moisés já, haviam, em verdade, sido reveladas e realizadas pelos patriarcas do Gênesis. O Levítico 12, por exemplo, que aborda o tempo da impureza da mulher após parir um menino ou uma menina (ou seja, o período em que não deve ir ao santuário e se deve evitar tocar em objetos sagrados), baseia-se na diferença entre a introdução de Adão e Eva no paraíso (Jub 3,8-14; o Éden é apresentado como um santuário em Jubileus). Da mesma forma, todas as festas de peregrinação, mencionadas inicialmente em Ex 23, teriam sido praticadas por Abraão, enquanto Noé teria sido o primeiro celebrar a Festa das Semanas (*Shavuot*) (Jub 6,17-22). Essa obra, portanto, apresenta os patriarcas como praticantes dedicados da lei que já havia sido revelada em seu próprio tempo.

Separação das nações. Jubileus menciona a escolha divina por Jacó e seus descendentes já na história da criação (2,19-22) e estabelece alguns paralelos entre o patriarca e o *Shabat* – o livro insiste que os membros da linhagem escolhida, que junto a Deus e aos anjos celebravam o dia santo, evitassem os não israelitas, e é particularmente enfático sobre não se casarem com as nações (como Esaú havia feito). A história paradigmática se encontra em Jub 30 (cf. Gn 34) em que Levi e Simeão previnem um grande casamento misto entre a família de Jacó e os siquemitas, matando os homens daquela cidade. Na recontagem desse momento em Jubileus, existe uma longa exortação do anjo da presença contrária a tais casamentos, Levi é recompensado pelo seu zelo e recebe o sacerdócio. O grande problema com essas relações é que envolviam a mistura do puro com o impuro, e aumentavam grandemente o perigo de que um cônjuge estrangeiro levasse um membro da casa de Jacó para a idolatria.

Cronologia e calendário. Jubileus data um grande número de eventos utilizando um sistema heptádico no qual a unidade fundamental é o jubileu dos anos (ou seja, um período de 49 anos); cada um deles (daí o título do livro) consiste em sete semanas de anos (a semana como um período de sete dias) e cada ano dura 364 dias, um total divisível por sete. Assim sendo, o ano solar de Jubileus apresenta a mesma duração daquele encontrado no Livro dos Escritos Astronômicos enoquiano, com cada um dos doze meses tendo o mesmo número de dias. Diferentemente do LEA, contudo, Jubileus proíbe cálculos usando o calendário lunar – talvez somente em relação à datação dos festivais (Jub 6,23-38).

O livro usa a criação, e não qualquer outro ponto de partida, como início do seu sistema cronológico. O Êxodo ocorrera no ano 2410 da criação (ou seja, quarenta e nove jubileus, uma semana e dois meses; Cf. Jub 50,4). O escritor observa que a entrada em Canaã ocorreria quarenta anos no futuro, isto é, no ano do mundo de 2450 – o final preciso do quinquagésimo período de jubileus. Como resultante, o autor situa dois eventos cruciais nesse mesmo período: a libertação dos israelitas escravizados no Egito (o Êxodo) e a restauração deles à sua terra ancestral, Canaã (em Jubileus, essa região fora dada a Sem, filho de Noé, e posteriormente roubada por Canaã – cf. capítulos 8-10). Esses eventos espelham, em nível nacional, o que deveria acontecer a cada indivíduo israelita no quinquagésimo ano, o do jubileu: o escravo hebreu era libertado e propriedades ancestrais alienadas retornavam a seus legítimos donos (Cf. Lv 25).

A solução de problemas. Enquanto reconta as histórias do Gênesis e do Êxodo, o autor soluciona algumas controvérsias surgidas no texto das Escrituras. Por exemplo, em Gn 3,17, o Senhor Deus disse ao primeiro homem "Porque ouviste a voz da tua mulher e comeste da árvore de cujo fruto te proibi comer, a terra será amaldiçoada por tua causa. Com fadiga tirarás dela o alimento durante toda a tua vida". Mas embora tenha comido do fruto, ele vive por sólidos 930 anos, um problema solucionado em Jubileus quando interpreta a palavra *dia* à luz dos Salmos (90,4), "Pois mil anos a teus olhos são como o dia de ontem, que já passou, e como uma vigília da noite". Para o autor, isso implica que como em 2Pedro (3,8), "um dia diante do Senhor é como mil anos, e mil anos como um dia". Lido nesse sentido, Adão efetivamente morreu durante o "dia" do seu pecado por viver apenas 930 anos. Ou, para mencionar outro exemplo de resolução de controvérsias, Jubileus remove algumas das perturbadoras implicações de Gn (22), em que Deus ordena a Abraão que sacrifique seu filho, Isaac. Nosso autor afirma que o príncipe de Mastema, líder das forças do mal, havia desafiado Deus a testar Abraão desse jeito, igual ao que Satanás fizera em relação a Jó. Dessa forma, a ordem para o sacrifício de Isaac deve ser vista num contexto mais amplo, no qual a culpa é transferida para Mastema.

O Livro dos Jubileus parece ter sido uma obra importante para as pessoas associadas aos Pergaminhos do Mar Morto, dado o número de cópias (quatorze) encontradas nas cavernas de Qumran. Seu calendário era utilizado por lá, a datação que estabelecia era usada pelos homens de Qumran e eles também renovavam a aliança com a Festa das Semanas.

Os Testamentos dos Doze Patriarcas (pseudepígrafo)

Os Testamentos dos Doze Patriarcas é o nome dado a uma coleção de composições, curtas em sua maioria, apresentadas como os últimos desejos e os testamentos dos filhos de Jacó, cada uma delas encerrada com a morte do respectivo patriarca.

A obra compósita, que sobreviveu em grego e em traduções derivadas, é modelada em cenas como a de Gn 49, na qual Jacó, já se ultimando, "chamou os filhos e lhes disse: 'Reuni-vos para que eu vos anuncie o que vos acontecerá no futuro'" (49,1); dirigindo-se então a cada um deles, do mais velho ao mais novo (49,2-28), dá instruções sobre seu funeral e, por fim, morre em seu leito (49,29-35). O editor dos Testamentos dos Doze Patriarcas adotou o mesmo formato para sua obra: em todos os doze componentes, um dos filhos de Jacó, começando pelo mais velho (Rúben) e seguindo até o caçula (Benjamin), está à beira da morte e manda chamar os filhos à sua presença. O ancião menciona um ou mais eventos de sua vida (tirados do Gênesis ou de uma outra fonte qualquer, de que é exceção o Testamento de Aser), dá orientações morais advindas de suas vivências, prevê o que acontecerá com eles, reforça as exortações uma última vez, morre e é enterrado pelos seus descendentes. Oito dos testamentos são relativamente curtos, enquanto quatro são mais extensos: Levi, Judá, José e Benjamin. Os dois primeiros se destacam por serem os ancestrais dos sacerdotes e dos reis, enquanto José e, em menor escala, Benjamin são importantes graças aos papéis que desempenham em Gênesis.

É questionável se os Testamentos dos Doze Patriarcas devem ser incluídos numa lista de obras judaicas do Período do Segundo Templo, pois, do modo como hoje existem, é uma obra cristã. Quer dizer, quase tudo que lá está pode ser lido como uma composição judaica, mas uma série de passagens, extensas e discutíveis, tem sido identificada como cristã (Cf. T. Benj. 9.3 para um exemplo inquestionável). Tudo isso levou a dois grandes modelos de compreensão do seu desenvolvimento: no primeiro, um escritor judeu compilou uma coleção de testamentos vinculados aos doze filhos de Jacó, e um editor ou copista cristão (talvez até mais de um) adicionou algumas sentenças às seções dedicadas às previsões, relacionando-as a profecias mais diretamente ligadas a Jesus Cristo. No segundo, um cristão compilou os testamentos usando fontes judaicas. Dado o pequeno número de passagens demonstrativamente cristãs, parece que o primeiro modelo seja mais provável. Além disso, em Qumran, textos que podem estar relacionados a dois dos testamentos foram encontrados: o Testamento de Levi em aramaico, de que já tratamos, contém muito material que aparece também no Testamento de Levi, e o texto de Neftali (4Q215) compartilha alguns trechos com a obra grega que leva seu nome. À luz de tais incertezas acerca das origens dos Testamentos, é bastante difícil datar a obra completa, e sugestões têm oscilado do século II AEC ao II EC.

Ainda que sejam doze composições, elas compartilham entre si certos temas, sugerindo assim que devem ter passado por alguma forma de edição.

1. Ao longo de todo trabalho, a superioridade de Judá e Levi é sempre destacada. Os demais patriarcas exortam sua descendência a obedecê-los e predizem que lideranças escatológicas surgirão dessas duas tribos – uma pista de que os Testamentos pertencem à mesma tradição do Testamento de Levi em aramaico e dos Jubileus. Este último salienta a importância de Levi e Judá e incorpora uma cena na qual Isaac abençoa a ambos e prediz um grande futuro para os seus descendentes (Jub 31). Outras indicações de que o texto pertence à tradição Henoc-Levi-Jubileus são as diversas referências aos anjos Vigilantes e ao seu pecado, aos escritos enóquicos (embora nem sempre esteja claro qual exatamente) e o uso do termo *Belial/Beliar* para nomear o líder do mal. Os testamentos de Levi e Judá são bem desenvolvidos; o primeiro contém relatos de duas visões e lida no detalhe com sua virtuosa conduta em Siquém (Gen 34) e sua indicação ao sacerdócio. O segundo salienta a posição de Judá como ancestral dos reis, mas difere do Testamento de Levi pois o personagem que lhe dá nome tem mais pecados a confessar (o casamento com uma canaanita e os filhos com Tamar, sua nora, a quem tomou por uma prostituta; cf. Gen 38). Seu testamento também relata diversos episódios de suas façanhas bélicas (algumas das quais encontram paralelos nos Jubileus) e de seus problemas com o alcoolismo.

2. José desempenha um papel de destaque nos testamentos porque seus irmãos precisam confessar que maltrataram seu impertinente irmão mais novo e reconhecer que ele os tratou de forma virtuosa quando foram ao Egito. Em seu próprio testamento, ele aparece como um paradigma de virtude, especialmente graças à sua disposição em resistir aos avanços indesejáveis da mulher egípcia cujo marido era seu senhor (cf. Gn 39,6-18). Seu sucesso nesse campo serviu como robusto contraexemplo para as dificuldades que dois de seus irmãos, Judá e Rúben, experimentaram nessa área da vida (este último dormiu com Bala, concubina de seu pai; cf. Gn 35,22), servindo assim como fonte e modelo de virtude para as gerações mais novas.

3. Os Testamentos estão repletos de alertas contra toda sorte de vícios e recomendam as mais diversas virtudes. As novas gerações são frequentemente alertadas para os perigos da impureza sexual, são vícios condenáveis: a inveja, a arrogância, a ganância, a ira, a mentira, o ódio e a indecisão; enquanto as virtudes encorajadas são: a simplicidade, a misericórdia, a bondade, a castidade e a pureza de espírito.

4. Enquanto profetizam sobre o que acontecerá à sua descendência, os patriarcas regularmente preveem um tempo de pecado, o exílio como punição e um eventual retorno. Nessas seções, existem previsões sobre futuros messias, passagens nas quais o número de adições cristãs aumenta. Os Testamentos falam da ressurreição e da salvação para as nações, bem como para a descendência dos patriarcas.

5. Amiúde, os patriarcas exortam seus filhos a obedecerem a lei, e T.As. 2.10 chega a fazer referência a uma passagem específica do Pentateuco (Cf. Lv 11,6; Dt 14,7). Tal fato é insólito dado o cenário fictício do livro, os tempos patriarcais e pré-mosaicos. Há, contudo, que se relembrar que também Jubileus retroprojeta uma série de leis mosaicas nas histórias do Gênesis, logo é possível que o autor dos Testamentos tenha assumido uma posição semelhante.

As Antiguidades Bíblicas do Pseudo-Fílon (pseudepígrafo)

As Antiguidades Bíblicas são um trabalho de fôlego que reescreve extensivamente o material entre Gn 1 e 2Sm 1 (a morte de Saul). Sobreviveu numa tradução latina que contém muitas evidências de que foi feita a partir de uma versão grega, a qual, por sua vez, pode ter sido a tradução de um texto hebraico. O adendo "Pseudo-Fílon" se destina a indicar que embora tenha sido atribuído, há muito tempo, a Fílon de Alexandria, não é ele o autor. Seu nome foi associado ao livro por ter sido transmitido em manuscritos junto com os escritos do filósofo, embora não saibamos o porquê disso.

O livro, que não se afirma revelado por Deus, não dá qualquer indicação de seu autor ou localização, e menciona apenas indiretamente seus objetivos. Os estudiosos têm tentado datar a sua composição observando se reflete o conhecimento da destruição do templo e de Jerusalém, em 70 EC, e como esses eventos momentâneos não são mencionados, alguns deles concluíram que sua escritura seria anterior. Há, contudo, uma nota intrigante em 19.7, quando Deus fala a Moisés pouco antes da morte deste:

> Agora hei de mostrar a terra antes de tua morte, mas nela não entrarás nesta era, para que não vejas as imagens talhadas com as quais esse povo começará a ser iludido e levado ao caminho do erro. Hei de mostrar-te o lugar onde eles me servirão por 740 anos, após o que será entregue às mãos dos seus inimigos, que o destruirão, e os estrangeiros irão circundá-lo. E este dia será como aquele em que destruí as tábuas da aliança que preparei para ti em Horeb, e quando pecaram, o que estava lá escrito se desfez. E aquele dia era o décimo sétimo do quarto mês [= Tamuz].

A passagem parece aludir à destruição empreendida pelos romanos em 70 EC, e acopla esse evento ao momento no qual as primeiras tábuas das leis foram destruídas no Sinai. O 4.6 do *Tratado Taanit* da *Mishná* afirma:

> Cinco eventos aconteceram aos nossos antepassados em dezessete de Tamuz [...] (1) as Tábuas [dos Dez Mandamentos] foram quebradas; (2) [a oferenda] *tamid* foi interrompida; [a muralha] da cidade foi rompida; (4) Apóstumos queimou a Torá; e (5) ele colocou uma imagem no Santuário[5].

A passagem se refere a eventos associados à guerra contra Roma e à eventual destruição da cidade e do templo, além de mencionar a destruição das tábuas da lei na mesma data. Logo, *Ant Bib.* 19.7 pode sugerir que o livro tenha sido compilado após os acontecimentos de 70 EC, sem sugerir o quanto depois.

A justaposição dos capítulos das *Antiguidades Bíblicas* com os livros das Escrituras com os quais se relacionam oferece uma boa visão de onde o compilador centrou sua atenção.

---

5. A partir da tradução de Andrea Zeitune Diamante (2020) publicada pela Associação Beneficente e Cultural Makom.

1-8	Gênesis
9-19	Êxodo-Deuteronômio
20-24	Josué
25-48	Juízes
49-64	1Samuel
65	2Samuel 1

Uma grande porção das *Antiguidades Bíblicas* está voltada para as primeiras gerações de israelitas na terra de Canaã, em especial no tempo dos juízes (refere-se a esse livro pelo nome em 35.7 e 43.4). É possível nos perguntarmos por que o escritor/compilador se ateve a esse período e não ao Gênesis ou a outras partes do Pentateuco, como diversos outros o fizeram. Talvez esse segmento do passado tenha sido selecionado por ilustrar bem um dos grandes temas do livro: a relação pactual entre Deus e seu povo, moldada pelas promessas feitas a Abraão e pela lei revelada no Sinai; um laço inquebrável, em que pese os constantes desgastes provocados pelas infidelidades de Israel, que normalmente assumiam a forma da idolatria.

Enquanto reconta a história bíblica, o compilador costuma omitir incidentes apenas para que, posteriormente, personagens os recordem. Um exemplo é o quase sacrifício de Isaac (Gn 22), ausente da seção dedicada a Abraão, mas referenciada com floreios na canção de Débora (*Ant Bib*. 32.2-4) e nas palavras de Jefté à filha (40.2).

O compilador também acrescentou certos relatos não encontrados nos escritos bíblicos, de que é exemplo a história sobre Amran (Anrão) em 9,1-10, e no versículo 14. É situada no tempo em que os egípcios oprimiam os israelitas das mais diversas maneiras, por exemplo afogando seus bebês do sexo masculino nas águas do Nilo. Nessas condições, muitos hebreus não desejavam mais ter filhos, mas Amran não concordava com tal coisa. Futuro pai de Moisés, seu nome não é mencionado na história sobre o nascimento do profeta em Ex 2, e só vem aparecer bem depois, na genealogia encontrada em Ex 6,18-20, além de listas similares presentes em Números e 1Crônicas. Entretanto, dada sua importância como ancestral dos sacerdotes, mais tarde ele se tornou objeto de interesse para os leitores, como se nota, por exemplo, no texto *Visões de Amran*, do qual diversas cópias foram descobertas na Caverna 4 de Qumran (4Q543-548, possivelmente também na 549). Segundo as *Antiguidades Bíblicas*, Amran disse a seus compatriotas hebreus que a raça de Israel não seria exterminada, mas sim que o pacto celebrado com Abraão seria cumprido – nele, havia a promessa de grande descendência e a previsão de que sofreriam numa terra estrangeira durante quatrocentos anos – informação encontrada em Gn 15, um relato omitido na listagem anterior de Gênesis. Como resultado, declarou que ele e sua esposa continuariam a ter filhos, e sua confiança agradou a Deus, que prometeu operar maravilhas por meio de um filho nascido do casal, Moisés. O povo reclamava da continuada opressão egípcia, mas Amran não titubeou.

Quenaz é outra figura de destaque nas *Antiguidades Bíblicas*, algo que não se repete na Bíblia. Seu nome aparece em Jz 1,13; 3,11, identificado como o irmão mais novo de Caleb, e em Jz 3,9, em que é o pai do primeiro juiz, Otoniel. Nada mais é dito a seu respeito em Juízes, mas o Pseudo-Fílon dedica-lhe três capítulos, do 25 ao 28 (cf. também 20,6, em que ele é um dos espiões que Josué mandou a Jericó). Contrastando com seu papel limitadíssimo em Juízes, nas *Antiguidades* ele é representado como um governante, igual a Moisés e Josué, representando assim a continuidade da liderança pós-Josué, companheiro do bom espião Caleb em Canaã.

As histórias sobre Quenaz ilustram diversos elementos das *Antiguidades Bíblicas*. Após Josué, ele é sorteado para ser o próximo líder de Israel, uma forma de seleção que aparece com alguma frequência no livro. Sorteios eram utilizados para identificar transgressores israelitas que eventualmente eram queimados até a morte, uma forma de recordar a história de Acã (Js 7,16-26; nas *Antiguidades*, ele é mencionado em 25,7, mas sua história não é reproduzida anteriormente). O processo de exposição de transgressores por sorteio ocorreu após Quenaz proferir um pequeno discurso (25,3-4) em que suas palavras soaram muito semelhantes às de Josué em Js 1,7. No capítulo 27, ele liderou a vitória sobre os amoritas de um modo que ecoa elementos da conquista dos amalecitas por Gideão (Jz 7). Em seu leito de morte, e após governar durante 57 anos (*Ant Bib*. 27.16), Quenaz reúne todo Israel e os exorta a se manterem fiéis à aliança após a sua partida.

Nas *Antiguidades Bíblicas*, o período dos juízes é habitado por grandes líderes que dão continuidade ao trabalho de Moisés e Josué (cf. 30.5), algo válido não somente para Quenaz mas também para Zebul, seu sucessor (que não aparece em Juízes) e que, como o antecessor, reuniu Israel e proferiu uma exortação antes de falecer (capítulo 29). Como seria de se esperar, Débora recebe muita atenção (capítulos 30-33, muito embora 30.2 soe uma nota negativa a respeito de uma mulher na chefia), e também ela reuniu o povo para instruí-lo quando estava prestes a morrer, passados quarenta anos de governo (32.18).

Gideão (*Ant Bib.* 35-36) e Jefté (39-40) possuem aspectos positivos e negativos, o mesmo ocorrendo com Sansão (42-43). Naturalmente, Samuel é mais um dos grandes líderes desse período (49-59, com 64), e nas *Antiguidades* Elcana, seu pai, é sorteado para liderar a nação, mas não aceita. O Senhor, então, promete que seu filho governaria, e informou a Eli, o sacerdote, que um profeta estava destinado a nascer do ventre de Ana (49.8; cf. 51.2, 51.6, 53.12). Quando Samuel nasceu, o povo o levou até Eli que o ungiu como profeta (51.7). Após relatos sobre as desventuras da Arca da Aliança (54-55), o povo exige um rei, e o escolhido é Saul (56). Samuel, contudo, percebera que ainda não era o tempo certo para um "reino duradouro" e para construir a "casa de Deus" (56.2). No capítulo 59, ele unge Davi como rei, havia então chegado o tempo certo para o reino.

O final súbito das *Antiguidades Bíblicas* fez alguns estudiosos se perguntarem se o livro originalmente não possuiria seções adicionais. Após consultar a feiticeira de Endor, Saul chega ao fim da vida, fato que conclui o livro. O caminho está preparado para Davi assumir o trono (ele é ungido em 59.1-3), cumprindo assim a promessa de Gn 49,10, de que um líder surgiria da Tribo de Judá (cf. *Ant Bib.* 21.5), mas seu reinado não é narrado no livro. Ainda que tal fato seja antecipado, é o período instável dos juízes que encerra a narrativa.

O livro traz uma série de afirmações sobre o fim do mundo, o julgamento final e a vida eterna. A lei que Deus havia preparado desde o início (*Ant Bib.* 32.7) servirá de norma para a avaliação das pessoas (11.2) quando Ele ressuscitar os mortos no dia do juízo (3.10; 25.2, 25.7). Aqueles que permaneceram obedientes (muitos em Israel) desfrutarão da vida eterna (23.13). Haverá um novo céu e uma nova terra que serão uma morada eterna. Parece que os maus serão aniquilados (talvez seja esse o significado de 16.3; cf. 15.5). Não há a antecipação de um líder messiânico.

Apocalipses

Os apocalipses estão entre os tipos textuais mais interessantes compostos no Período do Segundo Templo. Essas obras recebem esse nome graças à semelhança com o livro neotestamentário de Revelação (ἀποκάλυψις, *apokálupsis*, em grego) e normalmente apresentam três elementos genéricos: (1) são revelações; (2) feitas por um ser sobrenatural, como um anjo; (3) para um humano que as recebe. Elas podem conter revelações sobre o mundo celestial (ou seja, daquilo que está além da percepção humana), o futuro ou ambos. Os apocalipses judaicos são pseudepígrafos, isto é, atribuídos a grandes figuras do passado (Henoc, por exemplo). Uma implicação dessa prática é que esses livros que perscrutam a história bíblica apresentam-na na forma de uma previsão, dado que a maior parte dos acontecimentos teria ocorrido, digamos, após o tempo de Henoc. Essas "previsões" do passado não se distinguem de partes dos apocalipses que são efetivamente previsões do verdadeiro autor. É possível que sua acurácia em "prever" o passado passasse ao leitor a confiança de que ele poderia igualmente prever com sucesso o futuro.

Os apocalipses surgiram entre os judeus por volta de finais do século III AEC e certamente no século II AEC, escritos para confortar e consolar os leitores com informações sobre a verdadeira natureza da situação presente, livre das limitações que normalmente tolhem o entendimento humano. O Livro dos Escritos Astronômicos de Henoc é, por vezes, considerado um apocalipse, muito embora a realidade que revela seja largamente acessível à percepção sensorial. Alguns dizem o mesmo do Livro dos Vigilantes, algo que seria particularmente verdadeiro em relação à visão do trono de Henoc, no capítulo 14, e em suas viagens dos capítulos 17-36. Também Jubileus conta com um apocalipse em seu capítulo 23.

Os primeiros apocalipses históricos, isto é, do tipo que perscrutam a história e o futuro, foram escritos no século II AEC, e o material em Dn 7-12 se inclui nessa categoria, sendo geralmente datado cerca de 165 AEC. Mas, como esses capítulos estão inseridos na Bíblia Hebraica, não serão abordados aqui, de modo que o primeiro dos apocalipses fora dessas Escrituras sejam os livros 4 e 5 de Henoc.

O Apocalipse das Semanas (1Henoc, 93,1-10; 91,11-17, pseudepígrafo)

O mais antigo apocalipse histórico ainda existente na literatura judaica pode ser a composição curta conhecida como o Apocalipse das Semanas. O fato de não mencionar a perseguição aos judeus e o banimento ao judaísmo ordenado por Antíoco IV em 167 AEC implica ter sido escrito antes desses eventos, ou seja, talvez por volta de 170 AEC. Na versão etiópica de 1Henoc foi dividido em duas partes cuja ordem foi invertida – da primeira à sétima semana no capítulo 93, e da oitava à décima no 91. Um manuscrito aramaico encontrado em Qumran (4Q212) preservou muito desse texto e manteve as semanas na ordem natural.

O texto toma a forma de um relatório feito por Henoc ao seu filho Matusalém, relatando uma visão que havia tido; também menciona palavras dos anjos e o conteúdo das tábuas celestiais como fonte das revelações que lhe haviam sido feitas. Ele esboça de modo breve a história do começo ao fim, com quase tudo apresentado como uma previsão. A história e os diferentes estágios do julgamento estão divididos em dez unidades chamadas *semanas*, as quais subdividem-se em sete partes, algo bastante sugestivo por diversas razões: trata-se de uma das várias alusões e referências ao sete no apocalipse (Henoc, por exemplo, é o sétimo patriarca); juntas, as dez semanas totalizam setenta unidades, já em si um número altamente significativo à luz da previsão de Jeremias de que Jerusalém estaria desolada durante os setenta anos de dominação babilônica (cf. Jr 25,11-12; 29,10; Dn 9,2, 24-27); e a semana decisiva, aquela em que o verdadeiro autor vive e na qual a grande virada histórica começará, também é a sétima. 7 × 7 = 49, e esse numeral traz à memória associações com o Jubileu bíblico, que escritores como o dos Jubileus entendiam como uma unidade de 49 anos.

As sentenças sobre cada uma das dez semanas giram em torno de um importante personagem ou evento – eventualmente grupos deles. O autor se esforçou para organizá-las: a primeira e a décima se assemelham porque em ambas ocorre a presença dos Vigilantes e por serem os tempos da primeira e da segunda criações. Além disso, elas duas, e somente elas, mencionam uma sétima entidade: Henoc foi a sétima pessoa da primeira semana, enquanto na décima o julgamento ocorre na sétima parte. Em verdade, as descrições breves de quase todas as outras semanas (com exceção da segunda e da nona) contêm indicações de algo ou de alguém na parte final da semana. Por exemplo, na terceira é Abraão; na quarta, a entrega da lei; na quinta, a monarquia davídica, e assim por diante. As semanas segunda e nona se equiparam pelo tema comum dos julgamentos impostos sobre a terra inteira: naquela o dilúvio, nesta a etapa do Juízo Final.

A sétima "semana", a crucial, o tempo do autor, abrange o surgimento de uma geração apóstata, o dom da sabedoria sétupla conferido aos escolhidos e à destruição dos pecadores. Da oitava à décima semanas são cobertos períodos diversos do julgamento escatológico. A oitava é para os virtuosos e o julgamento justo dos pecadores, enquanto uma casa é construída para Deus. Na nona, o julgamento justo é revelado para o mundo inteiro e o mal desaparece. Por fim, na décima semana ocorre o julgamento dos Vigilantes, os antigos céus desaparecem e novos surgem. E após tudo isso, prediz Henoc, haverá uma eternidade de semanas sem conta, e nelas o pecado jamais existirá.

Um elemento digno de nota no apocalipse é sua periodização da história, implicando que tudo já está pré-definido nos céus, supostamente muito antes de que a maioria dos eventos ocorra. Da mesma forma, o autor jamais menciona a ressurreição antes do Juízo Final, mas consola seus leitores com ideias como o julgamento do mal e alguma forma de futura vida eterna livre da influência maligna.

O Livro dos Sonhos (1Henoc, 83-90, pseudepígrafo)

No Quarto Livro de 1Henoc, Henoc narra a seu filho Matusalém dois sonhos premonitórios que tivera antes do casamento. No primeiro (1Hen 83-84), cujo escopo histórico é mais limitado, ele diz: "eu vi o céu sendo tomado e lançado para baixo e caindo sobre a terra. Quando ele caiu sobre a terra, eu vi a terra sendo tragada para dentro do grande abismo" (83,3-4). Mahalalel, seu avô, explica que a visão diz respeito à maldade da terra e à destruição que se aproxima (o dilúvio), e estimula Henoc a orar para que lhe seja deixado um remanescente na terra. Ele realiza essa oração e, após ver o Sol nascer num novo dia, bendiz e exalta o Senhor.

O segundo e mais longo dos sonhos é chamado o *Apocalipse Animal* (1Hen 85-90), e as visões históricas mais recentes nele contidas, em especial um personagem que parece ser Judas Macabeu (o carneiro com chifres em 90,9 etc.), levou os estudiosos a datá-lo em finais da década de 160 AEC. O texto recebe seu nome pelo fato de os personagens bíblicos serem retratados como animais, cujos tipos e colorações expressam avaliações de caráter. No texto, Henoc passa em revista toda a história bíblica, seguindo para além do verdadeiro autor até o Juízo Final. Os símbolos e a linguagem utilizados são, no geral, explícitos o bastante para que o leitor com conhecimento bíblico seja capaz de acompanhar o curso da narrativa.

Os patriarcas no começo de Gênesis são descritos como touros, sendo que os pertencentes à linhagem escolhida são brancos, e os demais, pretos. A história sobre os anjos pecadores aparece com destaque no texto: esses entes celestiais são chamados estrelas e distinguem-se dos anjos virtuosos, aos quais se chamam homens. Inicialmente, uma estrela caiu do céu (aparentemente Azaz'el) e sua chegada junto aos bovinos se fez acompanhar de perversidades sexuais e de mistura entre diferentes tipos de touros e vacas. Àquela primeira estrela seguiram-se muitas outras, e elas começaram a cruzar com as fêmeas bovinas, gerando três tipos de gigantes. Henoc viu sete anjos descerem para resolver os problemas na terra, e três deles os levaram para o alto de uma torre de onde pôde observar o que acontecia lá embaixo. As punições que já conhecemos foram, então, distribuídas entre os malvados, e somente Noé e sua família sobreviveram ao dilúvio. Seus três filhos (touros de diferentes cores: branco, vermelho e preto) repovoaram a terra após as águas baixarem, e o animal branco (Sem) apartou-se dos demais, cujas descendências são representadas como criaturas selvagens ou negativas (porcos, por exemplo) ou pássaros (como o corvo). Tanto Abraão quanto Isaac são touros brancos.

Com Jacó a imagem muda do touro para o cordeiro; seus descendentes formam um rebanho ovino, enquanto as nações inimigas são representadas como toda sorte de animais ou aves predadores – os egípcios, por exemplo, são lobos. Sob tal imagética, continua-se a acompanhar a linha histórica bíblica, incluindo José, a escravização no Egito, o Êxodo e o livramento no Mar Vermelho. Parece significativo que embora o episódio no Sinai receba destaque na história, nada é dito sobre a entrega da lei (Moisés, contudo, é chamado de homem, assim como Noé, simbolizando implicitamente tratar-se de anjos). Ao chegar no começo da monarquia, Saul e Davi são chamados carneiros, o templo é uma torre e o reino davídico, uma casa. Somos lembrados que Henoc é o narrador da história quando conta que Elias foi trazido para junto de si.

Ao final da seção relativa ao pecado e à punição do rebanho durante a monarquia dividida, o autor introduz a terceira parte do apocalipse com uma nova imagem: setenta pastores (a partir de 1Hen 89,59). Deus os atribui a tarefa de punir as ovelhas, mas também aponta um outro grupo para registrar como cada um deles cumpre o comando que lhe fora dado e se cometem excessos no exercício dessa função, pois a divindade sabe que eles destruirão mais do que fora especificado. Os pastores não são informados desse controle, e no Juízo Final o registro completo será apresentado a Deus. Os setenta pastores (o número pode advir do quantitativo tradicional de nações não israelitas, cf. Gn 10, mas é mais provável que se refira aos anjos punidores) acossam as ovelhas durante quatro períodos sucessivos que consistem no governo de doze, vinte e três, vinte três e doze pastores, respectivamente. Seu tempo começa pouco antes da destruição de Jerusalém e do templo (percebidos em 89,66) e continua durante o exílio, o retorno e a reconstrução do santuário (o serviço sacrificial lá realizado é considerado impuro em 89,73) e todo o período pós-exílio, até o próprio dia do autor no século

II AEC e o esperado julgamento. Assim sendo, as eras de dominação incluem os tempos dos babilônicos, persas, ptolomeus e selêucidas. Em algum momento mais tardio desse mesmo período, (aparentemente por volta de 200 AEC), um novo grupo, descrito como pequenos cordeiros nascidos de ovelhas brancas, aparece e tenta, em vão, atrair os membros do rebanho de volta ao caminho da retidão.

Chegando ao fim da seção dos pastores, o leitor conhece um carneiro com grande chifre que certamente recorda Judas Macabeu, e quando os animais e as aves o atacam, Deus atinge a terra com seu cajado e os agressores caem no buraco resultante do golpe. Essa referência deve servir como indício de quando o apocalipse foi escrito, por ser o último evento histórico referenciado (c. 164 AEC). O julgamento, então, ocorre em estágios, com Azaz'el, os outros anjos e os setenta pastores sendo lançados num abismo de fogo. As ovelhas cegas (os israelitas apóstatas) são tratadas da mesma forma. Quando uma nova Jerusalém substitui a antiga, Deus a toma como sua residência, embora não exista um templo, e para essa cidade seguem os israelitas espalhados pelo mundo, bem como gente de outras nações. Nasce então um touro branco, que parece ser o messias (1Hen 90,37), e a imagem que assume é a mesma dos patriarcas com os quais a história teve início; fecha-se então um ciclo completo, com a situação revertendo àquela do início. Com ele em cena, todos são transformados em touros brancos, e aqui termina a história. Henoc desperta e, compreensivelmente, irrompe em lágrimas.

O Apocalipse dos Animais se parece com o Apocalipse das Semanas por se dispor a cobrir toda a história, mas o autor centra sua atenção primordialmente em sua última parte e na dos setenta pastores. Essa imagem e outras derivam de Jr 25 e sua profecia sobre os setenta anos na Babilônia, mas o autor entende essas sete décadas mais à maneira do que encontramos em Dn 9, em que elas são explicadas como setenta semanas de anos e que cobrem, igualmente, todo o período desde a queda de Jerusalém até o próprio tempo do autor, no século II AEC. Jeremias 25, assim como o Apocalipse dos Animais, fala de pastores que punem excessivamente Israel e que eventualmente serão julgados (cf. também Ez 34). A incapacidade do autor em mencionar a revelação da Lei no Sinai bem como sua atitude negativa com relação ao Segundo Templo são elementos notáveis desse apocalipse fascinante, assim como o é a presença do Messias, mesmo sem desempenhar um papel proeminente.

Os Oráculos sibilinos (pseudepígrafo)

É possível que o próximo apocalipse judaico – ou por outra, uma obra semelhante a um texto dessa natureza – seja encontrado encrustado em uma longa obra grega chamada os Oráculos Sibilinos. Seguindo o modelo das famosas previsões feitas por uma profetisa idosa (da Grécia Clássica ou de qualquer outro lugar), os autores dessas composições puseram previsões pertinentes ao povo judeu na boca da Sibila, que fala em hexâmetros. Os doze livros dos oráculos (numerados como 1-8 e 11-14 nas edições, posto que 9-10 repetem o material de 1-8) são, em sua presente forma, uma antologia cristã, em que o escritor do prólogo avisa que reuniu todos esses oráculos em um único livro por eles exporem temas importantes e benéficos, tais como a Trindade. Ele também comenta: "de muitas maneiras eles falam de uma certa história já passada e, igualmente, preveem eventos e, expressando-se de modo simples, podem ser muitíssimo proveitosos para quem os lê". O trabalho resultante é uma combinação de materiais judaicos, cristãos e de outras origens, compostos em diferentes tempos e lugares e com objetivos variados.

Aqui nos basta discutir o material judaico mais antigo presente nessa grande e sortida coleção de textos: o terceiro oráculo. Seu estudo fornecerá algumas indicações do que são os oráculos e do modo como o judaísmo é neles expresso. O fato de que um escritor judeu ter optado por articular seus pensamentos por meio de uma profetisa popular no mundo pagão deve levar a se esperar algo intrigante, e nisso especificamente o trabalho não desaponta. A mistura de elementos gregos e judaicos é uma maravilha de ser contemplada, e o terceiro oráculo compartilha com os demais um padrão de desastres preditos seguidos por uma fundamental transformação do mundo.

O componente principal do terceiro oráculo pode ser subdividido em cinco outros menores, todos pertencentes a uma única composição e datando de aproximadamente meados do século II AEC (as linhas 1-96 aparentam ser uma introdução geral, mas talvez não ao texto que imediatamente se segue).

1. Linhas 97-161. Após o relato poético da história da Torre de Babel, o autor dedica uma seção ao governo e conflitos de Cronos, Titã e Iápeto após o dilúvio (o terceiro nome é claramente semelhante ao do terceiro filho de Noé, Jafé). Todos são claramente personagens divinos da mitologia grega, mas aqui são chamados de “os primeiros dos homens articulados” (*Or Sib.* 112). A unidade se encerra com uma lista de oito reinos, introduzindo assim o tema dos reis e seus reinados, importante para as seções subsequentes.

2. Linhas 162-195. Profetizam a ascensão de uma série de reinos, entre os quais o macedônico (Alexandre) e o romano. Aqui aparece o tópico da homossexualidade, repetidamente condenado pelos oráculos (185-186). A recensão profética atinge seu ápice no “sétimo reino, quando um rei do Egito, grego de raça, governará. E então o povo do grande Deus será forte mais uma vez e guias em vida para todos os mortais” (193-195). Dada a descrição, deve se tratar de um ptolomeu, possivelmente Ptolomeu VI Filómetor (o sétimo, contando com Alexandre, e que reinou entre 180 e 145 AEC), que possuía boas relações com os judeus egípcios e cujo exército era liderado por dois generais judeus, Dositeu e o sacerdote Onias IV (Flávio Josefo, *CA* 2.49, 53-55), o legítimo herdeiro do sumo sacerdócio que havia fugido quando seu pai, Onias III, foi deposto e, posteriormente, assassinado. Filómetor lhe concedeu uma terra e permitiu a construção de um templo judaico em Leontópolis – temos aqui, portanto, a melhor pista para descobrirmos quando o terceiro oráculo foi composto: durante o reinado de Ptolomeu VI Filómetor.

3. Linhas 196-294. A terceira seção do oráculo se inicia com a previsão de sofrimentos em várias nações, até chegar nos israelitas. Começando com Abraão na Ur dos caldeus, a Sibila o elogia e aos seus descendentes por rejeitarem as práticas divinatórias do ambiente que os cercava e por sua preocupação com a retidão e a proteção dos pobres e dos fracos. Ela prevê a ascensão de Moisés, o Êxodo e a entrega da Lei no Sinai, mas pula a história da nação na Terra Prometida e vai diretamente para o exílio, resultado da desobediência à Lei revelada no Sinai. Após setenta anos, contudo, adviria uma mudança, e um novo templo seria edificado.

4. Linhas 545-656. A Sibila refuta os gregos por sua idolatria e os exorta a se voltarem para o grande Deus. Em seguida, dirige-se aos judeus e os congratula por realizar, em sua adoração, as devidas oferendas ao verdadeiro deus, que havia concedido a eles, e a eles somente, “a palavra sábia e a fé, e compreensão excelente” (*Or Sib.* 584-585), além de elogiá-los também por sua moral sexual. A seção dedicada àqueles que adoram aos ídolos contém uma referência a um tempo quando “o jovem sétimo rei do Egito governa sua própria terra, contado a partir da dinastia dos gregos, que os macedônicos, homens soberbos, fundaram” (608-610). A referência é seguida da previsão da invasão de um rei que pode ser Antíoco IV (ou um outro homônimo, como o último de uma série de reis asiáticos que lutaram contra o Egito) que por duas vezes atacou o país durante o reinado de Ptolomeu VI Filómetor. O autor, após descrever tempos terríveis, diz que "Deus enviará do sol um rei que impedirá a guerra maligna na terra inteira" em obediência a Deus (652-656). Presumivelmente, esse "rei do sol" é também o sétimo.

5. Linhas 657-808. A Sibila profetiza que reis buscarão destruir o templo, mas Deus irá aniquilá-los a todos, chacoalhar a terra, e provocar massacres imensos. E ainda assim, o seu povo viverá em paz à volta do templo, protegido e abençoado pela divindade. Como resultado, os habitantes das ilhas e cidades desejarão servi-lo em seu santuário e refletir sobre sua Lei. Os gregos são exortados a implorar a Deus, não a atacar seu povo. Segue-se então um retrato de bem-aventurança escatológica, com fartura e paz entre homens e animais, e haverá não mais que um só templo, para o qual todos levarão suas dádivas. Perto do fim da seção, a Sibila se identifica como a nora de Noé (827).

Se os trechos do terceiro oráculo sibilino ora resumidos são um trabalho de judeus egípcios de meados do século II AEC, parece razoável supor que um apoiador judaico de Ptolomeu VI Filómetor, Onias, por exemplo, teria algo a ver com o texto. Na Antiguidade, os Oráculos Sibilinos desempenhavam um papel decididamente político, e este que agora estudamos não é exceção. Pode parecer estranho que um monarca ptolomaico seja celebrado em termos aparentemente quase messiânicos, mas o Terceiro Oráculo Sibilino é uma boa lembrança daquilo que ao menos alguns judeus entendiam como uma liderança messiânica: um rei humano que poria em prática as vontades divinas em tempos de temor e perigo como o do autor. Não fica inteiramente claro se esse livro se qualifica como um apocalipse, pois o retrato que mostra do final não é o desenvolvimento estendido dos ensinamentos bíblicos, mas sim uma revelação que lida com os últimos tempos e promete a salvação para o povo fiel a Deus e uma vida de paz à volta de seu templo.

As similitudes, ou o Livro das Parábolas de Henoc (1Henoc, 37-71)

Situado entre as duas partes mais antigas de 1Henoc, encontramos um apocalipse, sob o nome de *As similitudes*, ou o *Livro das Parábolas de Henoc*, e nele Henoc recebe uma série de revelações que são chamadas de *parábolas*: a primeira em seus capítulos 38 a 44, a segunda entre 45 e 57, e a terceira do 58 ao 69, em torno das quais o autor/editor colocou capítulos introdutórios e conclusivos (37 e 70-71). O foco das *Similitudes* reside na punição escatológica dos pecadores e na bênção dos justos, além de um forte elemento de reversão: os justos oprimidos ignoram que sua salvação já está preparada, enquanto os pecadores opressores do presente não conseguem perceber aquilo que os aguarda. O texto revela que, no final dos tempos, os justos desfrutarão das bênçãos, enquanto os pecadores poderosos serão punidos e destruídos. Henoc é chamado de "filho do homem" e está profundamente envolvido no julgamento dos maus e na recompensa aos bons.

É provável que as *Similitudes* exibam uma história diversa da de outros textos enóquicos, pois essa ênfase o afasta dos trabalhos mais antigos – em que pese ser uma longa composição, foi a única que jamais foi encontrada entre os milhares de fragmentos das cavernas de Qumran. A não ser que isso seja meramente acidental, é possível que o texto tenha sido escrito e transmitido entre os círculos enóquicos, diferentemente dos outros textos representados em Qumran. Parece ter sido redigido em uma língua semítica, mas sobrevive hoje em uma versão etiópica; presumivelmente, foi traduzido primeiro para o grego e, daí então, para o idioma africano.

Sua composição ocorreu mais tardiamente que a de qualquer outro componente de 1Henoc, e embora suas alusões nem sempre sejam decifráveis, é possível que o escritor se refira a circunstâncias ocorridas no tempo do Rei Herodes (37-4 AEC), tais quais a invasão dos partos em 40 AEC (1Hen 56,5-8) e as águas termais de que desfrutavam o monarca e outras figuras (67,4-13). Inexistem quaisquer referências claras a eventos posteriores, de modo que as *Similitudes* podem ter sido escritas em finais do século I AEC ou no começo do século I EC. O fato de uma obra judaica mais ou menos desse período falar tanto de um escatológico filho do homem que virá para julgar fez do livro um objeto de interesse para os estudiosos do Novo Testamento, que tem comparado o Henoc filho do homem nas *Similitudes* com Jesus, o filho do homem nos *Evangelhos*, especialmente quando descrito por Mateus.

Em 1Hen 37,1, a obra é chamada "uma segunda visão" que ele teria tido, talvez para distingui-la do Livro dos Vigilantes (1Hen 1-36; cf.: 1,2). Nesse exato capítulo, a estrutura de três parábolas já é mencionada (37,5), e Henoc dirige suas palavras à humanidade inteira do alto de seu mirante antediluviano, recebendo suas revelações do "Senhor dos Espíritos", um título para Deus que parece ser uma modificação do "Senhor dos Exércitos" bíblico (cf. 39,12), mas ele continua em companhia angelical (por exemplo, 40,2). Henoc vê o lugar preparado para os justos, onde esses estarão com os anjos, as bênçãos que os esperam, e também descobre que está entre aqueles que lá habitarão. Suas visões incluem cenários de julgamentos e de fenômenos naturais, como nos textos enóquicos mais antigos (cf. capítulos 41 e 43). O curto primeiro parágrafo contém um capítulo igualmente breve (42) a respeito da inabilidade da sabedoria em encontrar morada junto à humanidade e seu retorno à vida celestial – uma perspectiva que contrasta com as visões mais positivas de A sabedoria de Ben Sirac e da *Sabedoria* (cf. mais adiante).

A segunda parábola (1Hen 45-57) dá seguimento ao foco do livro no Juízo Final. Em diversos momentos (capítulos 46-48; cf. 55,1; para uma alusão à terceira parábola, cf. 60,2), ele utiliza conteúdos e personagens de Dn 7, como seu ancião dos dias e o filho do homem, para mostrar o que ocorrerá no dia do derradeiro julgamento. O leitor descobre que o filho do homem recebeu seu nome perante o Senhor dos Espíritos, antes mesmo da criação (1Hen 48) e que os justos se apoiarão nele, que também é chamado de "luz das nações" (cf. Is 42,6; 49,6) e "esperança dos que choram". Os reis e os poderosos da terra serão os mais angustiados ao serem julgados, pois negaram ao Senhor e ao seu Eleito (49,3-4; 51,3; 55,4). Nessa mesma seção, encontramos menção ao velho tema enóquico de Azaz'el e suas hostes (54,5-6; cf. também capítulo 64).

A terceira parábola elabora temas similares, do julgamento e da destruição dos maus e da desforra e da vida dos justos. Descobrimos como os poderosos opressores serão chamados a reconhecer o Eleito que tinha estado escondido desde o início, sendo revelado por Deus exclusivamente para os escolhidos. Os opressores implorarão misericórdia, mas não a terão; antes, receberão o justo quinhão pelo que fizeram aos filhos de Deus, seus escolhidos. Os justos viverão para sempre com o filho do homem e o Senhor, e jamais voltarão a ver os maus novamente (capítulos 62-63).

No interior da terceira parábola, há diversos capítulos que se parecem com um ou mais livros de Noé: no 60, quando o quingentésimo ano de vida do herói precisa remeter aos dias de Noé, não de Henoc – o qual, de fato, é chamado de seu tataravô (1Hen 60,8) –; e nos 65-69, em que o dilúvio como sinal do julgamento divino recebe uma descrição detalhada e os segredos são escritos por Henoc em um livro que entrega a Noé; o capítulo final dessa seção (69) apresenta uma extensa lista de nomes de anjos, muitos dos quais já são conhecidos de 1Hen (6-11) e recordam a história dos anjos que pecaram. O mesmo capítulo contém a descrição do juramento pelo qual ocorreu a criação e que mantém em seu funcionamento organizado. Já bem no fim (69,26-29), representa-se o filho do homem proferindo julgamentos do alto de seu trono, e os pecadores são destruídos.

Como demonstrado por esse resumo, as *Similitudes* de Henoc expõe aos olhos dos seus leitores um extraordinário líder dos justos, o qual, conquanto oculto durante muito tempo e sempre sob o controle último de Deus, é a esperança do povo escolhido, a quem salvará ao final, ao mesmo tempo em que condena os poderosos malvados que os maltrataram. O autor atribui quatro títulos a esse líder: em alguns poucos casos, "o justo" e "o ungido" (messias); na vasta maioria das instâncias, "o filho do homem" ou "o eleito". Todos provêm de passagens bíblicas como Dn 7, Is 2 e Sl 2 (cf. acima) e demonstram que ele é estreitamente ligado aos justos sofredores e aos escolhidos, e os liderará a todos à vitória no julgamento final.

Quem é esse personagem notável, eleito e escolhido antes mesmo da criação? A parte final das *Similitudes* o identifica como Henoc (1Hen 71,14), cuja elevação é retratada em diversos estágios nos capítulos 70-71. Existem alguns problemas textuais nesses capítulos, e a identificação de Henoc como o preexistente filho do homem tem parecido implausível para alguns estudiosos, mas seja como for é assim que o livro o apresenta. É ele o filho do homem encarregado de julgar (Dn 7) e o Eleito do Senhor, a luz das nações (Is 40-55), um servo do Senhor que não chega a sofrer, mas liberta aqueles que sofrem nessa vida. Nele, os escolhidos esperam, e com ele desfrutarão da vida eterna, livres enfim daqueles que os perseguiam. Parece que tais ensinamentos se destinavam a encorajar a comunidade do autor a acreditar que o futuro traria novas circunstâncias e que no fim eles seriam resgatados. Em *As Similitudes*, o *status* elevado de Henoc é bastante exaltado, tornando-o ponto de interesse fulcral, em certa medida maior até que nos textos enóquicos mais antigos.

A Assunção de Moisés (pseudepígrafo)

Também conhecido como o *Testamento de Moisés*, como indica esse título, o livro supostamente registra as últimas palavras que Moisés dirige a Josué. O cenário proposto é o encontrado nos últimos capítulos de Deuteronômio, dos quais a Assunção de Moisés apresenta outros elementos. Ele "prediz" o curso da história bíblica em termos relativamente negativos e vai muito além dos seus próprios dias, inclusive ultrapassando o reinado de Herodes o Grande. O texto está disponível em uma única cópia em latim, da qual tanto o início quanto o fim foram perdidos, assim como alguns pequenos trechos no corpo da narrativa. O manuscrito que contém esse texto incompleto é o mesmo que preserva a tradução latina dos Jubileus, um outro livro em que Moisés figura. Sua redação entrega um texto grego que pode, por sua vez, ter sido baseado num original semítico.

A Assunção de Moisés situa-se no ano 2500 da criação (cronologia apenas cinquenta anos posterior ao tempo comparável no Livro dos Jubileus). O autor nos diz ser "a profecia que foi feita por Moisés no Livro de Deuteronômio" (*A Mos*. 1.5), cujos livros serão entregues a Josué que deverá colocá-los em jarros de cerâmica para preservá-los até o dia do Juízo Final. O início do período pós-mosaico é descrito com alguns indicadores cronológicos: a era da nação unificada deverá durar dezoito anos (aparentemente um ano por juiz, mais outros três para Saul, Davi e Salomão), enquanto a monarquia dividida recebe dezenove (pelos reis de Israel) e vinte anos (pelo tempo do templo e dos reis de Judá). Um rei do Oriente destruirá a cidade e o santuário e levará ao exílio as duas tribos que vivem em sua proximidade (Judá e Benjamin, portanto). No exílio, essas duas tribos falarão com as outras dez que haviam sido removidas de sua terra anteriormente. Todos lamentarão juntos e pedirão a Deus para que se recorde da aliança estabelecida com os patriarcas. Em sua agonia, relembrarão que Moisés havia previsto um tal destino para Israel. O cativeiro das duas tribos durará, segundo o autor, cerca de 77 anos.

Nesse momento, um líder sem nome ora pelo povo, Deus se recorda de sua gente, se comove por eles e lhes restaura a terra, e como resultado viverão em um lugar seguro, mas não poderão oferecer sacrifícios – aparentemente, outro comentário negativo sobre o Segundo Templo (cf. o Apocalipse dos Animais). Contudo, mais do que inspirar o povo à fidelidade, o retorno à própria terra o leva a mais pecados e punições. Reis-sacerdotes (os macabeus) surgirão e cometerão "iniquidade no Santo dos Santos" (*A Mos*. 6.2). O "rei devasso" que lhes sucederá é claramente Herodes o Grande, pois a ele é creditado um reinado de 34 anos (6.6; ele reinou de 37 a 4 AEC). Em 6.7-9, a visão avança até a morte de Herodes e ao tempo dos seus sucessores; também menciona a destruição parcial do templo, ocorrida pouco depois do falecimento do monarca.

O capítulo 7 possui um quê de escatologia, descrevendo o que parecem ser últimos e terríveis anos. Em 7.1, lemos: "chegará o fim dos tempos em um momento", mas a narrativa segue e apresenta indivíduos ricos e corruptos, cuja maldade é seguida por ira e punições divinas sem precedentes. Um rei, então, surge, e ele tem algumas das qualidades atribuídas a Antíoco IV – é, de fato, possível ler o capítulo 8 inteiro à luz da supressão antiocana do judaísmo, muito embora ela tenha ocorrido cerca de 125 anos antes da ascensão de Herodes ao trono. Essa curiosa sequência (Herodes primeiro, Antíoco depois) levou alguns pesquisadores à conclusão de que os capítulos 6 e 7 foram inseridos posteriormente ao texto.

No capítulo 9, conhecemos Taxo, um levita que diz a seus sete filhos que, diante das circunstâncias caracterizadas pela maldade, eles jejuariam por três dias e no quarto entrariam numa caverna, "morramos ao invés de transgredir as suas ordens do Senhor dos Senhores, o Deus de nossos pais. Porque se nós fizermos isso e morrermos, nosso sangue será vingado diante do Senhor" (*A Mos*. 9,6b-7), ou seja, a entrega de suas vidas funcionaria como um ato de contrição. O capítulo seguinte contém um poema que prediz a destruição do demônio e os eventos cataclísmicos que passariam quando Deus viesse à Terra para executar o julgamento das nações e dos seus deuses (cf. a teofania de Dt 33,2 e 1Hen 1), uma intervenção divina para a qual não é absurdo pensar que as mortes de Taxo e dos seus filhos tenham funcionado como catalisador. Naquele momento, Israel "montará nos pescoços e asas das águias [...]. E Deus te exaltará, e o fará se aproximar do céu das estrelas" (*A Mos*. 10.7), e lá do alto se rejubilará sobre seus inimigos.

Ecoando o ano de sua fala a Josué (2500), Moisés prediz que haverá 250 tempos entre seu funeral e o advento de Deus (*A Mos*. 10.12). Os capítulos 11 e 12 lidam com o desespero sentido por Josué diante dos últimos momentos de Moisés, e seu sentimento de inadequação para liderar a nação sem ele agindo como defensor, mas Moisés o reconforta e assegura que Deus está no controle e que a tudo vê, do início ao fim.

Nesse ponto, nosso manuscrito termina. Seria particularmente útil saber como a narrativa se encerra, pois em outras fontes antigas há referências ao texto de Moisés, que lidam com o destino do seu corpo e incluem uma disputa entre Miguel e o demônio pelo cadáver (cf., por exemplo, Jd 9), sendo possível, portanto, que uma tal história ocupasse o final da Assunção de Moisés, mas não há como se ter certeza.

O fato das previsões se estenderem século I EC adentro significa que o livro como o conhecemos não pode ter sido escrito antes desse tempo. Já foi sugerido, contudo, que um livro, datado do começo do período dos macabeus, tenha sido posteriormente suplementado com inserções nos capítulos 6 e 7, a visão preditiva, no intuito de atualizá-los. O argumento mais poderoso em defesa dessa tese é que justamente esses dois capítulos parecem destruir a sequência da visão, mas ainda assim é plenamente possível ler a Assunção de Moisés em sua forma atual como um relato organizado, entendendo os capítulos de 7 a 9 como descrições estereotipadas do grande mal no fim dos tempos, que bebem em temas da época da crise dos macabeus sem, contudo, se propor a descrevê-la. Se assim for, então todo o livro, como chegou até nós e que não afirma ter sido revelado por um anjo, pode ser lido como um apocalipse do século I EC, escrito sob o impacto dos eventos ocorridos no reinado de Herodes e o que se lhe seguiu. Seu propósito seria garantir aos leitores que Deus havia previsto tudo o que acontecera, que Ele é fiel à aliança e que terá compaixão do seu povo. Não é pouca coisa que uma autoridade como Moisés esteja por trás dessa mensagem.

Literatura sapiencial

Na Bíblia Hebraica, livros como Provérbios, Jó, Eclesiastes, alguns salmos (por exemplo, Sl 37), além de muitos outros textos, são usualmente conhecidos como literatura sapiencial. São trabalhos que não apelam à aliança ou à história sagrada de Israel, mas sim lidam de modo mais universal com o sentido da vida, suas perplexidades e sobre como viver adequadamente e com sucesso. Os sábios geralmente alcançam seus objetivos sem apelar a uma fonte divina de informação ou à autoridade. Literatura desse tipo continuou sendo escrita muito depois de que todas as obras mencionadas acima tivessem sido compostas, e duas delas podem ser encontradas entre os deuterocanônicos e os apócrifos: A sabedoria de Ben Sirac e A Sabedoria de Salomão.

A sabedoria de Ben Sirac (às vezes chamado Livro de Siraque, Sirácida ou Eclesiástico, deuterocanônico/apócrifo)

A sabedoria de Ben Sirac é o primeiro livro da literatura judaica a identificar seu verdadeiro autor pelo nome. Ao final do seu texto, diz o escritor: "Uma instrução de inteligência e ciência gravou neste livro Jesus filho de Sirac, filho de Eleazar de Jerusalém, que derramou como chuva a sabedoria do seu coração" (Eclo 50,27). Ele aparentemente dirigia uma escola (a qual chama de "casa do ensino", 51,23) e normalmente se considera que fosse um escriba, pois celebra altamente o trabalho desses profissionais em 38,24-39,11. Escrito em algum momento entre 200 e 170 AEC, evoca o Livro dos Provérbios, mas ao mesmo tempo difere frontalmente desse texto mais antigo. Ben Sirac (ou Siraque, variações para a forma grega do seu nome) escreveu em hebraico, mas o texto nesse idioma aparentemente não foi preservado na maioria das comunidades judaicas ao longo do tempo.

Não obstante, teve a boa sorte de ter um neto capaz de traduzir seu livro para o grego, e embora seu nome não seja revelado, ele redigiu um breve prólogo para introduzir sua versão (que em todas as traduções modernas da Bíblia antecede ao texto): "após dedicar-se com afinco à leitura da Lei, dos Profetas e dos outros livros dos nossos antepassados, e tendo-se feito bastante versado neles, também meu avô Jesus foi levado a escrever alguma coisa sobre a instrução e a sabedoria". O neto informa que viera ao Egito no trigésimo oitavo ano de Ptolomeu Evérgeta (170-164 e 146-117 AEC), de modo que o ano de sua chegada foi 132 AEC e algum tempo depois realizou sua tradução. Ele afirma:

> Nesse espaço de tempo, dediquei ao trabalho muitas vigílias e muita ciência, para levar a bom termo o esforço e publicar o volume. Tive em vista especialmente os que, vivendo em terra estranha, desejam aprender e estão predispostos, por seus costumes, a viver em conformidade com a Lei.

A data do trabalho original do avô é, em grande parte, uma inferência a partir da atividade do neto. A versão grega do livro e seu prólogo é encontrada em cópias da Bíblia Grega e acabou entrando na da Igreja Católica, e ainda que seja frequentemente mencionada e até mesmo citada na literatura rabínica, não atingiu o *status* canônico no judaísmo (ou entre os protestantes).

Cerca de dois terços da versão em hebraico foram redescobertos por volta do último século. Seis cópias parciais, medievais, foram encontradas no armazém (*genizá*) de uma sinagoga do Cairo Antigo, e dois pequenos fragmentos foram identificados na Caverna 2 de Qumran (2Q18). Em Matasda, outros 26 fragmentos do livro datados do século I AEC foram achados: as sete colunas pelas quais o texto se espalha preservam partes substanciais de Eclo 39,27-44,17. Em Qumran, Eclo 51,13-20b, 30b foi descoberto no primeiro papiro dos Salmos da Caverna 11 (11QPsa col. 21.11-17; 22.1). Esse poema é um acróstico e era geralmente considerado uma adição à Sabedoria de Ben Sirac – hoje é evidente que se tratava de uma peça poética flutuante, capaz de emergir em diferentes contextos.

Ben Sirac provavelmente escreveu seu livro antes dos decretos infames de Antíoco IV (167 AEC), pois não os menciona. Em seu tempo, os modos e a sabedoria dos gregos já exerciam sua influência em todo Oriente Médio havia algum tempo, e o objetivo do autor parece ter sido convencer sua audiência, supostamente judaica, de que o verdadeiro saber não deveria ser buscado nos livros e ensinamentos helênicos, mas sim nos escritos e instruções da tradição judaica. Ainda que compartilhe muito da sabedoria israelita que o precedera (especialmente os Provérbios), o livro se diferencia dela por pelo menos duas formas: Ben Sirac identifica a sabedoria como a Lei Mosaica, e a apresenta em conexão com a história sagrada de Israel.

Não é fácil perceber a estrutura geral do livro, mas suas duas maiores partes são introduzidas por poemas que descrevem e celebram a sabedoria, encontrados nos capítulos 1-2 e 24. Uma outra unidade que claramente se destaca é os capítulos 44-50, que exaltam os heróis do passado israelita e é precedida por um hino dedicado à obra divina no mundo (Eclo 42,15-43,33), de modo que em 42,15-50,23 aprendemos sobre a glória de Deus na criação e seu poder na história (cf. a mesma sequência em Sl 104-105).

Os poemas sapienciais que introduzem as metades do livro enunciam alguns dos principais ensinamentos de Ben Sirac: no primeiro (capítulos 1-2), ele declara que a sabedoria provém do Senhor, foi criada "antes de todas as coisas" (Pr 8) e Ele "a derramou sobre todas as suas obras e sobre todos os seres vivos, segundo sua liberalidade. Ele a concedeu àqueles que o amam". O autor salienta aquilo que chama de "temor do Senhor", que é início, plenitude, coroa e raiz da sabedoria, e segue esses pensamentos tradicionais com novas palavras: "Se desejas a sabedoria, observa os mandamentos, e o Senhor a concederá. Pois o temor do Senhor é sabedoria e instrução; a fidelidade e a mansidão são do seu agrado" (Eclo 1,26-27). O sábio, portanto, teme o Senhor em seu íntimo e externamente obedece aos seus mandamentos. Mais adiante, escreve "Toda sabedoria é temor do Senhor; em toda sabedoria está a prática da Lei e o conhecimento de sua onipotência" (19,20). Ele adverte sua audiência ("minha criança") a estar preparada para o teste, mas em todas as circunstâncias, aquele que teme a Deus deve confiar nele.

Existem outros poemas sapienciais na primeira parte do livro (por exemplo, Eclo 6,18-37; 14,20-15,10; 16,24-17,24), mas o encontrado no capítulo 24, e que introduz a segunda parte, é especialmente notável. O escritor nos diz que a sabedoria elogia a si mesma, como nos versículos 3-22, nos quais se expressa na primeira pessoa. Entre 3 e 7, apresenta-se de um modo semelhante ao da Senhora Sabedoria de Provérbios 8, e embora diga que "'Saí da boca do Altíssimo e como névoa recobri a terra" (Eclo 24,3), buscava um lugar para se estabelecer, "Então o Criador de todas as coisas me deu uma ordem, aquele que me criou fixou minha tenda e disse-me: 'Arma tua tenda em Jacó e tua herança esteja em Israel'" (24,8), e lá ela cresceu e floresceu (24,13-17). A magnífica senhora convida, então, todos a se aproximarem dela: "'Vinde até mim, vós que me desejais e saciai-vos com meus frutos! [...] Os que comem de mim terão ainda fome; os que bebem de mim terão ainda sede. Quem me obedece não será envergonhado, e os que trabalham comigo jamais pecarão'" (24,21-22). E a tais palavras, o autor acrescenta o seu comentário: "Tudo isto é o livro da aliança do Deus Altíssimo, a Lei que Moisés nos prescreveu como herança para as assembleias de Jacó" (24,23). Ele expõe como a sabedoria transborda como os grandes rios, que ninguém jamais compreendeu inteiramente a sua abundância, e em 24,30-34 conclui a seção descrevendo os próprios esforços pedagógicos como canalização das águas, dirigindo a sabedoria para todos que a procuram, agora e no futuro (cf. 51,13-30, em que fala do seu estudo da sabedoria).

Conquanto a sabedoria seja entusiasticamente celebrada no livro, Ben Sirac e a própria sabedoria não deixam dúvidas de que Deus, que a criou, é ainda maior. Sua obra na criação, alcançada pela sua palavra (Eclo 42,15), é enaltecida em 42,15-43,33. Além disso, "antes de serem criadas, todas as coisas lhe eram conhecidas e ainda o são, depois de terminadas" (23,20; cf. 39,19-20). Ele a tudo escrutina, nada dele se esconde (42,18-20). Próximo ao final do poema sobre a criação lemos: "Poderíamos dizer muitas coisas e não chegaríamos ao fim. Eis o resumo das palavras: 'Ele é tudo'" (43,27). Sua grandeza deveria inspirar a exaltação nas pessoas, mesmo se não puderem compreendê-lo ou exaltá-lo o suficiente. Deus demonstra tanto misericórdia quanto ira (16,11) e é chamado a revelar-se às nações para que elas o conheçam (36,1-5). Efetivamente, Ben Sirac leciona uma forma de determinismo divino, mas em passagens como 15,11-12, nega que Deus seja culpado pelos pecados dos humanos, e afirma em 15,14 que Ele concedeu o livre-arbítrio às pessoas (cf. também 15,15-20).

O Deus da criação, onipotente e onisciente, também manifesta sua glória na história de Israel. No começo de sua revisão histórica (capítulos 44-50), o poeta exorta seus leitores: “Façamos, pois, o elogio dos homens ilustres, nossos antepassados através das gerações. O Senhor criou neles glória imensa, sua grandeza, desde a eternidade” (44,1-2), e precisamente nesse texto, Henoc é o primeiro herói mencionado (44,16 em alguns dos manuscritos) e igualmente citado no final da parte referente aos personagens da Bíblia Hebraica (49,14). O capítulo 50 dá continuidade a uma série de temas dos capítulos 44-49, tais quais a importância do sacerdócio e da adoração no templo, e lida com um sumo sacerdote chamado Simão (provavelmente o I) que viveu por volta de 300 AEC (há também quem o identifique como Simão II, que exerceu o cargo um século depois).

A seção sobre os heróis divide-se em duas partes, cada uma delas culminando com uma doxologia semelhante (Eclo 45,25-26; 50,22-23), seguindo uma seção estendida sobre um ou mais sacerdotes (Aarão/Fineias e Simão). Todos os grandes personagens foram incluídos nessa revisão: Henoc, Noé, Abraão, Isaac, Jacó e seus doze filhos, Moisés, Aarão (sobre quem há um trecho relativamente longo, 45,6-22), Fineias, Josué, Caleb, os juízes (especialmente Samuel), Natã, Davi (com ênfase em suas contribuições litúrgicas), Salomão, o Reino do Norte e os profetas Elias e Eliseu, o Reino do Sul, especialmente Ezequias, Isaías, Josias, Jeremias, Ezequiel (o qual, nos recorda Ben Sirac, mencionou Jó 49,8-9), os doze profetas menores e os líderes Zorobabel, Josué, Neemias. O trecho relativo à Bíblia Hebraica se encerra com as menções a Henoc, José, Sem, Sete, Enos e Adão (49,14-16).

Essa longa lista nos permite inferir quais das Escrituras Ben Sirac reconhecia como fontes de informação a respeito dos heróis do passado: o Pentateuco, Josué, Juízes, Reis (e algumas informações de Crônicas), Isaías, Jeremias, Ezequiel, os doze profetas, Esdras, Neemias, os Salmos, Provérbios e Jó. A fonte que usou a respeito do sumo sacerdote Simão é desconhecida. Essa informação que Ben Sirac nos traz é uma das poucas e mais antigas janelas de que dispomos para conhecermos o crescimento daquilo que viria a ser chamado a Bíblia no judaísmo. Igualmente interessante, o neto tradutor refere-se, em seu prólogo, três vezes à Lei, aos Profetas e aos outros livros, algo que a mim me parece ser três categorias e sugere a divisão tripartite da Bíblia Hebraica em sua forma final (Lei, Profetas, Escritos).

Ben Sirac dá conselhos a respeito de questões práticas, tais quais as obrigações relativas aos pais (3,1-16), esmolas e outros deveres para com os pobres (3,30-4,6), amizade (6,5-17) e muitas outras. Seus ensinamentos sobre mulheres e crianças são, por vezes, chocantes para as sensibilidades modernas, pois ele fala de como são terríveis a maldade e a ira femininas (25,13-15), escreve sobre uma má esposa e os efeitos deletérios que exerce sobre seu marido e encoraja um homem a abandonar a cônjuge se esta não o obedecer (25,16-26). As alegrias de uma boa esposa são vistas a partir do ponto de vista masculino (26,1-4, 13-18; cf. 36,26-31). Também as filhas são apresentadas como uma grande preocupação para seus pais (26,10-12; 42,9-14). Ele afirma seu ponto de vista com vigor: "É preferível a maldade do homem à bondade da mulher; uma mulher desonrada expõe ao insulto" (42,14). Ben Sirac ensina que a punição é uma parte normal do amor parental, e que um pai que mima seu filho sofrerá mais tarde (30,1-13). A adoção desses conselhos levaria à manutenção de um sistema social dominado pelos homens e pela honra masculina.

A Epístola de Henoc (1Henoc, 91-107; pseudepígrafo)

O quinto e último Livro de 1Henoc é chamado de Epístola de Henoc, o lar literário do Apocalipse das Semanas (1Hen 93,1-10; 91,11-17, já trabalhado junto aos outros apocalipses) e de diversos outros tipos de unidades literárias. Dada tal variedade, é difícil classificar ou reunir os versículos 91-107 sob uma única rubrica, mas eles efetivamente compartilham certos elementos com a tradição sapiencial, de modo que podem ser estudados aqui. É possível datar a Epístola como mais ou menos contemporânea ao Apocalipse das Semanas, ou seja, nada muito além de 170 AEC – ou pelo menos não existe razão convincente para situá-la num tempo mais recente. Alguns dos seus fragmentos, como a maioria dos livros de 1Henoc, foram preservados em aramaico na Caverna 4 de Qumran.

O texto se apresenta, ao menos em seu início, como uma mensagem de Henoc dirigida aos seus filhos quando o espírito o instiga a contá-los o que acontecerá com eles para sempre (1Hen 91,1). Após exortá-los a perseguir a correção e evitar as veredas do pecado, ele prevê a ascensão de um grande mal e do julgamento divino sobre ele. Segundo 92,1, a sabedoria contida em suas palavras não se dirige somente à sua prole, mas também aos justos que viverão nas gerações futuras. A essa altura, Henoc já é absolutamente familiar ao leitor de seus livros como uma fonte inexaurível de conhecimento e sabedoria, seja sobre passado, presente e futuro, ou a natureza e funcionamento do universo. À luz de seu aprendizado enciclopédico, é curioso que o parágrafo imediatamente seguinte ao Apocalipse das Semanas (93,11-14) pergunte, retoricamente, se existe alguém capaz de entender a extensão do céu e a saber o número das estrelas – a resposta implícita é que tal ser humano inexiste, muito embora noutra parte Henoc seja apresentado como o possuidor dessas qualificações.

Uma grande boa parte da Epístola de Henoc lida com a divisão entre justos e pecadores, em especial as dificuldades vividas pelos primeiros, o aparente triunfo dos segundos e a grande reversão que viria a ocorrer. 1Hen 94-105 dá bastante espaço a muitas séries de penas a serem infligidas aos pecadores (94,6-10; 95,4-7; 96,4-8; 97,7-10; 98,8-99,2; 99,11-15; 100,7-9; 103,5). Algumas dessas unidades designam como sujeitos do sofrimento os ricos e poderosos que oprimem os pobres justos. Deus planeja seu julgamento – em verdade, serão justamente os oprimidos a executar o veredito sobre quem os maltratou (95,3). Sua libertação virá de Deus (96,1-3), e os pecadores serão humilhados.

1Henoc 102,4-104,8 contém um debate a respeito do destino dos justos e dos pecadores centrado na questão da possibilidade ou não de um julgamento. Como ocorre na Sabedoria de Salomão (cf. mais adiante *S Sal.* 1-5), estes últimos asseveram que seus pecados passaram despercebidos e que seu destino após a morte será o mesmo dos justos (102,6-8), Henoc, porém, com base em fontes absolutamente confiáveis, informa seus leitores que indiscutivelmente haverá um julgamento, e que os maus receberão sua devida punição com base nos registros angélicos de seus malefícios (104,7-8). Já os justos, ainda que pereçam, se regozijarão. A Epístola de Henoc não fala da ressurreição do corpo, mas sim da alegre sobrevivência do espírito. Eles serão felizes para sempre, como os anjos, e estarão associados aos seres celestiais (103,3-4; 104,6). Dessa forma, os ensinamentos de Henoc servem como fonte de sabedoria e conforto para sua sitiada audiência. Eles pensavam que seus clamores por ajuda caíam em ouvidos moucos, mas, nos diz Henoc, tudo estava sendo registrado e Deus prometera agir decisivamente em seu favor. Temos, então, sabedoria profunda em um contexto escatológico.

Já 1Henoc 106-107 é relativamente diferente da parte que a antecede, e num manuscrito de Qumran é, mesmo, separada do final de 1Hen 105 por uma linha (4Q204, frag. 16). Usando a primeira pessoa, Henoc conta a história sobre o notável nascimento do bebê Noé, e a preocupação que suas feições extraordinárias causaram em seu pai, Lamec. Ele suspeitava ser incapaz de engendrar uma criança como aquela, e desconfiava que um dos Vigilantes e sua esposa fossem os verdadeiros pais do prodígio. Ele enviou seu pai, Matusalém, ao lugar distante onde seu avô, Henoc, residia (durante sua estada com os anjos) para que descobrisse a verdade sobre a paternidade e sobre o que o nascimento de uma tal criança significava. Henoc, claro, tinha as respostas para ambas as perguntas: Lamec era o pai, e as características notáveis do infante eram sinais das coisas maravilhosas que aconteceriam. Ele previu o dilúvio, a sobrevivência de Noé e sua família, a renovação do mal após o recuo das águas e, por fim, a ascensão de uma geração de justos, uma história com um paralelo próximo no Gênesis Apócrifo encontrado na Caverna 1 de Qumran (cols. 2-5).

O capítulo 108 pode ser uma adição à Epístola de Henoc, e é atestado por um fragmento encontrado em Qumran. Ele refere-se a si mesmo como um outro Livro de Henoc e contém o relato feito a seu filho, Matusalém, sobre o que havia visto a respeito dos destinos dos justos e dos pecadores, tópicos dominantes em 1Henoc.

Baruc (ou 1Baruc; deuterocanônico/apócrifo)

O *Livro de Baruc* é de difícil classificação, pois expressa sua(s) mensagem(ns) por meio de diversas formas literárias, mas como o trecho próximo ao meio do livro é devotado à sabedoria, é conveniente incluí-lo na presente seção. Ele está dividido em quatro partes distintas, reunidas pelo tema do exílio e do que ele significou para o povo de Deus (cf. abaixo).

Não só é difícil classificar o livro, mas também datá-lo. As poucas pistas provêm da prática frequente do autor de recorrer a livros da Bíblia Hebraica, os quais, portanto, precisam precedê-lo. Uma de suas dívidas mais profundas é com Dn 9, que chegou à sua forma final por volta dos anos 160 AEC. Se ele tomou emprestado dessa forma já acabada, então Baruc foi escrito posteriormente, a não ser que compartilhasse a mesma fonte de Daniel. O texto disponível mais antigo está em grego, mas originalmente deve ter sido redigido em hebraico – o argumento mais substancial a esse respeito encontra-se em Br 1,1-3,8.

O livro recebe o nome de um personagem mencionado logo no início, o escriba do Profeta Jeremias (Jr 32,12; 36,4; 43,3; 45,1). Em literaturas subsequentes, Baruc foi lembrado como uma célebre figura exilada, exatamente como Jeremias, e inúmeros livros o tomam como seu herói (por exemplo, 2 e 3Baruc). Nesse livro, ele é mencionado unicamente na introdução, quando somos informados: "Eis o texto do livro escrito na Babilônia por Baruc filho de Nerias, filho de Maasias, filho de

Sedecias, filho de Asadias, filho de Helcias, no quinto ano, no dia sete do mês, na época em que os caldeus se apoderaram de Jerusalém e a incendiaram" (1,1-2). Os dados históricos são confusos: é possível que seja uma tentativa malsucedida de reproduzir a informação encontrada em 2Reis e em Jeremias, que os babilônicos tomaram Jerusalém no quinto mês (observe-se que aqui o texto não dá nome ao mês, só no versículo 8 descobrimos se tratar de Sivã, que é, na verdade, o terceiro mês). De qualquer modo, essa introdução situa o livro próximo ao tempo em que Jerusalém foi destruída e os exilados foram levados da região – dois eventos que fornecem seu cenário temático.

As quatro partes de Baruc são: 1,1-14, uma introdução histórica; 1,15-3,8, confissão do pecado das pessoas que permaneceram em Jerusalém e dos exilados; 3,9-4,4, seção sobre a sabedoria e a importância de encontrá-la para evitar desastres como o exílio; 4,5-5,9, unidade em que Jerusalém lamenta seus filhos perdidos, mas encontra conforto ao saber que eles retornarão.

Como vimos, Baruc 1,1-14 situa o livro no tempo da destruição de Jerusalém. Descobrimos que ele estava na Babilônia (algo mencionado na Bíblia Hebraica) e que supostamente teria lido o conteúdo do seu livro para o Rei Joaquim (ou Jeconias) de Judá e outros judeus que lá estavam. Seu impacto foi tamanho que os exilados coletaram dinheiro para enviar ao sumo sacerdote em Jerusalém, e de alguma maneira Baruc consegue resgatar os vasos roubados do templo para retorná-los. A cena pressupõe que continuavam a existir ofícios sacrificiais em Jerusalém, e o versículo 14 (cf. abaixo) menciona a "casa do Senhor" onde as festas eram celebradas. Por onze anos, após o exílio de Joaquim (598 AEC), o templo permaneceu de pé, mas a referência aos caldeus incendiando a cidade (Br 1,2) sugere o ano de 587 AEC, único momento em que realizaram essa ação (comparar 2Reis 24,13-17 [598 AEC] com 2Reis 25,8-9 [587 AEC]). A soma reunida foi utilizada para pagar oferendas, e os hierosolimitanos foram instados a orar por Nabucodonosor e por seu "filho" Belsazar, bem como pelos exilados (comparar com Jr 29); estes últimos pediram que o pergaminho que enviavam fosse lido: "Lede este livro, que vos mandamos para ser lido em público, na casa do Senhor, no dia da Festa e nos dias oportunos" (Br 1,14). É interessante que a data do terceiro mês (1,8) é bem próxima à Festa das Semanas (*Shavuot*), sendo possível, portanto, que a leitura devesse ocorrer nesse momento.

O pergaminho continha a confissão feita pelos judeus de Babilônia, que os cidadãos de Jerusalém deveriam proferir (Br 1,15-2,5). Nessa seção há paralelos particularmente fortes com Dn 9, pois a confissão reconhece que Deus estava em seu direito e que o povo havia quebrado a aliança, aceitando assim o castigo que receberam, como escrevera Moisés em Dt 28. Não fica inteiramente claro se a confissão dos hierosolimitanos termina e, logo em seguida, começa a dos babilônicos, mas em Br 2,13-14 temos os exilados falando; talvez suas palavras tenham se iniciado em 2,6, que espelha 1,15, o primeiro versículo da confissão dos hierosolimitanos. Os exilados reconhecem:

> [...] nós agora pecamos, praticamos impiedades e injustiças contra todos os teus mandamentos, ó Senhor nosso Deus. Afaste-se, porém, de nós a tua ira, porque somos apenas um pequeno resto entre as nações para onde nos dispersaste. Ouve, Senhor, nossa prece e nossa súplica. Salva-nos por causa de ti mesmo e faze que obtenhamos graça diante daqueles que nos deportaram, para que toda a terra saiba que tu és o Senhor nosso Deus, pois teu nome foi dado a Israel e a seus descendentes (2,12-15).

O arrependimento é expressamente exigido, e os exilados relembram a Deus que são os contritos, e não os mortos, que o exaltam. Eles também apelam para Dt 28 (cf. Br 2,28-29 e comparar com Dt 28,58, 62), que prediz a existência do pecado e depois o arrependimento no exílio. Naquele momento, fica prometido que o Senhor os retornará à terra prometida aos seus antepassados e estabelecerá com eles uma relação eternal. Em Br 3,1-8, os exilados choram arrependidos e destacam particularmente o fato de estarem pagando por aquilo que seus ancestrais haviam feito, pedindo a Deus que se recorde menos daqueles pecados e mais de seu próprio poder e reputação.

A breve seção sobre sabedoria (Br 3,9-4,4) começa exatamente nesse ponto, um parágrafo estreitamente vinculado ao tema geral do exílio. No começo, Israel é instado a ouvir os mandamentos que contêm vida e a apreender a sabedoria. Eles precisam entender por que estão no exílio:

> É porque abandonaste a fonte da sabedoria.
> Se tivesses andado pelo caminho de Deus, viverias para sempre na paz.
> Aprende onde está a prudência, onde está a força, onde a inteligência, para saberes também onde está a longevidade e a vida, onde está a luz dos olhos e a paz (3,12-14).

Muito dessa seção é dedicada a enumerar os grupos que haviam fracassado em encontrar a sabedoria. Em verdade, ninguém conhece o caminho até ela, mas Deus a encontrou: "Desvendou todos os caminhos da ciência; e a deu a Jacó, seu servo, e a Israel, seu amado" (3,36). Como Ben Sirac, Baruc identifica a Lei Mosaica como a sabedoria (4,1), de modo que aqueles que se ativerem à sua vontade viverão, enquanto os que a esquecerem perecerão. Consequentemente, Israel é exortado a recebê-la: "caminha para o esplendor, guiando-te por sua luz" (4,2).

A seção final (4,5-5,9) gira em torno de Jerusalém. Israel havia deixado seu deus e sua cidade santa de luto por causa dos seus pecados, e em 4,9-16 Jerusalém fala aos vizinhos de sua tristeza, pois seus filhos estavam longe dela, pois sua maldade induzira Deus a buscar uma nação distante para puni-los. Em 4,17-29, a cidade fala aos seus filhos no exílio e os exorta a serem corajosos (versículos 21, 27, 30), suportarem pacientemente sua presente condição (versículo 25) e clamarem a Deus, que os salvará. Por fim, em 4,30-5,9, a própria Jerusalém é encorajada pela promessa de que aqueles que oprimem seus filhos sofrerão, enquanto eles retornarão. O livro se encerra com uma seção que inspira na alegoria da construção da estrada de Is 40 para descrever a rota pela qual retornarão à sua cidade-mãe.

Um ponto emerge claramente do livro: para muitos judeus no Período do Segundo Templo, o exílio era uma condição que continuava, que não havia se encerrado com a primeira leva de retornados descrita em Esdras 1. A situação em si, qualquer que fosse seu significado para diferentes indivíduos, tornou-se um grito de agregação para os pregadores do arrependimento, que exaltavam o povo a retornar à lei da aliança para que as antigas relações com Deus e seu povo pudessem ser restauradas.

A Sabedoria de Salomão (deuterocanônico/apócrifo)

Salomão era o grande sábio do passado israelita (1Reis 3-4), a quem foram atribuídos diversos livros da Bíblia Hebraica (Provérbios, Cantares, Eclesiastes). Seu vínculo com o tema da sabedoria teve continuidade no Período do judaísmo inicial, como pode ser visto a partir da Sabedoria de Salomão, indiscutivelmente escrito em grego, cerca de nove séculos após a morte do grande rei. O autor usa citações das traduções gregas de livros como Isaías (cf. Sb 2,12 = Is 3,10 Septuaginta), de modo que é impossível que tenha sido composta antes que as versões para a língua helênica desses importantes livros tenham sido feitas. Alguns itens vocabulares que nela se encontram, não localizados fora da Sabedoria de Salomão antes do século I EC, indicam ser possível que tenha sido escrita não antes do início desse século. O Egito é uma possibilidade provável para o lugar onde o autor trabalhou, mas não deixa de ser uma conjectura.

O livro é um discurso por meio do qual o autor encoraja veementemente o leitor a buscar o caminho da sabedoria, e divide-se em três partes principais: a primeira (1,1-6,21) dirige-se aos governantes e os fala a respeito do dom da imortalidade conferido pela sabedoria. O autor os exorta a praticar a justiça, que traz a imortalidade (1,1-15), enquanto um modo de vida perverso leva à morte. Essa noção é ilustrada pela descrição de um grupo de pessoas que possui, segundo as palavras do autor, uma aliança com a morte e conclui que a vida é breve e que não existe o além, de modo que cada um deve fazer o que bem entender (1,16-2,24). Eles oprimem os justos e "experimentam sua paciência" (2,10-20), mas estão, todavia, enganados, pois Deus formou os humanos para serem imperecíveis. Tudo isso leva a uma seção na qual o escritor explica que os sofrimentos dos justos são meramente uma provação. Existe uma clara diferença entre realidade e aparência, pois para os justos "sua esperança estava cheia de imortalidade" (3,4) e ao morrerem brilharão, julgarão as nações, conhecerão a verdade e permanecerão em amor com Deus – os maus, por sua vez, estão amaldiçoados.

O autor compôs uma curta seção (Sb 3,13-4,6) na qual argumenta que a esterilidade de um justo há de tornar-se produtiva no Juízo Final; que a mulher estéril será fecunda na visitação (o eunuco também é mencionado), enquanto os filhos nascidos do adultério jamais honrarão ou procriarão, de modo que a infertilidade com virtude suplanta a fertilidade dos maus. Parece que, a partir dessa leitura, o mundo do espírito é superior ao da carne. Uma outra maneira pela qual as aparências podem ser enganosas está na morte de um justo (4,7-20): segundo a *Sabedoria*, a idade honorável é medida não em anos vividos, mas em conhecimento. Embora não seja identificada (na verdade ninguém é mencionado pelo nome no livro), a pessoa a quem o autor tem em mente é Henoc, que foi removido da terra numa idade muito inferior à dos seus contemporâneos, e ainda assim sua partida proveio não da dessatisfação divina, e sim do fato dele ter se tornado perfeito em curto tempo. Logo, o fator determinante é a qualidade da vida, e não sua duração.

Em Sb 5,1-23, os justos são vingados no final, e aqueles que os oprimiram finalmente enxergam o erro que cometeram – tanto com respeito àqueles que humilharam quanto ao fato de efetivamente existir um julgamento final. A grande reversão tem lugar no Juízo Final, da mesma forma que nas *Similitudes* de Henoc.

O seguimento final da primeira parte do livro é um chamado aos governantes para que busquem a sabedoria, que pode ser facilmente encontrável e leva à imortalidade (diferentemente da existência efêmera dos perversos). Sua autoridade provém de Deus, que examina tudo o que fazem, e quando não julgam criteriosamente, a justiça divina recai sobre eles. O correto seria desejar a sabedoria, demonstrar seu amor por ela preservando suas leis – e ao fazê-lo conquistam um reino.

A segunda parte do livro (Sb 6,22-10,21) explica o que é a sabedoria, a natureza do poder que possui e a busca de Salomão por ela (embora o nome do monarca não seja citado). Mais uma vez os reis são a audiência, e Salomão, falando em primeira pessoa, explica que ele não passa de um mero mortal e que prefere a sabedoria acima de tudo. É Deus quem lhe confere a habilidade para valorizar a sabedoria, e então começa a proferir conhecimentos precisos sobre vários aspectos do universo, incluindo o calendário. Parece haver aqui uma forma de argumento demonstrativo da existência de Deus. Os versículos mais famosos dessa seção estão em 7,22-23, em que são listados 21 atributos da sabedoria, os quais são seguidos por 7,24-8,1, quando são mais bem explicados:

> Pois a sabedoria é mais móvel do que qualquer movimento, atravessa e penetra tudo por causa de sua pureza. É um sopro do poder de Deus, emanação pura da glória do Todo-poderoso; por isso, nada de impuro pode insinuar-se nela. É um reflexo da luz eterna, espelho sem mancha da atividade de Deus e imagem de sua bondade. Embora sendo uma só, tudo pode; permanecendo imutável, tudo renova. E, entrando nas almas santas, através das gerações, forma os amigos de Deus e os profetas; pois Deus ama somente a quem convive com a sabedoria. Ela é de fato mais bela que o sol e supera todas as constelações. Comparada à luz, ela tem a primazia, pois a luz cede lugar à noite, mas sobre a sabedoria não prevalece o mal. Ela se estende com vigor de um extremo a outro, e tudo governa com bondade.

Na sequência, o texto dá seguimento ao tema da busca salomônica pela sabedoria, a quem deseja como sua esposa. Em Sb 8,6 ela é chamada "artífice do universo"; mais que isso, ela sabe o que aconteceu há muito tempo e o que ainda há de ocorrer (8,8). Como iniciativa nenhuma pode ser bem-sucedida sem ela, Salomão (não nominado) ora por sabedoria (9,1-18; cf. sua experiência em Gabaon em 1Reis 3,4-15), e ao final de sua oração, menciona as pessoas que "pela sabedoria foram salvas" (9,18), um tema desenvolvido nos capítulos 11-19. A mesma noção domina 10,1-21, em que há uma revisão da obra salvífica da sabedoria na história, que utiliza como exemplos Adão, Noé e Abraão. A última parte da segunda seção do livro (10,15-21) trata de Moisés e do Êxodo, os quais se tornam o foco da terceira seção (capítulos 11-19).

Os capítulos 11 a 19 apresentam um bom número de exemplos retirados do Êxodo e dos anos vagando pelo deserto como ilustrações ao tema de que Deus punira apropriadamente o Egito por meio de fenômenos que, para Israel, resultaram em proveito (cf. Sb 11,5). Em 11,1-14, por exemplo, o poeta menciona a praga que tornou o Nilo em sangue; Israel, por sua vez, tirou água da rocha do deserto (cf. 11,14 para a ideia de reversão). Ou ainda em 17,1-18,4, em que os egípcios experimentavam escuridão e medo enquanto os israelitas desfrutaram da luz do pilar de fogo durante a noite. Assim, como nos capítulos 2 a 5, em que se desenvolveu a reversão envolvendo indivíduos, aqui elabora-se o mesmo argumento, só que agora envolvendo nações.

Inserido entre os primeiros dois exemplos, há duas seções que examinam assuntos diversos, mas relacionados. *Sabedoria* 11,15-12,22 foca no tema da divina misericórdia, de como Deus, em que pese todo seu imenso poder, demonstra bondade para todos. Se ele conseguiu ser misericordioso até com os cananeus, a pior nação de todas, pode-se ter certeza de sua compaixão para com seu povo, o qual, por sua vez, é exortado a ser bom. A segunda seção (capítulos 13-15) lida com um assunto que já havia surgido previamente, a idolatria, da qual o autor reconhece três tipos, sendo o primeiro a praticada pelos adoradores da natureza (os estoicos, talvez?), para quem demonstra algum respeito, pois buscam a Deus com sinceridade por meio de sua criação. O segundo é a praticada pelos fazedores de ídolos, e como nos profetas Isaías (44,9-20) e Jeremias (10,1-16), eles são ridicularizados. Por fim, os últimos e piores de todos são os egípcios adoradores de animais, que não somente veneram essas criaturas como escolhem as espécies mais revoltantes. O autor também tenta explicar a origem da idolatria, e propõe diversas possibilidades: o modo de lidar com a perda de um filho, por exemplo, ou as honras concedidas às estátuas dos governantes. Ele considera a prática como o coração e a causa de todos os males, dos quais só o monoteísta Israel está imune.

Sabedoria de Salomão apresenta, portanto, um retrato notável da sabedoria (sem identificá-la com a Lei Mosaica) como um espírito que a tudo penetra, "artífice do universo" e que tem atuado na história de Israel. Ela deve ser buscada de todo coração, pois possuí-la leva à imortalidade, e aqueles que a encontram compreendem como as coisas são, sem cometer os imensos enganos dos maus, cujo aprendizado chega tarde demais. No livro, temos um escritor da tradição sapiencial que se sentia, até certo ponto, à vontade no mundo helenístico e acreditava na vida após a morte.

4Macabeus (presente como um apêndice em bíblias das Igrejas Orientais)

4Macabeus (para os livros 1 e 2, cf. a seção sobre História; para o 3, a sobre os Contos), encontrado em diversos manuscritos da Bíblia Grega, é uma composição mais bem-organizada do que, propriamente, filosófica. Basicamente inexistem quaisquer informações, internas ou externas, que permitam datá-la, muito embora o livro possa pressupor que o templo ainda estava de pé, e elementos de sua linguagem administrativa apontem para o século I EC. Claro está que foi escrito após 2Macabeus, no qual se baseia.

O autor devota os capítulos do 1 ao 4 para introduzir seu tópico, e em 5,1-17,24 lida com o martírio de nove pessoas (Eleazar, seus sete filhos e a mãe destes) e sua profunda significância. O capítulo 18 estimula os filhos de Israel a obedecer à lei da mesma maneira que os mártires haviam feito. O texto inclui uma afirmação autobiográfica da mãe sobre a criação e o preparo dos sete filhos que tivera com seu marido, que precederam a mãe ao preferir entregar as próprias vidas a desobedecer às leis divinas. Na abertura da seção, o autor apresenta ao leitor a tese que examinará – "se a razão devota é soberana sobre as emoções" (1,1). Ele considera o pensamento racional como a mais alta das virtudes (1,2) e os mártires como o melhor exemplo para comprovar que a razão governa sobre as emoções ou as paixões. Sobre os nove mártires, ele declara: "ao desprezar os sofrimentos que trazem a morte, demonstraram que a razão controla as emoções" (1,9), e como se aprende posteriormente (3,1-5), ela guia e controla as emoções, embora não as elimine.

O escritor estabelece uma conexão entre razão, sabedoria e a Lei Judaica: "Portanto, a razão é a mente que, perfeitamente dotada de lógica, escolhe a vida da sabedoria. A sabedoria, a seguir, é o conhecimento dos assuntos divinos e humanos e de suas respectivas causas, o qual, por sua vez, é a educação na lei, com que apreendemos reverentemente as questões divinas e as humanas a nosso favor" (4Mc 1,15-17). A razão está, pois, em muito envolvida em viver segundo as leis de Deus, como demonstrado pelo exemplo dos mártires. Ele cita diversas histórias das escrituras mais antigas para ilustrar seu argumento, antes de se voltar para o tempo de Antíoco IV Epifânio e as torturas que infligiu para forçar a obediência aos seus decretos que proscreviam a prática do judaísmo. O monarca adotou tamanhas medidas contundentes porque naquele momento os judeus corajosamente desobedeciam a suas ordens, preferindo a morte a abjurar sua religião.

O restante do livro dedica-se aos nove mártires e o significado de sua notável devoção à lei divina. Nesse ponto, 4Macabeus se inspira em 2Mc 6,18-31 (o suplício do velho Eleazar, que em 4Mc 5,4-8 é chamado de filósofo). 2Macabeus 7,1-19, 24-40 descreve as mortes dos sete irmãos, algo que 4Mc cobre em 8,1-14,10. Por fim, a mãe também encontra seu nobre fim (2Mc 7,41; cf. também versículos 20-23 e 25-29) e é celebrada por isso em 4Mc 14,11-17,6. 4Macabeus 17,7-24 fala de modo mais genérico sobre os martírios e seu significado, enquanto o capítulo 18 convoca à imitação dos mártires e apresenta a história da mãe. Vale a pena observar que o sacrifício dos nove não é a única seção de 2Macabeus que aparece no Quarto Livro: a história de Heliodoro (2Mc 3) também é recontada (4Mc 3,19-4,14), muito embora aqui ele seja chamado Apolônio.

Os suplícios ocorrem na presença do Rei Antíoco e seus homens, e incluem diálogos entre o monarca e seus prisioneiros judeus. Eleazar é instado a comer porco, mas ele, um "homem em harmonia com a lei e um filósofo da vida santificada", recusa e é submetido a terríveis sevícias. O relato detalhado a seu respeito aparece nos capítulos 5 e 6, enquanto o 7 é um encômio em sua honra. Em seguida, o rei promete aos sete irmãos altos cargos em sua administração se abjurarem sua tradição ancestral e adotarem o estilo helênico de vida (4Mc 8,7-8; cf. também 12,5), e a muitos deles também foi dito que comessem alimentos proibidos. Todos recusaram e sofreram mortes terríveis. O escritor diz que quando eles viram os objetos de tortura "não só não tiveram medo como se opuseram ao tirano usando a própria filosofia deles, e seu raciocínio correto anulou a tirania" (8,15). No encômio dedicado aos irmãos (13,1-14,10), escreve o autor: "então, como os irmãos desprezaram os sofrimentos, mesmo até a morte, todos devem aceitar que a razão devota é soberana sobre as emoções" (13,1). A morte da mãe é contada com menos detalhes, mas o texto a exalta abundantemente, pois nenhuma das torturas infligidas aos seus filhos foi suficiente para "perverter sua razão" (15,11).

> Se, então, uma mulher já entrada em anos e mãe de sete filhos suportou ver sua prole torturada até a morte, há que se admitir que a razão devota é soberana sobre as emoções. E assim demonstrei eu que não somente os homens possuem o domínio sobre suas emoções, mas que também uma mulher menosprezou as torturas mais horrendas (16,1-2; cf. 15,22-23).

As descrições laudatórias aos mártires e suas experiências constituem o coração do livro, ao qual o autor acrescenta alguns comentários a respeito das recompensas que receberiam e o que seus sofrimentos significavam. Diferentemente de 2Macabeus, o Quarto Livro não menciona a ressurreição dos corpos, embora se refira ao prêmio da imortalidade que receberiam (15,3; 16,13; 17,12; 18,23; segundo 9,8, eles estariam com Deus). Antíoco, por sua vez, sofrerá o suplício do fogo eterno (9,9; 10,11; 12,12, 18; 13,15; 18,5). O desassombro dos mártires não apenas os tornou exemplos inspiradores, mas também levaram à purificação da terra da opressão estrangeira (1,11; 17,21). Eles foram como que um resgate para os pecados da nação (17,21), e suas mortes serviram como sacrifícios expiatórios substituintes, por meio dos quais Deus preservou Israel após este ter suportado o brutal tratamento nas mãos do tirano (17,22). O clã dos macabeus e suas façanhas militares não são mencionados no livro. Ao apresentar os mártires como judeus fiéis às leis das escrituras e absolutamente inamovíveis a esse respeito, mas também como filósofos que expressavam visões teóricas bem conhecidas no mundo helênico, o autor parece estar dizendo que é possível adotar algo do helenismo, preservando na íntegra a própria judaicidade.

Obras poéticas

Alguns dos escritos que já vimos poderiam ser incluídos sob a rubrica das obras poéticas (as sabedorias de Ben Sirac e de Salomão, por exemplo), mas há outras composições métricas do Período do Segundo Templo que não pertencem nem à categoria das obras sapienciais, nem a qualquer das outras que já estudamos, de modo que é conveniente situá-las em uma classificação própria.

Os Salmos de Salomão (pseudepígrafo)

Segundo a Bíblia, Salomão esteve associado não apenas à sabedoria, mas também a outros gêneros literários: "seus cânticos chegaram a mil e cinco" (1Rs 5,12). O Salmo 72, que tem por título *De Salomão*, pode ter servido como fonte ou modelo para os Salmos de Salomão, compostos muito tempo após a morte do rei. O 72 abre-se com um pedido:

> Ó Deus, concede ao rei teu direito, tua justiça a este filho de rei!
> Que ele governe teu povo com justiça e segundo o direito, teus humildes!
> Proporcionem as montanhas e colinas paz ao povo, mediante a justiça!
> Que ele faça justiça aos humildes do povo, salve os filhos do pobre e esmague o opressor! (72,1-4).

São esses os temas dos Salmos de Salomão, quando seu autor olha adiante em busca de um governante messiânico que, como o antigo monarca de Israel, seria um filho de Davi, e cujo reino seria caracterizado pela justiça e governaria as nações.

Os dezoito poemas que circulavam sob a creditada autoria de Salomão são, ao menos em parte, uma resposta à conquista de Jerusalém por Pompeu em 63 AEC e aos acontecimentos daquela época. Sua versão mais antiga que chegou até nós está em grego, encontrada nos manuscritos da Septuaginta, mas os versos devem ter sido originalmente compostos em hebraico.

A data de sua composição não pode ser determinada com precisão, e as pistas mais importantes estão nos versos 2, 8, e 17 (cf. abaixo), que transpiram algo do cenário histórico em que os três foram escritos. Eles falam de líderes nativos que não eram governantes legítimos, culpados por violar o templo e os ofícios sagrados, e cujos tempos eram caracterizados por grande corrupção e mal – esses são, possivelmente, os Asmoneus. Contra eles, Deus levantou um conquistador estrangeiro, que foi bem recebido em Jerusalém, mas que ainda assim precisou tomar a cidade pela força. Ele entrou no santuário, mas encontraria a morte no Egito, onde seu cadáver foi deixado insepulto junto ao mar (cf. *Sl Sal*. 2.26-27). Essa descrição se coaduna aos atos de Pompeu em Jerusalém e à sua morte em Alexandria (48 AEC). O Salmo 2 (com o 8 e o 17) teriam, então, sido escritos após esses eventos; talvez o mesmo possa ser dito dos demais poemas, mas não há certeza. Como nada é dito a respeito da destruição do templo, é provável que seja uma obra anterior a 70 EC. Há quem afirme que o autor de Baruc incorporou partes dos Salmos de Salomão, não só porque *Sl Sal*. 11.2-5 e Br 5,5-8 convergem bastante, mas também porque a versão encontrada nos Salmos é mais coesa e organizada. Além disso, pesquisadores consideram que Br 5,5-8 é uma adição àquele livro. Seja como for, a direção dessa incorporação é tudo menos óbvia, e é provável que ambos tenham se inspirado numa tradição comum.

Muitos dos poemas conferem expressão aos sentimentos de opressão vividos pelo autor e seu grupo. Eles clamam ao Senhor para que os salve, conquanto reconheçam a justiça com que puniu seu povo (Sl Sal. 8). Eles confessam que o Senhor disciplina os seus como um pai faria com os próprios filhos (13, 18); logo, eles têm de aguentar e perseverar em sua confiança nele, que concederá a vida eterna aos justos e destruirá os maus para todo sempre (3). Apesar das presentes circunstâncias, há um laço muito especial entre Deus e Israel, de modo que eles expressam a confiança de que Ele abençoará Israel, em que pese seus inúmeros pecados (5, 7, 9, 10, 11, 12, 17, 18). Alguns Salmos comparam os modos dos justos com os dos injustos (3, 13, 14, 15), ou remetem à disciplina e à justiça divinas (8, 9, 10, 14), bem como ao seu cuidado para com os pobres (5, 15, 18).

Os salmos que deixam transparecer sua origem histórica podem ser resumidos da seguinte forma:

Salmo 2. Refere-se aos pecadores que puseram abaixo as muralhas sem que Deus os impedisse, "gentios estrangeiros que foram até o seu lugar de sacrifício e com arrogância o pisaram com suas sandálias" (2,2). Isso se passou como punição pelos pecados de alguns em Jerusalém, que haviam profanado o santuário e executado toda sorte de abominações (prostituição, por exemplo). O salmista confessa que o julgamento divino estava correto, mas ora para que Ele não demore na retribuição aos estrangeiros excessivamente zelosos – é provável que os versos 26 e 27 descrevam a morte de Pompeu. Este não teria compreendido que era apenas e tão somente humano, e que Deus é o Senhor. Governantes e os demais são chamados a reconhecer Deus, que tem misericórdia dos justos quando persistentemente clamam por Ele, e dá a justa paga aos pecadores pelo que fizeram.

Salmo 8. Fala dos sons dos tumultos e dos pecados dos hierosolimitanos. Uma vez mais declara o poeta: Deus é justo ao julgá-los por seu adultério, incesto, roubo do santuário e profanação dos sacrifícios. "Não houve pecado que não cometessem, e no qual não superassem os gentios" (8,13). Como consequência de tamanha maldade, das fímbrias da terra Deus buscou um agressor, e ainda que os líderes o tenham recebido abrindo os portões da cidade, ele assassinou a muitos em Jerusalém. O poema dá graças ao Senhor que julga corretamente e pede para que volte sua misericórdia aos seus.

Salmo 17. Começa e termina celebrando o Senhor como o rei eterno de Israel. O poeta relembra a promessa feita a Davi, mas reconhece que a nação caiu em pecado, e como consequência os malvados se levantaram contra ela e a expulsaram. Mais tarde Deus derrubou seus opressores, mas "um homem alheio à nossa raça" (17,7) ergueu-se contra Israel, tratou-o com crueldade e devastou a terra. O devoto teve de fugir para o deserto. Após descrever como era terrível a situação, o salmista clama a Deus: "Vede, Senhor, levanta-lhes o rei deles, o filho de Davi, para que governe sobre teu servo, Israel, no tempo que te aprouver, ó Deus" (17,21). Esse líder expulsará à força os pecadores de Jerusalém e reunirá o povo santo, a quem governará com justeza. Ele distribuirá o povo na terra conforme suas tribos e submeterá as nações estrangeiras, porá nelas sua canga. E elas, em vez de maltratar Israel, virão a Jerusalém com presentes e testemunharão a glória do Senhor. Esse rei, chamado de "Senhor Messias" (17,32), é tratado com termos radiantes (justo, poderoso, piedoso, sábio, livre do pecado), mas o Senhor é sempre seu rei, aquele que o levantou. E o Salmo 18 acrescenta: "Que Deus purifique Israel para o dia da misericórdia na bênção/para o dia acertado em que seu Messias reinará" (18,5). No Salmo 17, lemos que os nascidos nos dias do Messias serão abençoados.

A Prece de Manassés (incluída nos livros deuterocanônicos das Igrejas Ortodoxas)

A Prece de Manassés está incluída nas *Odes* (antologia de poemas bíblicos e de outras origens, anexada ao Livro de Salmos) de algumas cópias da Bíblia Grega. Trata-se de uma obra de um único capítulo que desenvolve um evento mencionado, mas não estendido, na Bíblia. Manassés (jamais mencionado na própria composição) é o Rei Manassés, maior pecador entre todos os monarcas da linhagem de Davi, que conforme 2Reis 21,1-18 cometeu perversidades inauditas em Jerusalém e foi a causa da destruição de Judá e de sua capital décadas após sua morte. 2Crônicas 33 agrega mais detalhes à sua biografia. Na *Prece*, ele é indiscutivelmente mau e foi aprisionado pelos assírios, que o trouxeram para Babilônia, e "no meio da desgraça procurou aplacar o Senhor seu Deus e humilhou-se profundamente diante do Deus de seus pais. Ele rezou, e Deus se deixou comover; escutou suas súplicas e o fez voltar ao seu reino em Jerusalém. Assim Manassés reconheceu que o Senhor é Deus" (2Cr 33,12-13). Em 33,19 do mesmo livro lemos que sua oração e outras ações foram registradas "na História dos Videntes" (os *Hozai*, conforme a tradicional vocalização do texto hebraico).

Os quinze versos da *Prece* são a tentativa de um escritor posterior de colocar palavras na oração (cf. também o texto relativamente semelhante de Qumran 4Q381, fragmento 33, linhas 8-10, identificado como "Prece de Manassés, rei de Judá, quando o rei da Assíria o pôs na prisão"). O texto pertence a uma série de outras composições judaicas que registram palavras de contrição e penitência, junto a pedidos de misericórdia em tempos angustiados (por exemplo, Esdras 9; Neemias. 9; o Cântico de Azarias [mais adiante]). Os suplicantes começam apelando ao Senhor Todo-Poderoso, deus dos ancestrais e criador, cuja fúria é tão insuportável quanto "sem medidas e sem limites" (P Mn. 6)[6] é a sua misericórdia. Ele recorda à divindade que "prometeste penitência e perdão àqueles que pecaram contra ti, e na clemência sem conta apontaste a penitência aos pecadores para que pudessem ser salvos" (P Mn. 7). Em seguida, volta a atenção para si mesmo, observando que um notório pecador como ele mesmo carecia de punição, e que seus pecados lhe pesavam muito (versos 9-10). Ele implora pelo perdão divino e declara que quando Deus, em sua grande clemência, o resgatar de seu sofrimento, demonstrando assim por meio dele sua bondade, ele passará o resto da vida exaltando-o.

O Cântico de Azarias e o Cântico dos Três Jovens (deuterocanônico/apócrifo)

Uma das inserções ao Livro de Daniel na versão grega é chamada O Cântico de Azarias e o Cântico dos Três Jovens (encontrada também nos números 7 e 8 das Odes anexadas aos Salmos em algumas cópias da Bíblia Grega). Os três rapazes em questão são amigos de Daniel, chamados por seus nomes hebraicos Hananias, Misael e Azarias. A composição em duas partes está inserida entre Dn 3,23 e 3,24 (a transição entre os dois versículos parece relativamente abrupta no texto aramaico, como se algo estivesse faltando), e apresenta uma introdução em prosa com dois versos que precede os vinte e quatro versos do Cântico de Azarias; outra seção em prosa (versículos 23-28) e a introdução de O Cântico dos Três Jovens (versículos 29-68), totalizando sessenta e sete versos que nas bíblias católicas estão numerados como Dn 3,24-90.

---

6. Texto em português disponível em: https://vidaortodoxa.blogspot.com/2011/05/oracao-de-manasses.html. Acesso em: 3 dez. 2024 [N.T.].

O Cântico de Azarias é um clamor por livramento em um tempo de crise (os três se encontram na fornalha ardente do Rei Nabucodonosor), muito embora essa crise que Azarias antevê é muito mais ampla que o próprio destino e dos seus companheiros. Ele bendiz o deus dos ancestrais, digno de exaltação e que é justo ao julgar Jerusalém e aos três por seus pecados contra a lei, mas apesar disso tudo, pede: "Oh! Não nos deixes ao desamparo para sempre por causa do teu nome, nem anules a tua aliança" (*C Az.* 11). Ele fundamenta seu apelo em Abraão, Isaac e Israel, a quem promessas foram feitas, e do fundo das mais vis circunstâncias presentes em que vive seu povo, implora à divindade: "Mas mesmo assim, vindo apenas com alma contrita e espírito humilhado, sejamos acolhidos, como se te oferecêssemos holocaustos de carneiros e touros e milhares de cordeiros gordos" (versículos 16-17). Ele declara que os três buscam e temem a Deus, e ora para que Ele os liberte: "segundo as tuas obras maravilhosas" (20), e então seus inimigos saberiam quem era o Senhor do mundo inteiro.

A segunda introdução em prosa (*C 3J* 23-28) observa que enquanto os homens de Nabucodonosor continuavam alimentando a fornalha para que atingisse temperaturas inacreditáveis, um anjo do Senhor chegou e afastou as chamas, "deixando o interior da fornalha como se ele fosse um vento de orvalho refrescante" (27). Diante de tão milagrosa salvação, os jovens "a uma só voz, puseram-se a louvar, glorificar e bendizer a Deus na fornalha" (28).

O Cântico dos Três Jovens divide-se em duas partes formais distintas: todos os versos entre 29-34 começam com "Bendito sejas tu" (com exceção do 30, onde se lê "Bendito seja teu nome glorioso e santo") e a segunda linha contém uma afirmação sobre louvar e exaltar a Deus, retratado em seu trono, acima de tudo. Essa seção de abertura de louvor imediato é seguida por uma outra (*C 3J* 35-66a) na qual diferentes partes da criação são chamadas a exaltar o Senhor. Os versos 35-51 invocam os céus e as entidades a ele associadas (anjos, as águas superiores, a força, o Sol, a Lua e as estrelas, a chuva, o orvalho, os ventos etc.) a bendizer o Senhor; e as segundas partes dessas linhas exortam: "celebrai-o, exaltai-o muito e para sempre". Nos versos 52-59, ordena-se à terra e a tudo aquilo que a ela está vinculado para que se unam ao coro cósmico (montes, montanhas, as plantas que crescem do solo, mares, rios, fontes, baleias e tudo o que se move nas águas, os animais selvagens e mansos e as aves do céu), e em cada uma dessas linhas também se faz presente o refrão "celebrai-o, exaltai-o muito e para sempre!" Após dirigir-se às diversas partes da criação, o trio se volta se volta para as pessoas, e diz que todas devem louvar o Senhor (60-66a): Israel, os sacerdotes e servos do Senhor, as almas e os espíritos dos justos, os santos e os humildes da terra. E, por fim, impelem a si mesmos para bendizê-lo. Cada uma dessas linhas possui o mesmo refrão das suas seções precedentes. Os versos finais dão o motivo para tamanha bênção e louvor:

> Pois arrancou-nos da mansão dos mortos
> e nos salvou da mão da morte,
> libertou-nos do meio da fornalha das chamas ardentes,
> do meio do fogo nos libertou (66b).

E um chamado de gratidão àquele cuja misericórdia dura até a eternidade encerra o cântico.

Nesse ponto, retorna-se a Dn 3,24, onde encontramos Nabucodonosor abismado por ver quatro homens na fornalha, todos intactos. A inserção explica quem é a quarta pessoa: o anjo enviado para salvá-los (em Dn 3,28, é o rei babilônico quem diz que Deus enviara um anjo para resgatá-los).

O Escárnio dos ídolos

A Bíblia Hebraica contém diversas seções nas quais escritores detalham alegremente a tibieza dos ídolos venerados pelos pagãos, contrastando sua impotência como o poder infindável do Deus de Israel – por exemplo, Is 44,9-20. Esse gênero literário teve continuidade no Período do Segundo Templo, como demonstrado pelos exemplos a seguir.

A Carta de Jeremias (deuterocanônico/apócrifo)

No Livro de Jeremias, o profeta redige uma carta aos exilados na Babilônia, dizendo-os para assentarem-se onde estão e para orar pelo bem-estar de sua nova cidade (cf. Jr 29, que efetivamente contém duas cartas do profeta). Em algum momento desconhecido no início do Período do Segundo Templo, alguém escreveu uma outra missiva sob o nome de Jeremias, dirigida "àqueles levados ao exílio na Babilônia pelo rei de Babilônia, para dirigir-lhes a mensagem de que Deus o comandou" (*C Jr.* 1). É razoável pensar que o texto tenha sido composto em hebraico, mas sua versão mais antiga ainda existente está em grego. Um pequeno fragmento nesse mesmo idioma, datando de aproximadamente 100 AEC, foi encontrado na Caverna 7 de Qumran (7Q2), e nele é possível ler umas poucas palavras e letras dos versos 43-44.

Essa obra curta está presente nos testemunhos da Septuaginta, às vezes como um livro separado, noutras como um capítulo de Baruc, e por essa razão a *Nova versão padrão revisada* da Bíblia[7] apresenta a Carta de Jeremias como um trabalho independente, vindo imediatamente após Baruc e numerado como capítulo 6. É possível que 2Mc 2,2 refira-se ao texto quando diz que o profeta recomendou que "não deixassem seus pensamentos se extraviar quando vissem ídolos de ouro e de prata e os ornamentos que os revestem". Não obstante, o autor de 2Mc também conhecia outras tradições de Jeremias, de modo que não há como ter certeza de que se trata de uma influência desse texto em especial.

Boa parte da carta de um único capítulo é uma incansável crítica aos ídolos, aos seus adoradores e aos sacerdotes que lhes servem. Como vimos, ao escrever a missiva o autor inspirou-se numa tradição anti-ídolo já estabelecida na Bíblia Hebraica e bem atestada no Livro de Jeremias (cf. Jr 10,9, 11, 14-15, em que os ídolos são desfavoravelmente comparados ao Senhor). Ele demonstra repetidamente como as imagens são inermes, feitas por humanos em madeira coberta com ouro e prata e incapazes de ajudar nem a si mesmas, que dirá aos outros, além de salientar a corrupção sacerdotal a elas conectada. A polêmica anti-ídolo nos versos 8-73 é dividida em seções por meio da repetição de frases (cf. *C Jr.* 16, 23,29, 40, 44, [49], 52, 56, 65, 69).

Um trabalho dessa natureza se destinava a prover os judeus com uma perspectiva sobre a visão comum de ídolos em templos e procissões religiosas no mundo helenístico. De fato, o autor faz uma caricatura do uso dos ídolos, mas não se deve pensar que esse seu entendimento era compartilhado por aqueles que consideravam importante praticar sua veneração por intermédio de tais imagens.

Bel e o dragão (deuterocanônico/apócrifo)

A história anti-ídolo Bel e o dragão, similar em tema à Carta de Jeremias, forma o capítulo 14 das versões gregas de Daniel, e descreve dois outros episó-

7. NRSV: *New Revised Standard Version* [*Nova versão padrão revisada*], tradução da Bíblia para o inglês contemporâneo. Para mais informações, cf.: https://www.biblegateway.com/versions/New-Revised-Standard-Version-Updated-Edition-NRSVue-Bible/. Acesso em: 1º dez. 2024 [N.T.].

dios dos heroicos e indefectíveis conflitos do profeta com os babilônicos, (como Dn 3 e 6), no qual sua vida está em perigo por causa de sua crença no Deus único e vivo, e por esse motivo poderia ter sido incluída na seção de Contos desse livro. A descrição que apresenta as divindades, porém, faz dessa presente seção um local adequado para situá-lo.

O cenário para o primeiro episódio (*Bel* 1-22) é o tempo de Ciro, xá da Pérsia, quando Daniel era o "mais honrado dos seus amigos" (2). A história gira em torno do ídolo de Bel, ou seja, Marduk, o deus criador (*Bel* é um cognato babilônico da palavra *Baal*, "senhor", familiar na religião cananeia). Os babilônicos adoravam essa deidade e diariamente ofereciam-lhe quantidades substanciais de comida que desapareciam durante a noite. Enquanto o monarca reverenciava o ídolo todo dia, Daniel adorava seu deus, e ao ser perguntado do porquê de agir assim, explicou que sua adoração se voltava para o deus vivo que criara o universo e a tudo governava, e não para ídolos feitos por mãos humanas. O xá argumentou que Bel era, efetivamente, um deus vivo, pois comia os alimentos a ele oferecidos – e Daniel riu da alegação.

Organizou-se uma disputa para saber se Bel tinha vida, e os eventuais perdedores (os sacerdotes de Bel ou Daniel) enfrentariam a pena de morte. O próprio xá colocou os alimentos para o ídolo e selou com a impressão do seu anel a porta para o cômodo onde a estátua se encontrava, certificando-se de que ninguém lá entraria à noite, mas logo antes disso, Daniel tomou a precaução de cobrir o chão com cinzas (e apenas o monarca o viu fazendo tal coisa). Naquela noite, as famílias dos sacerdotes entraram como de hábito e se refestelaram com as comidas, e quando a porta foi aberta de manhã, na presença do xá e de Daniel, o primeiro pensou que sua crença na divindade havia sido confirmada, e pronunciou: "Bel, tu és grande, e não há nem a menor fraude em ti!" (Bel 18), mas um olhar mais atento nas pegadas deixadas nas cinzas revelou o que de fato acontecera. Ao confessarem sua fraude, os sacerdotes e suas famílias foram sacrificados, e Ciro entregou Bel a Daniel, e este "o destruiu e ao seu templo" (22). Dessa forma, um exilado conquistou o deus do conquistador.

O segundo episódio de escárnio dos deuses babilônicos (*Bel* 23-42) possui duas partes: a disputa envolvendo um dragão (versículos 23-27); a punição a Daniel e o seu livramento (28-42). O primeiro diz respeito a um "grande dragão, reverenciado pelos babilônicos" (23), e também aqui o rei argumentou que o animal era um deus vivo (pelo menos esse era visivelmente vivo, ao contrário de Bel) e ordenou a Daniel que o adorasse, que se recusou e pediu permissão para matar o animal sem nem usar uma espada, e então "tomou piche, cebo e pelos de animal e cozinhou tudo junto, fazendo deles uns bolos; em seguida jogou essa mistura na goela do dragão; ele comeu aquilo e arrebentou-se". Daniel comentou: "Vede só o que estais cultuando!" (27). Em ambos os episódios, o escritor não apenas se opõe aos ídolos, mas também exibe sua destruição.

Em vez de tirar as lógicas conclusões desses eventos, os babilônicos acusaram o xá de se tornar um judeu ao destruir Bel, o dragão e os sacerdotes, e quando o ameaçaram de morte, ele os entregou Daniel. E pela segunda vez em sua notável carreira, o profeta foi jogado na cova dos leões, onde passou seis dias. As feras não foram alimentadas durante o período, mas mesmo assim nem sequer o feriram. Um personagem improvável entra em cena: chamado Habacuc e identificado na versão de Teodócio como o profeta homônimo (cf. Hab 2,18-19, em que há passagens anti-ídolos), é visitado por um anjo que o ordena a levar o cozido que preparava para Daniel, alimentando-o assim enquanto estava aprisionado junto aos animais (há numerosas referências a comidas e alimentação nessa composição). Quando Habacuc disse desconhecer a cova dos leões, o anjo o agarrou pelos cabelos e o levou da Judeia até Babilônia, e lá ele deu de comer a Daniel, em jejum há seis dias, após o que o anjo o retornou para onde estava. Como o Xá Dario em Dn 6, Ciro veio à cova dos leões ao final do tempo determinado e encontrou o profeta ileso, e como seu antecessor reconheceu o deus de Daniel como o único (41), enquanto seus acusadores foram atirados às feras famintas, que mataram com eles a sua fome.

Fílon e Josefo

Dois escritores judeus do Período do Segundo Templo se destacam pelo fato de seus textos terem sido mais bem preservados que os de qualquer outro autor judaico. Fílon, o mais velho, viveu em Alexandria, escreveu em grego e compôs muitos estudos do Pentateuco, entre outros assuntos. Flávio Josefo viveu em Jerusalém e em Roma, escreveu em aramaico (aparentemente) e em grego e nos forneceu longas histórias de sua própria gente – de fato, para vários momentos dessa época, ele é frequentemente nossa principal fonte primária, quando não a única. Nenhum resumo a respeito de ambos pode fazer justiça às suas vastas produções, mas tentaremos sumarizar suas carreiras e contribuições literárias.

Ainda que muitos dos tratados de Fílon tenham sobrevivido, sabe-se muito pouco a respeito de sua vida – quando nasceu ou morreu, por exemplo. Os fatos que conhecemos provêm de pistas ocasionais presentes em seus livros e em um pequeno número de referências externas (Josefo, por exemplo, o menciona). Alexandre, seu irmão, ocupava o cargo de alabarca, aparentemente um alto oficial envolvido no recolhimento das rendas das importações, e era tão rico que o Rei Agripa I tomou dinheiro emprestado a ele. Uma óbvia implicação é que Fílon vinha de uma família extremamente influente na grande comunidade judaica alexandrina. Um dos seus sobrinhos, Tibério Júlio Alexandre, filho de seu irmão, abjurou sua religião ancestral, tornou-se procurador romano na Judeia entre 46-48 EC e desempenhou um importante papel na repressão romana à Revolta Judaica de 66-70 EC – mais uma indicação do *status* desfrutado por sua família. Josefo considerava Fílon excelente em tudo e versado em filosofia (cf. abaixo).

O único episódio bem documentado da vida de Fílon é sua participação na infausta delegação enviada pela comunidade judaica de Alexandria ao Imperador Calígula em 39-40 EC. Mais tarde, ele escreveria um trabalho chamado *Embaixada a Gaio* (*v*), em que lidou, entre outros tópicos, com as circunstâncias da missão; também Josefo tomou nota da participação dele em suas *Antiguidades Judaicas* (18.257-260). Os comissários foram encarregados de representar a causa judaica com respeito à perseguição que havia estourado contra a comunidade e contava com o apoio de Avílio Flaco, o governador da cidade, sobre quem Fílon escreveu a obra *Contra Flaco*, e Josefo, após observar o que levou à embaixada, disse:

> Quando Fílon, irmão de Alexandre, alabarche, que era um homem de grande mérito e assaz estimado, grande filósofo, preparava-se para responder pelos judeus, Caio mandou que ele se retirasse e ficou de tal modo irado contra ele que se ele não tivesse obedecido prontamente, tê-lo-ia sem dúvida ofendido. Fílon, então, voltando-se para os judeus que o acompanhavam disse: 'É agora que devemos esperar mais que nunca, pois o imperador está tão irritado contra nós que Deus não poderá deixar de nos ser favorável' (*Ant.* 18.259-260).

Este último comentário é interessante por sua similaridade com a afirmação de Fílon em seus dois trabalhos sobre o tema, *Embaixada a Gaio* e *Contra Flaco*. Quando foi dispensado por Calígula, o filósofo e secretário do grupo disse ser já um homem idoso (*Embaixada* 182) – a única pista que temos a respeito de sua idade. Com base nessa declaração, é usual situar o ano de seu nascimento entre 20-10 AEC, e talvez não tenha vivido muito além de sua participação na delegação (muito embora há possibilidade de ele ter se referido a jogos ocorridos em 47 EC). Além disso, ele indica que, em algum momento, foi em peregrinação até Jerusalém (*Sobre a Providência*, frag. 2, 64).

Fílon escreveu mais livros do que os que chegaram até nós, mas esses tratados sobreviventes, quer estejam em seu grego original, quer em traduções (em armênio, por exemplo, o caso de *Sobre a Providência*), preenchem cerca de doze volumes da *Loeb Classical Library*[8]. Eruditos cristãos foram fundamentais para a preservação desses escritos, muitos dos quais foram coletados por Orígenes (c. 185-254 EC) em Cesareia. O historiador da igreja Eusébio (c. 260-340 EC) fez um sumário dos seus livros em sua *História Eclesiástica*, 2.18.

Os especialistas normalmente classificam a produção de Fílon em duas categorias: os textos dedicados a interpretar o Pentateuco e os que não têm esse fim. No primeiro grupo, suas muitas exegeses dos escritos de Moisés estão divididas em três grandes trabalhos: o primeiro, *Questões e soluções*, como o próprio título indica, fornece explicações dos textos a partir do processo interpelativo – desses, somente os trabalhos dedicados ao Gênesis e ao Êxodo chegaram até nós. Uma segunda categoria, mais ampla, são as chamadas *Alegorias das leis*, nas quais apresenta interpretações alegóricas de passagens do Gênesis e, coerente com seu método, os personagens do texto são compreendidos como representações dos estados da alma, a partir das quais Fílon tira lições morais. O terceiro trabalho compósito sobre a Lei Mosaica (e que inclui onze tratados) é chamado *Exposições*, em que apresenta um estudo organizado da legislação, e se inicia ordenando da legislação pentateuca sob a rubrica dos Dez Mandamentos. Além disso, apresenta também estudos de leis especiais sob cada título.

Essa segunda categoria inclui seu importante trabalho *Sobre a vida de Moisés* e tratados intitulados *Todo o homem bom é livre* (no qual apresenta uma descrição substancial dos essênios) e *Sobre a vida contemplativa* (em que trata longamente de uma seita chamada os *Terapeutas*, que existia perto de Alexandria). Entre seus outros textos, contam-se suas duas composições previamente mencionadas (e que podem ser partes de uma obra única) *Embaixada a Gaio* e *Contra Flaco*, que falam

8. Uma das mais importantes coleções clássicas do mundo. Para mais informações, cf.: https://www.loebclassics.com/. Acesso em: 24 mar. 2025 [N.T.].

do governador do Egito e de como o tratamento que dispensou aos judeus levou ao envio da embaixada ao imperador. Nelas, Fílon não apenas trata dos eventos históricos, mas também defende o ponto de que tentar forçar os judeus, cidadãos exemplares do império, a negar sua religião impondo, por exemplo, que coloquem estátuas dos imperadores em suas sinagogas poderia custar caro aos romanos.

O pensamento de Fílon, o qual nunca apresentou sistematicamente, envolve uma amálgama de ensinamentos encontrados em diversos sistemas filosóficos gregos e nas escrituras judaicas. Há muito os estudiosos vêm debatendo se seria mais apropriado considerá-lo um judeu helenizado ou um grego judaizado, mas o que está acima de qualquer dúvida é que ele se inspirou extensivamente em ambas as tradições ao refletir e escrever. Mais que isso, expressou explicitamente suas dívidas para com ambas, amiúde citando fontes clássicas (pelo nome) e das Escrituras. Há que ser levado em consideração também que muito do que Fílon diz provém da exegese do Pentateuco e obtém sua ordem daquela fonte, e não de um esboço sistemático oriundo de sua mente. Naturalmente, como um cidadão alexandrino, sua Bíblia era a Septuaginta, e se conhecia mais que um pouco de hebraico permanece um debate em aberto. Ele considerava a Lei de Moisés absolutamente autoritativa, o repositório de toda sabedoria quando lida apropriadamente – na verdade, considerava que os gregos haviam adquirido lá o seu conhecimento.

A maneira correta de ler as Escrituras era por meio de interpretações alegóricas, mas também aqui apresentava um duplo ponto de vista, pois como pode ser observado em suas *Questões e soluções*, diferentemente dos seus contemporâneos, ele se recusava a defender uma interpretação literal e as implicações dela advinham (como celebrar verdadeiramente as festas, observar o *Shabat* e ser circuncidado). Não obstante, uma leitura alegórica desses mesmos textos conduzia a reflexões e abstrações mais elevadas, da mesma forma que a alma era mais elevada que o corpo. *Questões e soluções sobre o Gênesis* 4,6 pode servir como exemplo: ao comentar Gn 18,5, em que Abraão deseja alimentar os misteriosos visitantes que chegaram à sua tenda (Gen 18,1 diz que o Senhor apareceu a ele, enquanto 18,2 fala de três homens):

> Por que fala desse modo: "tomarei o pão, comei vós" e não "tomei vós"? Mais uma vez ele demonstra sua dúvida e sua inclinação para qualquer uma das aparências, pois quando diz "tomarei", ele o imagina ser Deus, a quem não ousaria dizer "toma a comida". Mas [ao dizer] "coma" imagina ser os três homens desconhecidos. É este o sentido literal. Mas para um sentido mais profundo, quando a mente

> começa a se preparar e se organizar a si mesma, alimentando-se das sagradas e divinas comidas, que são as leis e as formas da sabedoria, é, pois, simbolicamente dito que também coma do divino (alimento); e é essa a comida apropriada aos Olímpicos celestiais (nomeadamente) os desejos e necessidades da mente racional, usada para a apreensão da sabedoria e a aquisição da virtude perfeita.

Para Fílon, Deus, aquele que existe, estava além da compreensão humana e só poderia ser definido por aquilo que não era. Mas era igualmente cognoscível por intermédio dos seus poderes, como a criação e supervisão do mundo. Um interessante conceito que propôs foi o Logos Divino, poder que reúne todos os demais. Em certo sentido, trata-se do Pensamento de Deus enquanto planejava a criação do mundo, mundo esse dividido em duas partes: a inteligível (Gn 1) e a sensível (Gn 2); a primeira se parece com o mundo das ideias platônico e suas formas puras, enquanto a segunda diz respeito ao que é apreendido pelos sentidos. Os poderes divinos, como o Logos, pertencem ao mundo inteligível, mas influenciam o sensível, e sua influência adveio especialmente por intermédio de Moisés e Aarão. Mas Fílon também se referia ao Logos de outras maneiras, seja como um ser divino à parte da própria divindade, como o primogênito de Deus (algo como a Senhora Sabedoria) e como o Início. E como o Logos é o poder mental divinal que cria o universo, ele permanece no universo como uma lei natural, regendo sua operação.

O Logos também se manifestou nos patriarcas bíblicos e se tornou sabedoria ou virtude nas matriarcas – ou seja, por meio deles uma lei natural e não escrita expressou-se antes que fosse revelada a Moisés – como ele explica em *Sobre Abraão* (que integra suas *Exposições*):

> [...] contudo, como é necessário dar seguimento ao nosso exame da lei em sequência regular, adiemos a consideração de leis particulares, que são, de certa forma, cópias, e examinemos primeiramente aquelas mais gerais, e que podem ser chamadas de as originais das cópias. Esses são homens que viveram vidas boas e impecáveis, cujas virtudes permanecem registradas em definitivo nas mais sagradas escrituras, não apenas para alçar-lhes louvores, mas para a instrução do leitor, um incentivo para que aspire ao mesmo, pois nesses homens temos leis munidas de vida e razão, e Moisés as enalteceu por dois motivos. Primeiro, queria mostrar que as ordenações outorgadas não eram inconsistentes com a natureza; segundo, que aqueles que desejavam viver de acordo com as leis como estas se apresentavam não encontra-

> riam dificuldade, pois viam que as primeiras gerações que precederam à redação de qualquer um dos estatutos seguiam a lei não escrita com absoluta facilidade, de modo que o Todo-Poderoso afirmou, com propriedade, que as ordenações outorgadas nada mais eram que memoriais da vida dos antigos, preservando para a geração futura seus atos e palavras verdadeiros. Pois eles não eram estudiosos, discípulos de outrem, tampouco aprenderam aos pés dos mestres o que era correto dizer ou fazer. Eles não ouviam nenhuma voz ou instrução além da própria, aceitavam alegremente a conformidade com a natureza, colocando que a própria natureza era, como de fato o é, o mais venerável dos estatutos, e assim sua vida inteira era de feliz obediência à lei (1,3-6).

Seus patriarcais modelares dividiam-se em dois grupos de três: Enos, Henoc e Noé; Abraão, Isaac e Jacó.

Moisés desfrutava de um extraordinário *status* no sistema de Fílon, sendo o legislador supremo, o rei ideal, profeta e sacerdote, por meio de quem as leis divinas encarnaram. Ao fim de sua jornada terrena, Moisés desfez-se de seu corpo e retornou ao reino imaterial, onde se juntou aos luminares em seu louvor e gozo do ser divino.

Como vimos, a compreensão de Fílon sobre a criação era dualista, dividida que era em mundos inteligível e sensível. Assim também sua visão sobre os humanos: eles consistiriam de alma (mais elevada, imortal) e corpo (inferior, mortal). Nesse sistema, o mal emana da matéria. Quando obediente às leis mosaicas e abstêmio dos prazeres sensuais, Israel era como a alma, e os pagãos como o corpo. O objetivo de todos deveria ser negar o sensual e alcançar uma visão beatífica do Senhor.

Flávio Josefo

Flávio Josefo figurou com frequência na análise histórica do capítulo 1, posto que seus escritos são uma fonte inestimável de informação sobre a vida e a história judaicas no Período do Segundo Templo. De diversas maneiras, ele é inusual, entre as quais por ter escrito uma autobiografia, *A Vida de Josefo* (Ἰωσήπου βίος, *Iosepou bios*) que apensou à sua obra mais vasta *Antiguidades Judaicas*. Noutras partes de seu volumoso trabalho (dez volumes, da *Loeb Classical Library*), ele menciona mais detalhes sobre sua vida, de modo que conhecemos relativamente bastante a seu respeito.

Ele era membro de uma importante família sacerdotal de Jerusalém, nasceu no primeiro ano de reinado do Imperador Calígula (37-38 EC), e pelo lado materno dizia-se descendente dos Asmoneus (*Vida* 2). Ao se recordar do início de sua vida, passa ao leitor a impressão de que era um prodígio: "[...] tendo então só quatorze anos, os sacrificadores e os mais importantes de Jerusalém se dignaram perguntar minha opinião sobre o que se referia à interpretação das leis" (*Vida* 9; um comentário que recorda aquele encontrado em Lucas 2,46-47). Aos dezesseis, afirmou, experimentou os modos de vida dos três grupos judaicos (fariseus, saduceus e essênios, sobre esses últimos compôs uma detalhada descrição em *GJ* 2.120-161) e passou três anos com um asceta do deserto chamado Bane. Após essas experiências, retornou a Jerusalém e decidiu ingressar nos fariseus. Aos vinte e seis anos de idade, serviu como membro de uma delegação enviada a Roma para conseguir a libertação de alguns sacerdotes que o procurador Félix havia enviado para lá como prisioneiros (c. 52-60 EC), e assim, ainda jovem, viu com os próprios olhos a grande capital e conheceu em primeira mão o que era sua glória e poder. Durante essa estadia, conseguiu atrair a simpatia de Popeia Sabina, esposa de Nero, para sua causa (*Vida* 16), e pouco depois do seu retorno a Jerusalém, encontrou "alguns espíritos inclinados às mudanças, que começavam a lançar as raízes de uma revolta contra os romanos" (*Vida* 17).

A revolta contra Roma (66-70 EC) estava destinada a exercer uma profunda influência em sua vida. Já no começo, assumiu um importante cargo na Galileia, cuja natureza exata é de difícil definição, pois ele apresenta duas versões – ou duas perspectivas – de suas atividades nos primeiros seis meses da revolta, expressas em seu primeiro livro, *A Guerra dos Judeus*, e posteriormente em *A Vida de Josefo*, que trataremos mais adiante. No primeiro, ele se apresenta como o comandante indicado para a Galileia desde o princípio (*GJ* 568), enquanto no segundo afirmou que alimentava dúvidas e, inicialmente, integrou uma comissão enviada àquela região para persuadir extremistas a depor as suas armas (*Vida* 29). Esses dois retratos são apenas e tão somente exemplos de um grande problema proposto pelos dois relatos do autor sobre esse período crucial de sua vida. E, como já vimos, em *A Vida* ele se defende das acusações assacadas contra si por sua conduta na Galileia.

Depois de preparar militarmente a Galileia, ele liderou a batalha contra o avanço romano no norte, comandado por Vespasiano. Suas forças foram derrotadas e ele, capturado pelos inimigos, foi trazido perante o general inimigo e previu que este chegaria ao trono imperial, permanecendo sob custódia até que as tropas declararam Vespasiano imperador, no Egito em 69 EC, quando então o visionário futuro historiador foi libertado e retornou a Judeia com Tito, filho de Vespasiano, cuja tarefa era acabar de vez com a revolta. Sob suas ordens, Josefo tentaria, mais de uma vez, convencer os defensores da Jerusalém sitiada à rendição, mas sem sucesso, chegando a ser ferido no processo (*GJ* 5.363-419).

Após a guerra, Josefo recebeu terras de Tito e o acompanhou até Roma, onde já reinava Vespasiano (69-79), que o permitiu viver em sua antiga residência, o fez cidadão romano e lhe deu uma pensão (*Vida* 422). Enquanto viveu na capital imperial e contou com o beneplácito da dinastia reinante, escreveu *A Guerra dos Judeus*, largamente dedicada a descrever a revolta de 66-70 (ou 66-73; cf. mais adiante). As condições nas quais compilou esse trabalho levantam óbvias e significativas questões a respeito da objetividade de sua narrativa. Ele permaneceu sob os auspícios dos imperadores Tito (79-81) e Domiciano (81-96), muito embora seus trabalhos mais tardios já não recebessem mais financiamento imperial, e sim de Epafrodito, um liberto da corte. Não sabemos exatamente quando Josefo morreu, mas a data de 100 EC parece provável.

A fascinante obra literária de Flávio Josefo consiste em quatro trabalhos: *A Guerra dos Judeus*, *Antiguidades Judaicas*, *A Vida de Josefo* (apensado ao anterior), e *Contra Apião*.

1. Os sete volumes de *A Guerra dos Judeus*. Não está claro quando Flávio Josefo finalizou o seu relato da guerra dos judeus contra os romanos; ele o encerra com o episódio de Massada e um relato a respeito de uma rebelião judaica no norte da África, de modo que não pode tê-lo escrito antes de 73 EC. Ele também informa ter apresentado os livros a Vespasiano e a Tito (*Vida* 361; *CA* 50), e como o primeiro faleceu em 79, não pode ser posterior a essa data – a não ser que tenha revisado uma versão anterior do texto.

O historiador afirma ter escrito o trabalho no idioma nativo do seu país (o aramaico?) para os judeus da Mesopotâmia, traduzindo-o posteriormente para o grego (com a ajuda de assistentes; cf. *GJ* 1.3). para escrevê-lo, pôde recorrer às mais diversas fontes: sua própria experiência (em ambos os lados do conflito), suas notas, relatos de pessoas a quem entrevistou, além dos comentários de Vespasiano e Tito. *A Guerra dos Judeus* dá início a uma narrativa da história judaica que vai do tempo da Revolta dos Macabeus até imediatamente antes da guerra contra Roma, mas sua boa maior parte (de finais do livro II até o VII) se atém à Revolta Judaica, contada em detalhes minuciosos. A essa história, acrescentou numerosas digressões (por exemplo, a respeito dos três grupos filosóficos judeus – fariseus, saduceus e essênios – em 2.119-166) e compôs uma série de discursos para personagens importantes como o Rei Agripa II, que tentou dissuadir os judeus a se rebelarem (2.345-407); ele próprio, durante o cerco a Jerusalém (5.363-419); e o Imperador Tito (3.472-484; 6.34-53, 328-350).

Em termos gerais, é possível dizer que a história de Flávio Josefo, escrita sob o patrocínio romano, retrata a revolta como provocada por grupos radicais, como os zelotes e os sicários, líderes tirânicos e bandoleiros. Os romanos, Tito em especial, lidaram honradamente com a situação, mas não tiveram outra opção que não agir conforme os fanáticos os forçaram: destruíram a cidade de Jerusalém e o templo e mataram boa parte da população. Há também uma série de passagens nas quais indica que a tragédia da rebelião ocorreu, em último caso, segundo planos divinos (por exemplo, *GJ* 7.327-328, 358-360).

2. Os vinte livros das *Antiguidades Judaicas*. Flávio Josefo relatou que finalizou sua extensa história do povo judeu no décimo terceiro ano de reinado de Domiciano (81-96), quando já tinha cinquenta e seis anos de idade – ou seja, no ano 93/94 (20.267). Essa obra cobre a história dessa gente desde o início (começa no Gn 1) até as vésperas da revolta contra Roma.

Nos primeiros dez livros, ele parafraseia a história das Escrituras, baseado numa versão grega da Bíblia, como fica evidente a partir do uso que faz de 1Esdras e de Ester em suas formas helênicas (mais longas). Sobre os períodos persa e grego, abordados no livro XI e no começo do XII, apesar de ter poucas informações, incluiu histórias que não existem em nenhuma outra fonte (por exemplo, o encontro de Alexandre com o sumo sacerdote Jadua e o Romance Tobíada) além de outros materiais, como a Carta de Aristeias. Do restante do XII até o XIV, segue-se a história da ascensão dos Asmoneus até o tempo de Antípatro e Herodes, seu filho; de XV a XVII, uma longa narrativa dos reinados de Herodes e Arquelau; por fim, do XVIII ao XX vamos aos governantes romanos que antecederam à revolta. No livro XVIII, temos o famoso e muito debatido parágrafo sobre Jesus (18.63-64), em cujas linhas Josefo parece reconhecê-lo como messias, mas é mais provável que escritores cristãos posteriores tenham retocado uma referência mais curta e ambígua.

As *Antiguidades* representam um enorme investimento de energia, e sua escrita deve ter custado muito tempo ao autor. Investigar as diversas fontes que ele cita e compilá-las numa narrativa coerente requereu enorme pesquisa, e sem as extraordinárias quantidades de informações apresentadas neste livro e na *Guerra dos Judeus*, nosso conhecimento a respeito da história e do conhecimento judaicos seriam nada mais que mera fração do que hoje sabemos. Uma das razões pelas quais devotou tamanho esforço à tarefa foi para impressionar os seus leitores, fossem judeus ou gentios, com a grandiosidade do seu povo e seu passado ilustre e ancestral. Para alcançar tal fim, documentou fartamente o respeito demonstrado aos judeus por governantes estrangeiros, e declara que a lição deixada pelo seu texto é:

> [...] tudo acontece, mais felizmente, que poderíamos crer, àqueles que, pela sua submissão ao governo de Deus, observam religiosamente o que Ele manda e devem esperar, por último recompensa, soberana felicidade: como ao contrário, os que não obedecem aos seus mandamentos, em vez de serem bem sucedidos em seus empreendimentos, por mais justos que lhes pareçam, sofrem toda espécie de infelicidade numa miséria que não tem remédio (*Ant.* 1.14).

3. *A Vida de Josefo*. Como observado anteriormente, em quase todos os manuscritos dos trabalhos do autor esse texto foi apensado às *Antiguidades Judaicas*, e primordialmente escrito para dar a versão dele sobre o que havia feito na Galileia logo no início do conflito, concentrando-se num período de apenas seis meses. Uns poucos detalhes sobre a sua vida precedem e se seguem a esse relato. Flávio Josefo sentiu que precisava defender sua conduta porque Justo de Tiberíades, uma figura importante que servira sob o Rei Agripa II e participara da revolta, havia escrito um livro sobre os eventos no qual Josefo e os galileus figuravam como seus provocadores. Josefo reverteu a acusação e pôs a culpa em Justo, enquanto afirmava que ele próprio sempre fora um amigo dos romanos.

Já observamos que seu relato das atividades exercidas na Galileia e narradas nessa sua autobiografia não se encaixam bem com a descrição do mesmo período encontrada em *Guerra dos Judeus*. Essas discrepâncias servem para nos lembrar que a escrita de Josefo, por mais que esteja voltada ao passado, é igualmente influenciada pelas circunstâncias presentes.

4. Os dois livros de *Contra Apião* (por vezes conhecido como *Antiguidades dos Judeus* em algumas fontes). O último trabalho de Josefo que chegou até nós (ele cita diversas vezes as *Antiguidades Judaicas*), são uma defesa dos judeus, de sua história e de sua constituição teocrática. Trata-se de respostas a várias acusações levantadas contra seu povo – por exemplo, havia dúvidas sobre sua antiguidade, pois as fontes gregas mais antigas não o citavam. Como parte de sua resposta, Josefo confronta os historiadores gregos, mais bem caracterizados por suas imprecisões e preocupações estilísticas que pela correção, comparando-os à tradição historiográfica judaica, cuja acurácia, no período bíblico, era garantida pela sucessão dos profetas. Ele acrescenta referências a uma série de fontes antigas que, efetiva ou supostamente, mencionam os judeus. Ele também se opõe a diversos escritores que haviam produzido relatos negativos sobre o Êxodo, entre os quais Mâneto (começo do século III AEC), que em sua história do Egito afirmou que Moisés era o líder de um bando de leprosos que, com a ajuda dos descendentes dos hicsos, saquearam o país antes de serem expulsos pelo Faraó Amenófis (1.228-287). Josefo defendeu que esse autor, com sua versão distorcida da história, em verdade oferecia evidência de que Moisés e seu povo haviam deixado o Egito mais de um milênio antes da Guerra de Troia.

A segunda parte do trabalho, da qual recebeu seu título, está focada na disputa entre Flávio Josefo e Apião, que havia sido enviado pelos gregos de Alexandria ao Imperador Calígula na mesma época em que Fílon liderara a delegação judaica, e que também havia sido um crítico bastante ácido do Êxodo, dos serviços no templo e de outros assuntos judaicos. Josefo refutou suas afirmações de diversas maneiras, entre as quais questionando seu caráter e salientando suas imprecisões.

Contra Apião inclui também uma descrição da constituição mosaica, uma teocracia cuja centralidade residia na piedade dotada de efeitos práticos. Para ele, essa constituição era em muito superior a qualquer coisa que os gregos haviam inventado, e produzira os mais benéficos resultados à humanidade.

Como os trabalhos de Fílon, os de Flávio Josefo foram preservados pelos cristãos, e não é difícil saber o porquê. Justo de Tiberíades não foi o único de seus compatriotas a questionar-lhe a conduta – em verdade, o próprio Josefo cita diversas outras acusações levantadas contra si, um homem que, para muitos membros do povo judeu, parecia ser um traidor de sua própria nação e que havia se beneficiado regiamente de sua deslealdade.

3
Grandes descobertas arqueológicas

Os cerca de cem anos que nos precedem testemunharam algumas espetaculares redescobertas de textos judaicos tanto em Israel quanto fora dele. Tais descobertas acrescentaram em muito ao já considerável *corpus* literário disponível para o estudo do Período do Segundo Templo. Nas páginas a seguir, descreveremos três delas.

3.1 Os Papiros de Elefantina

Os textos judaicos mais antigos fora da Bíblia Hebraica provêm de uma fonte inusitada: a Ilha de Elefantina, na primeira catarata do Rio Nilo, no Egito. Ela está localizada do lado oposto à antiga cidade de Siena (a moderna Assuã), perto de onde a grande e moderna Represa Alta foi construída. Havia então uma colônia militar judaica a serviço da administração persa, guarnecendo uma fortaleza próxima ao extremo sul da fronteira – com a Núbia, portanto. Não sabemos exatamente quando o grupo foi inicialmente destacado para lá, mas um dos textos diz que seu templo existia antes mesmo do Xá Cambises (530-522 AEC). Se tal afirmação for verdadeira, significa que datava do Período Faraônico Tardio, quiçá da XXVI Dinastia (664-525 AEC). A existência de judeus no Egito imediatamente após a destruição de Jerusalém em 587/586 AEC é conhecida, pois o Profeta Jeremias foi compelido por seus compatriotas a seguir para lá, e seu livro nos fala a respeito dessa migração e dos lugares onde os recém-chegados se estabeleceram (Jr 41-44). E embora não chegue a mencionar Elefantina, é ponto pacífico que já havia judeus no país em finais dos anos 580.

Os Papiros de Elefantina datam do século V e do início do IV AEC, são oriundos da colônia militar (composta por soldados e suas famílias) e estão escritos em aramaico, o idioma internacional do Império Persa. Sua importante redescoberta ocorreu no início do século XX (muito embora alguns deles já tivessem vindo à luz anteriormente) por uma expedição arqueológica alemã (três campanhas entre

1906 e 1908), que trabalhou no lado oeste do monte; e outra francesa (quatro campanhas de 1906 a 1911), que se dedicou ao lado leste. Os textos em si, que retratam judeus vivendo em meio a uma variedade de outros povos tanto na ilha quanto na região podem ser divididos em quatro grupos: os arquivos Yedaniah, Mibtahian e Ananiah e Contratos Sortidos.

O primeiro desses, o Yedaniah (que contém dez cartas e uma lista), oferece o material mais interessante a respeito do grupo e sua história (cf. capítulo 1). seu título advém do nome do líder da colônia, e no assim chamado Papiro da Páscoa (TAD A4.1; Cowley 21), um judeu chamado Ananias escreve a ele e ao grupo militar para reportar que, no quinto ano do reinado de Dario II (que governou o Império Persa entre 423 e 404 AEC), o xá havia dito a Arsamés, seu sátrapa no Egito, que os judeus deveriam manter a Festa do Pão Ázimo. O nome completo dessa festa não foi preservado, mas era celebrada no mês de Nisan, entre os dias 15 e 21, e o fermento é mencionado. Ainda que o texto esteja incompleto num ponto crucial, é possível que também tratasse da Páscoa. Não é impossível que os judeus tivessem sido previamente proibidos de realizar a celebração, e que agora o monarca tivesse dado a permissão para que voltassem a fazê-lo. Em outro documento (TAD A4.3; Cowley 38) lemos que "Khnum [a divindade egípcia da região] estava contra nós desde que Ananias se encontra no Egito até agora" (linha 7). O texto pode estar sugerindo que a chegada desse personagem desencadeou a polêmica com os sacerdotes do deus com cabeça de carneiro, um mal-estar que traria sérias consequências – os papiros indicam que, mais tarde, os sacerdotes mandaram destruir o templo judaico da ilha.

O incidente é registrado em duas cópias do mesmo documento (TAD A4.7, 8; Cowley 30, 31), que relatam o acontecido e dá detalhes das tentativas empreendidas pela liderança judaica para a reconstrução do santuário. Em uma carta de Yedaniah e dos sacerdotes em Elefantina (chamada Yeb nos textos) a Bágoas (ou Bigvai), governador em Judá (a carta é datada de 407 AEC; cf. linhas 21, 30), eles dizem que no décimo quarto ano de Dario (410 AEC), "quando Arsamés havia partido em direção ao rei, os sacerdotes de Khnub [= Khnum] , o deus presente no forte de Elefantina, em acordo com Vidranga, o chefe de lá, disseram: 'que eles removam de lá o Templo de YHWH, o deus que está no forte de Elefantina" (linhas 4-6). Tropas estacionadas em Siena levaram a cabo a destruição do edifício e saquearam seus itens valiosos (linhas 6-13; cf. também TAD A4.5; Cowley 27). É nesse momento que os escritores apresentam a antiguidade do seu templo e o respeito com que havia sido tratado: "E durante os dias dos reis do Egito, nossos pais construíram o templo no forte de Elefantina e quando Cambises entrou [525 AEC] já o encontrou construído. E eles destruíram os templos dos deuses egípcios, todos, mas ninguém fez qualquer dano àquele Templo" (linhas 13-14).

Eles registraram a execução de Vidranga e seus asseclas e mencionaram também os esforços que haviam envidado para granjear o apoio de figuras importantes para conseguir obter a permissão para a reconstrução do santuário: "aliás, antes disso (quando essa maldade foi feita contra nós) enviamos uma carta ao nosso senhor e a Joanã, o sumo sacerdote, e seus colegas sacerdotes em Jerusalém, a Ostanes, irmão de Anani, e aos nobres judeus. E eles não nos enviaram uma carta sequer" (linhas 17-19). Eles os encorajaram a escrever para pessoas conhecidas no Egito para apoiar o projeto, sugerindo que estavam prontos a pagar pela ajuda (linhas 28-29). Por fim, os escritores falam a respeito de algo que escreveram em uma carta para Delaías e Selemias, os filhos de Sanabalat, governador da Samaria (linha 29).

O documento TAD A4.9; Cowley 32, um memorando de Bágoas e Delaías (linha 1), parece conter um sumário das respostas que esses dois líderes de Jerusalém e da Samaria deram numa correspondência anterior:

> Memorando: perante Arsamés, no Egito, vocês podem falar a respeito da casa-altar do Deus dos Céus, que em Elefantina o forte estava construído antes mesmo de Cambises (e) que o perverso Vidranga o demoliu no ano quatorze do Xá Dario: para (re)construí-lo no exato lugar onde antes se encontrava, e que as oferendas de carne e o incenso sobre o altar retornem ao que eram (linhas 2-11).

Fica sugerido que somente sacrifícios não animais serão oferecidos no altar reconstruído, diferentemente da prática que existia outrora (cf. TAD A.4.7; Cowley 30, linhas 25-26). É possível que essa forma de oferenda fosse considerada ofensiva pelos egípcios, ou talvez tratasse de alguma questão relativa à propriedade de oferecer tais sacrifícios no país. TAD A4.10; Cowley 33 parece conter um pedido de Yedaniah mais quatro outras pessoas nomeadas, para que o templo seja reconstruído, mas sem os sacrifícios de animais; eles também prometem pagar certas quantias caso seu pedido seja atendido. Um dos documentos no arquivo Ananiah (Kraeling 12, linhas 18-19) pode deixar implícito que o templo foi reconstruído, pois uma parte interessada na venda de uma casa diz que ela se localizava a oeste do Templo de YHWH (o texto data de 402 AEC).

Os papiros dos demais arquivos são relativamente menos interessantes, mas como muitos deles são contratos, revelam bastante sobre a vida da comunidade. Os onze documentos do arquivo Mibtahian permitem seguir episódios da vida de uma família abastada durante três gerações (471-410 AEC). Aparentemente, Mibtahian era tia de Yedaniah, e seus diversos casamentos e negócios com suas propriedades estão registrados nos contratos. Os treze documentos do arquivo Ananiah vão de 456 a 402 AEC, e também possuem caráter legal. O grupo "Contratos Sortidos", proposto pelo professor Bezalel Porten, contém seis documentos que cobrem quase que todo o século V AEC.

Outra das descobertas realizadas em Elefantina foi uma cópia parcial da obra *Ahiqar* (TAD C1.1; Cowley 204-48), tradicionalmente situada pelos estudiosos entre os pseudepígrafos. A história já era conhecida por meio de diversas traduções antigas, mas o texto em aramaico encontrado na ilha egípcia é a versão preservada mais velha, muito embora se considere que a história possa recuar até um original mesopotâmico (um conselheiro real de nome Ahiqar aparece em um documento acadiano). O texto, como conhecido por versões mais recentes, gira em torno da vida de um sábio, um conselheiro dos reis assírios Senaqueribe e Assaradão. Nadin, seu sobrinho e filho adotivo, volta-se contra ele e convence o monarca a executá-lo. O sábio conseguiu evitar tal destino terrível por meio de um truque (colocou um escravo em seu lugar) e mais tarde, quando seu sobrinho se tornou conselheiro real, mostrou-se incapaz de lidar com uma crise que surgira, o rei expressou o desejo de que Ahiqar ainda estivesse vivo. Ele foi, então, devidamente reapresentado, resolveu o problema e testemunhou a execução de Nadin. Ditos sapienciais foram colocados primordialmente em dois momentos da história: no ponto em que Ahiqar está instruindo Nadin; e no final, quando da punição. Na forma da história em aramaico, há uma narrativa (por intermédio da adoção de Nadin) em que fragmentos do texto foram perdidos; há também uma série de provérbios. Talvez fosse essa a estrutura do livro no idioma aramaico em Elefantina. Nada há de judaico na história, mas ela aparentemente foi adaptada *a posteriori* pelos judeus, e no Livro de Tobias, Ahiqar é sobrinho de Tobias (Tb 1,21-22).

3.2 Os Manuscritos do Mar Morto

Os Manuscritos do Mar Morto têm sido chamados de "o maior achado arqueológico do século XX", e para o mundo bíblico esta afirmação está correta. Começando pela descoberta casual da Caverna 1 por pastores beduínos entre

1946 e 1947, eventualmente as onze cavernas contendo materiais escritos foram encontradas, todas localizadas nas proximidades de algumas impressionantes ruínas na localidade de Khirbet Qumran, alguns quilômetros ao sul de Jericó, na margem noroeste do Mar Morto. Algumas dessas cavernas, inclusive a 4 (que contém fragmentos de cerca de seiscentos manuscritos), estão muito próximas às ruínas de Khirbet Qumran, e os arqueólogos que trabalhavam no sítio não demoraram a estabelecer que os pergaminhos e os fragmentos nelas encontrados estavam, de algum modo, relacionados aos antigos edifícios, pois o mesmo tipo incomum de cerâmica foi encontrado em ambos os lugares. Trabalharemos de início com a descoberta dos manuscritos, depois com os dados arqueológicos de Qumran e, por fim, trataremos das teorias relativas à autoria dos textos e da história do grupo envolvido.

3.2.1 *Manuscritos e fragmentos*

Ao todo, cerca de novecentos manuscritos foram identificados entre os restos fragmentários descobertos nas onze cavernas. As mais ricas em material escrito foram a 1, 4, e 11, sendo que a 1 (mais de 70 manuscritos) e a 7 (31 textos) são as únicas que contêm exemplares relativamente completos. A 4 continha o maior número de fragmentos, muitos, porém, em péssimo estado de conservação. Outras cavernas guardavam menos textos – a 9, por exemplo, só possuía um pequeno fragmento de papiro, e a 10 um único fragmento de jarra em que duas cartas foram inscritas.

É conveniente agrupar esses manuscritos em diversas e abrangentes categorias, e, conforme já vimos no capítulo 2, muitos dos textos de Qumran são cópias de trabalhos já conhecidos, mas unicamente por meio de traduções. Uma grande percentagem deles, contudo, provou-se inteiramente desconhecida dos pesquisadores.

3.2.2 *Textos bíblicos*

Em certo sentido, todos os textos encontrados em Qumran possuem relação com a Bíblia, quer sejam cópias de livros hoje presentes na Bíblia Hebraica ou a ela relacionados de alguma outra maneira. A literatura de Qumran é escrituralmente saturada, pois os autores conheciam os antigos escritos de Israel e refletiam sobre seu conteúdo, estilo e lições em suas próprias obras. Para o período que ora tratamos, há que se reconhecer que o termo *bíblico* é um anacronismo, pois até onde sabemos não havia um cânone estabelecido das escrituras para o povo de

Qumran. Quando dizemos que existem lá rolos e outras obras relacionadas à Bíblia, isso significa que há cópias de livros que foram posteriormente incorporados à Bíblia Hebraica, além de outros trabalhos influenciados por esses mesmos livros. Diversas categorias literárias nos fornecem informações sobre como os textos de trabalhos posteriormente incorporados na Bíblia Hebraica foram escritos nos últimos séculos AEC e no primeiro EC.

(1) Cerca de duzentos manuscritos, quase todos fragmentários, foram identificados como *cópias de livros bíblicos* (ou seja, que viriam a se tornar parte da Bíblia Hebraica), o mais famoso deles, o grande Manuscrito de Isaías encontrado na Caverna 1, é o único exemplar completo de um livro bíblico localizado na área de Qumran e que data de 100-75 AEC.

As estatísticas sobre os manuscritos bíblicos são dignas de nota. O livro mais usualmente encontrado é os Salmos (36 cópias), seguido de Deuteronômio (30) e Isaías (21). Os únicos outros que foram encontrados em mais de dez cópias são o Gênesis (19 ou 20), Êxodo (17) e Levítico (13). Outros livros estão bem mais sub-representados: Números e Daniel (8); 1 e 2Samuel, Jó, Cântico dos Cânticos, Rute e Lamentações (4 de cada); Josué, Provérbios e Eclesiastes (2 de cada); Esdras e 1 e 2Crônicas (1 de cada) e Neemias e Ester (nenhuma). Ou seja, os Salmos e os Livros do Pentateuco estão muito bem representados, enquanto os livros históricos e sapienciais, não. Embora não se possa negar o elemento sorte na descoberta e identificação de textos fragmentários, os números verdadeiramente indicam quais livros estavam acessíveis em múltiplas cópias e eram presumivelmente usados de modo mais extensivo que outros.

O maior dos benefícios advindos de todos esses manuscritos, conquanto sejam usualmente fragmentários, é que eles nos fornecem as cópias mais antigas de livros hoje presentes na Bíblia Hebraica, cópias essas que são aproximadamente um milênio mais velhas que aquelas disponíveis antes da descoberta dos rolos. A importância de ser capaz de recuar mil anos na história de transmissão de um livro, quando tudo tinha de ser copiado à mão, é considerável. Não surpreende, portanto, que a significativa contribuição dos manuscritos de Qumran ao estudo da redação dos textos das escrituras já se faça sentir, como se pode perceber ao conferir traduções modernas como a *Nova versão padrão revisada* (NRSV). Em muitos casos, eles preservam o texto hebraico exatamente como era então conhecido, demonstrando, pois, o quão cuidadosamente os escribas judeus copiaram, séculos a fio, os textos sagrados.

Em alguns casos, contudo, os resultados têm sido diversos. Primeiro, os rolos oportunamente demonstram que quando a versão tradicional do texto hebraico (o Texto Massorético) difere da tradução grega, as variações nesta última se deviam ao fato do tradutor ter um texto hebraico diferente diante de si. Essas diferenças envolvem não apenas palavras e frases individuais, mas por vezes livros inteiros. Para citar um caso menor, no Texto Massorético Ex 1,5 diz que setenta descendentes acompanharam Jacó ao Egito; a versão grega fala de setenta e cinco (assim como Atos 7,14). No primeiro manuscrito do Êxodo da Caverna 4 de Qumran, encontramos esse mesmo número. Sobre um caso referente a um livro inteiro, Jeremias é um bom exemplo: sua tradução grega é cerca de um oitavo mais curta que a hebraica tradicional; em Qumran, cópias hebraicas fragmentárias de ambas as versões já foram identificadas. Segundo, em ao menos um lugar, um rolo preserva um texto, possivelmente original, não encontrado em qualquer outro manuscrito bíblico. O manuscrito de 1Samuel da Caverna 4 possui um parágrafo extra entre os nossos 1Sm 10 e 11, o qual dá mais detalhes a respeito da política do Rei Amonita Naás de arrancar os olhos direitos daqueles a quem reduzia à servidão. É possível que as frases hebraicas, semelhantes antes e depois desse parágrafo, levaram o escriba a omiti-lo acidentalmente, desaparecendo assim da tradição textual e sendo redescoberto apenas em Qumran (o parágrafo pode ser encontrado na *Nova versão padrão revisada* ao final de 1Sm 10).

(2) Uma outra categoria capaz de oferecer evidências a respeito do texto escritural consiste dos excertos e traduções de livros bíblicos, cujos exemplos são os *tefillin*[9] e os *mezuzot*[10], pequenos recipientes que guardam pergaminhos com citações de algumas passagens do Êxodo e do Deuteronômio. Os primeiros são atados à cabeça ou ao braço esquerdo de uma pessoa, enquanto os segundos são presos ao umbral de uma residência. Pelo menos 28 *tefillin* foram encontrados em Qumran, além de 8 *mezuzot*, e seus excertos bíblicos, copiados têm letras minúsculas, atestam também algumas variações em relação ao texto hebraico tradicional.

Targum é o termo utilizado para uma tradução em aramaico da Bíblia Hebraica; algumas delas apareceram em Qumran: pequenos trechos de Levítico e

9. Também chamados “filactérios”, na religião judaica são pequenos invólucros ou caixetas de couro contendo passagens das Escrituras [N.T.].

10. Plural de *mezuzah*, mezuzá em português, pergaminhos com dois versos da Torá (Dt 6,4-9 e 11,13-21) inscritos, usualmente guardados em um receptáculo que fica preso no batente direito dos pórticos das casas e cidades judaicas [N.T.].

Jó na Caverna 4 e um rolo bem preservado com o Jó aramaico da Caverna 11. Além disso, há cópias de traduções gregas de livros bíblicos na Caverna 4: duas do Levítico, uma de Números e uma do Deuteronômio, além de dois pequenos fragmentos do Êxodo em grego na Caverna 7.

(3) Um dos achados mais interessantes de Qumran é uma série de 17 textos que são os *Comentários de livros bíblicos* verso a verso. Como esses comentários, ou interpretações, primeiramente citam uma passagem para, logo em seguida, comentá-la, eles servem de testemunho avançado à redação dos textos bíblicos, bem como exibem um interessante modo interpretativo das profecias (incluindo os salmos): o comentarista regularmente lê as profecias antigas como se referindo ao seu próprio tempo (que acreditava serem os últimos dias antes do Juízo Final). Como os comentaristas relacionam as profecias às suas comunidades e circunstâncias, eventualmente produzem valiosas referências à história do grupo.

Diferentemente dos comentários contínuos de que falamos, há também os temáticos, ou seja, trabalhos que citam uma série de passagens provenientes de livros variados e relevantes para um dado tópico ou tema. Um exemplo é o texto de Melquisedec da Caverna 11, que reúne textos das escrituras que tratam dos jubileus e dos anos sabáticos, bem como salmos que o autor acredita estarem relacionados a Melquisedec, representado como um escatológico juiz angélico. Um outro trabalho, o 4QTestimonia, junta quatro textos em um tópico, mas quase não os comenta: o escritor cita passagens bíblicas sobre um profeta, um rei e um sacerdote, e acrescenta uma profecia sobre Jericó de um outro texto, possivelmente os *Salmos de Josué* (4Q378-379?). A última passagem contém um breve comentário sobre Js 6,26.

Parece haver ao menos mais de um tipo de comentário. Alguns textos lidam com passagens de um único livro, mas abordando somente uma seleção delas e não a obra completa, de que é bom exemplo o comentário ao Gênesis (4Q252 = Comentário ao Gênesis A).

(4) Uma outra fonte que fornece material pertinente à redação dos livros bíblicos consiste das *paráfrases de livros bíblicos* – a não ser que as chamemos de *cópias adicionais dos trabalhos escriturais*. Por exemplo, uma extensa composição preservada em diversas cópias da Caverna 4 era anteriormente conhecida como Pentateuco Retrabalhado, e não como uma cópia verdadeira do livro. Em sua maioria, simplesmente reproduz o texto bíblico como o conhecemos da versão hebraica tradicional, mas em certas passagens oferece material explanatório ou

suplementar adicional. Uma ilustração ocorre em Ex 15, em que atribui palavras à canção de Míriam, enquanto o Texto Massorético se limita a mencioná-la, sem, contudo, citá-la. Desde há muito os pesquisadores vêm debatendo a natureza desse trabalho de Qumran, que parece ser uma verdadeira cópia do Pentateuco, não uma paráfrase dele.

(5) Uma última categoria consiste das *cópias dos livros apócrifos/pseudepígrafos*, alguns dos quais parecem ser bastante considerados pelos escritores dos manuscritos (enquanto sobre outros não há evidência). Os livros deuterocanônicos/apócrifos representados em Qumran são A Sabedoria de Ben Sirac (dois pequenos fragmentos da Caverna 2 e partes substanciais do poema acróstico no capítulo 51 do rolo dos Salmos da Caverna 11) e a Carta de Jeremias (em grego). A esses dois, devemos acrescentar Sl 151 (encontrado na Bíblia Grega), que também figura no mesmo grande rolo dos Salmos da Caverna 11. Entre os pseudepígrafos, temos 1Henoc (quatro dos cinco livros que o compõem, presentes em onze manuscritos) e Jubileus (quatorze cópias). Um texto conhecido como o Livro dos Gigantes (representado em dez ou mais cópias) é um desenvolvimento da história a respeito da gigantesca prole oriunda dos casamentos entre anjos e humanas que vimos em 1Henoc e que pode muito bem ser considerado um texto enóquico. Alguns textos adicionais parecem estar relacionados de diferentes formas ao pseudepígrafo intitulado os Testamentos dos Doze Patriarcas. Há razões relativamente sólidas para considerar que em Qumran os escritos de Henoc e do Livro dos Jubileus eram considerados autoritativos. Se esse era o caso, então deveriam ter sido apresentados na categoria anterior, referente às *cópias de livros bíblicos*, ainda que acabassem não sendo incluídos na Bíblia Hebraica.

3.2.3 Textos não bíblicos

Ainda que influenciados pelo texto bíblico, os trabalhos incluídos na presente seção estão menos relacionados à Bíblia que os outros mencionados anteriormente. Diversos tipos de composições cabem nessa rubrica, alguns dos quais sectários, no sentido que foram escritos para atender às necessidades da pequena comunidade de Qumran, ou para o grupo mais amplo (os essênios) ao qual parecem ter pertencido. Outros, por sua vez, não revelam qualquer relação específica com o grupo e parecem ser escritos que eles compartilhavam com segmentos mais abrangentes da população judaica. Descreveremos aqui diversas categorias gerais, e aqueles trabalhos que mais parecerem sectários – ou seja, que tenham sido escritos por ou para membros do grupo mais amplo dos essênios – serão apontados.

(1) ***Textos legais***. Uma série de escritos de Qumran estão focados na Lei de Moisés, seja para oferecer-lhe interpretações, aplicá-la a uma determinada situação do grupo, ou ambos. A comunidade estava comprometida com o estudo contínuo e a obediência à legislação mosaica da maneira como a entendiam, e essa sua forma particular de interpretá-la parece ter sido o fator primordial que a distinguia dos demais judeus seus contemporâneos. Um bom número de composições pode ser citado aqui.

O *Rolo do Templo* (com três ou quatro cópias), texto mais longo encontrado em Qumran, uma versão alternativa de Ex 25-40, Levítico, Números e partes de Deuteronômio. Ele insere instruções para a construção de um grande e espetacular complexo templário na passagem de Êxodo em que se fala da construção do tabernáculo. Sua descrição detalhada do edifício inclui informações a respeito das ações efetuadas em cada uma de suas partes. Uma seção relativamente longa é dedicada às festas celebradas no santuário, e a porção final do trabalho é uma paráfrase de unidades do Deuteronômio. A obra tende a tratar tópicos, inicialmente mencionados na Bíblia, em seu inteiro teor, implicando trazer para esse ponto passagens relacionadas de outras partes do Pentateuco (uma festa específica, por exemplo). O texto se apresenta como uma revelação em primeira pessoa de Deus para Moisés, e pode muito bem ser sectário.

Outro escrito, 4QMMT (*Alguns dos trabalhos da lei*, seis cópias), que possui traços de uma carta, se inicia com uma seção relativa ao calendário correto (muito provavelmente um ano solar de 364 dias, como encontrado em 1Henoc e em Jubileus), à qual segue-se uma parte que lista vinte e duas leis sobre as quais os escritores discordam daqueles a quem a composição é dirigida; por fim, contém uma amigável exortação para que se preste atenção aos exemplos dos reis de outrora e se aceitem os ensinamentos reunidos em 4QMMT. O texto aparenta ter sido escrito logo no início do dissenso entre o autor e seu(s) oponente(s), quando então era possível que as posições e opiniões diversas ainda não tivessem se solidificado até o ponto da inflexibilidade.

Poderíamos mencionar muitos outros textos legais, mas duas categorias em particular, ambas fundamentais à vida comunal, merecem destaque. A primeira é uma série de textos chamada de *Regras*. A *Regra da comunidade* pode ser considerada como a constituição do grupo de Qumran, e nela descreve-se a cerimônia anual para a admissão de novos membros na aliança, explica-se sua teologia dualística (por exemplo, as pessoas são divididas em duas categorias de bem e mal, os filhos da luz e os das trevas), apresentam-se regras de governança comunal (por exemplo, para o processo multianual de se tornar um integrante plenipotenciário, para as reuniões, para sua organização, penalidades por infrações etc.), explica-se o propósito do grupo e de sua mudança para o deserto (em obediência a Is 40,3) e, em algumas formas da composição, conclui-se com uma seção sobre o líder e um longo poema que ele escrevera. Dez cópias foram encontradas na Caverna 4 e uma outra na 5, e algumas das primeiras mostram que o texto mudou com o tempo, ao passo em que era usado – essas diferenças de forma são explicadas por uma teoria bastante atraente, que as entende como cópias usadas por diferentes comunidades do mesmo movimento.

Um outro desses textos de regras é o Documento de Damasco. Um longo manuscrito e uma cópia parcial já eram conhecidos antes das descobertas de Qumran, encontrados no armazém (*genizá*) de uma sinagoga do Cairo Antigo em 1896, e dois pequenos fragmentos do texto foram identificados na Caverna 2 de Qumran (2Q18). Oito cópias sobreviveram na Caverna 4 e uma na 5 e mais outra na 6 foram posteriormente identificadas. O documento consiste em duas partes: uma admoestação, ou exortação, que apela às "suas crianças" para que sejam obedientes e cita exemplos de desobediência; e uma seção legal (por exemplo, as Leis do *Shabat* e as regras sobre a comunidade e sua vida). Parece que se destinava a uma audiência mais ampla que a comunidade de Qumran, uma que fosse menos retirada da sociedade normal. Assim sendo, enquanto aqueles que entravam para o grupo de Qumran depositavam toda sua riqueza nos cofres comunitários, dos integrantes do agrupamento que produziu o Documento de Damasco exigia-se apenas que contribuíssem com o valor equivalente a dois dias de salário mensal.

Um segundo grupo de textos legais tem natureza calendárica. Eles não oferecem uma lista de todas as datas do ano (como fazem os modernos calendários), limitando-se a destacar certas datas e períodos (especialmente os *Shabat*s e as festas). A comunidade usava um calendário solar de 364 dias, e com ele datava suas celebrações, mas também empregava um outro, lunar, com 354 dias que era sincronizado com o anterior. Nesse particular, concordavam com o Livro dos Escritos Astronômicos de Henoc, mas não com os Jubileus, que rejeita o calendário lunar – ao menos no que tange à datação dos festivais.

Além das datas dos calendários solar e lunar, esses textos também empregam uma lista de 24 divisões sacerdotais de 1Cr 24,7-18 para medir o tempo e com ela nomeavam as semanas. Sabemos que essas divisões se organizavam em turnos para oficiar no templo, com um grupo servindo durante uma semana, após o que era sucedido pelo seguinte na lista (conforme 1Cr 24). Desse modo, uma data poderia ser expressa como o dia um, dois, três ou qualquer outro, na semana de uma tal divisão sacerdotal que, obviamente, estaria então no serviço. Como só havia 24 divisões, cada uma delas servia ao menos duas vezes durante o ano solar de 364 dias, enquanto quatro delas serviam três vezes. Isso significava que após seis anos, a rotação retornaria ao ponto de início, com a primeira divisão servindo na primeira semana. Essas unidades de seis anos se tornaram também componentes para designar períodos mais longos de tempo, e o fato de que tais listas fossem mantidas demonstra o continuado interesse da comunidade na vida do templo, a despeito de sua separação. Algumas evidências encontradas nos textos de Qumran sugerem que seu distintivo calendário solar foi uma causa de atrito com outros judeus, e um fator que pesou em sua decisão de se distanciarem deles.

(2) ***Novos pseudepígrafos.*** Esses trabalhos são de difícil definição, mas se assemelham aos pseudepígrafos por evidenciar um crescimento similar das tradições em torno de figuras e eventos bíblicos. O Gênesis Apócrifo é um extenso trabalho escrito em aramaico que reconta histórias escriturais a respeito de Henoc, Noé e Abraão, suplementando-as robustamente com materiais oriundos de fontes diversas. Outros textos contêm materiais relativos a Levi (ancestral dos patriarcas), Moisés, Josué, José, Jeremias, Ezequiel, Daniel e muitos outros, como Coate (Qahat) e Amram, respectivamente avô e pai de Moisés (Ex 6,16-20). É possível que o Gênesis Apócrifo possa ter sido produzido pela comunidade de Qumran, mas é normalmente difícil determinar se esse e outros livros nessa categoria são sectários.

(3) ***Obras poéticas.*** Um dos primeiros textos de Qumran a ser encontrado, os *Cânticos de Louvor* (*Hodayot* em hebraico) da Caverna 1, oferece clara evidência de que textos semelhantes aos salmos bíblicos estavam sendo escritos por e para o grupo em Qumran. Seis cópias adicionais da coletânea foram encontradas a Caverna 4. Os pesquisadores têm dividido essas composições em dois grupos: aqueles sobre um líder forte, o próprio Mestre (cf. mais adiante) e os da comunidade, poemas de um membro individual, mas que não expressam o mesmo sentido poderoso de um chamado pessoal à liderança (presente no primeiro grupo). Deus é vivamente celebrado por sua onipotência durante a criação e por escolher e salvar o salmista dos perigos e terrores dos perversos e dos maus caminhos. Existem também poemas que não pertencem aos *Hodayot*, mas que ainda assim são semelhantes. Há que se mencionar também outros trabalhos poéticos substanciais, como os assim chamados *Salmos não Canônicos* (4Q380-381).

(4) *Obras litúrgicas*. Textos relacionados, de um jeito ou de outro, à adoração. A comunidade de Qumran não tomava parte no serviço sacrificial do Templo de Jerusalém, mas não deixavam de praticar suas próprias formas de adoração. Esse conjunto de textos contém preces para as festas e o dia a dia, revelando o estágio inicial do crescimento de orações fixas para ocasiões específicas. Os *Cânticos do Sacrifício Sabático* (oito cópias na Caverna 4, uma na 11 e outra encontrada em Massada) fornecem as letras dos cânticos para os treze *Shabats* de um quarto do ano. A adoração angélica a Deus é descrita em detalhes e expressa a noção de comunhão entre os envolvidos na veneração, tanto a terrena quanto a celeste. O texto parece ser um precursor da tradição *hekhalot* do judaísmo posterior, voltada para a adoração nos santuários celestiais.

(5) *Textos sapienciais*. Em muitas formas semelhantes aos Provérbios, Jó ou Eclesiastes, como seus predecessores bíblicos incluem instruções sobre a prudência no viver, como lidar com a pobreza e a riqueza e evitar as sedutoras. Mas como vimos num trabalho como *Instrução*, uma longa composição sapiencial representada por oito cópias (sete da Caverna 4 e uma da 1), também se exorta a audiência a considerar o "mistério do que é/do que será" (a tradução é imprecisa). A frase parece designar a estrutura da realidade, a maneira como as coisas são criadas por Deus, mas também o que acontecerá com esse plano, mistério esse que subjaz a importância da criação na literatura sapiencial e indica como essa tradição desenvolvera um interesse na escatologia, ou seja, no tempo em que Ele julgará os maus e recompensará os justos.

(6) *Textos escatológicos*. Diversos textos já mencionados apresentam ensinamentos escatológicos (os comentários, por exemplo), mas alguns dedicam mais espaço a esse tópico que outros. Por exemplo, a *Guerra dos Filhos da Luz contra os Filhos das Trevas* (uma cópia na Caverna 1 e seis na 4) trata da batalha final em que, como diz o título, os primeiros enfrentarão os segundos, uma contenda que pode ser apresentada de mais de uma forma. Há a previsão de que os filhos da luz combaterão os inimigos tradicionais de Israel durante um período de quarenta anos, mas também há uma sequência em que, aliados aos anjos, por três vezes conseguem derrotar os inimigos de Israel e seus cúmplices angélicos, sendo derrotados por eles noutras três, e se saindo vitoriosos no sétimo e decisivo embate, quando o próprio Deus intervém a seu favor. Há também cópias de um texto da Nova Jerusalém que oferece um detalhado *tour* guiado pela futura cidade.

Muitos dos textos de Qumran mencionam figuras messiânicas; às vezes há referência a um único messias (4Q521), mas outros textos (a *Regra da comunidade*, por exemplo) antecipam dois, os chamados messias de Aarão e Israel. Não há grande descrição do que essas figuras farão, mas o messias leigo (o ramo de Davi, ou o messias de Israel) lutará contra o inimigo (Quitim) e matará seu líder (4Q285). A ideia do futuro retorno dos mortos é observada em dois textos (4Q385 e 521), mas se isso significa a crença na ressurreição ou em alguma forma de existência futura permanece discutível. Claro está que os escritores dos rolos antecipavam a chegada do julgamento num futuro próximo, preparando-se para ele em suas habitações no deserto.

3.2.4 Evidências arqueológicas

Quando ficou estabelecido que parte das cerâmicas encontradas tanto na primeira caverna descoberta quanto nos edifícios em ruínas era de mesmo tipo, tornou-se provável que as pessoas associadas às construções eram as mesmas que haviam usado as cavernas. As cinco sessões de escavações arqueológicas em Qumran e seu entorno, lideradas por Roland de Vaux (padre dominicano e diretor da *École Biblique* em Jerusalém), produziram dados suficientes para que de Vaux formulasse a teoria sobre a história do sítio. Embora já existissem indícios de habitação humana no local no século VII AEC (usualmente se considera ter havido uma cidade chamada Secacá, mencionada em Josué 15,61, ainda que alguns sugiram a Cidade do Sal de 15,62), a utilização sectária do sítio ocorreu bem mais tarde, de modo que o arqueólogo propôs duas fases para o período em que a comunidade dos manuscritos ocupou o local:

- *Fase Ia*. Um período curto em que havia uma população modesta; não foram encontradas cerâmicas ou moedas que pertencessem a esses habitantes. De Vaux sugere que essa fase teve seu início durante o reinado de João Hircano

(134-104 AEC) ou, possivelmente, o de Simão (142-134 AEC), e não tardou em ser superada por um novo estágio no desenvolvimento do sítio;

• *Fase Ib*. As construções foram consideravelmente expandidas e o sistema de abastecimento d'água foi completado. As novas construções deram aos edifícios e instalações o tamanho que os turistas veem hoje quando visitam Qumran. A natureza dos cômodos levou os escavadores a acreditar que as edificações não possuíam função residencial; de Vaux considerou que funcionassem como um centro comunal no qual o grupo se reunia para fazer as refeições, trabalhar e executar outras atividades. Os membros da comunidade provavelmente viviam nos vários tipos de abrigos encontrados nas vizinhanças, sem residir nos edifícios. Essa fase se estendeu de algum momento durante o reinado de Hircano até 31 AEC. Entre as ruínas, encontraram-se evidências de um incêndio e danos causados por um terremoto. Como indicado por Flávio Josefo, um sismo atingiu a área em 31 AEC, permitindo a de Vaux concluir que foi esse o evento que trouxe a Fase Ib ao seu final. Ele também argumentou que o tremor e o incêndio ocorreram simultaneamente, embora a evidência para tanto não seja conclusiva.

• *Fase II*. De Vaux acreditou que o sítio com ruínas ficou abandonado de 31 AEC até algum momento do reinado de Herodes o Grande (37-4 AEC). Nesse momento, membros do mesmo grupo retornaram à localidade e a reconstruíram quase nas mesmas proporções que tivera anteriormente. Essa fase continuou até que os romanos destruíram o sítio durante a repressão à Primeira Revolta Judaica, provavelmente em 68 EC, quando as tropas estavam nas proximidades de Jericó. O apoio para essa datação provém do fato de que 83 moedas do segundo ano da rebelião foram descobertas em Qumran. Mais uma vez, resta a evidência de um incêndio, além de algumas pontas de flechas romanas que foram descobertas no sítio.

Existem muitos cemitérios adjacentes às construções, e eles contêm mais de mil e cem tumbas. No mais importante deles, tem-se túmulos individuais bem organizados em filas, e cerca de cinquenta, ou mais, foram abertos e continham esqueletos masculinos, alinhados no sentido norte-sul com as cabeças para o sul. As posses não eram enterradas junto com os corpos. Uma cova que estava fora da parte ordenada do grande cemitério continha um esqueleto feminino, enquanto outras em pequenos cemitérios nas proximidades continham ossos de mulheres e crianças. Achados dessa natureza têm alimentado o longo debate sobre se os habitantes da área de Qumran eram todos homens ou se também havia mulheres.

A leitura feita por de Vaux das evidências arqueológicas foi amplamente aceita durante um tempo, mas mais recentemente algumas modificações foram introduzidas. Para começar, a vaga Fase Ia talvez nunca tenha existido; com isso se confirmando, o assentamento em Qumran não foi construído antes de 100 AEC, aproximadamente. Uma segunda parte da interpretação que tem estado sob ataque é a lacuna ocupacional de cerca de trinta anos que de Vaux situou no reinado de Herodes o Grande quando os prédios foram destruídos pelo incêndio e o terremoto – pelo menos as evidências fornecidas pelas moedas não apontam um abandono tão longo.

Chegamos, então, a um bom momento para acrescer algumas palavras sobre como os rolos e os artefatos relacionados foram datados. De início, os pesquisadores determinaram seu lugar na história comparando a caligrafia dos manuscritos com a de outros textos, já datados, da Antiguidade (um estudo chamado paleografia). Eles também compararam a cerâmica a materiais similares de outros sítios, além dos dados obtidos nas moedas, as quais normalmente possuem datas. Mais recentemente, suas conclusões a respeito da antiguidade dos rolos e dos vestígios físicos de Qumran (que seriam oriundos do intervalo entre os últimos séculos AEC e o primeiro EC) receberam confirmações adicionais. Eles e os itens associados, como artefatos de outras escavações arqueológicas, foram analisados utilizando novas tecnologias do fim do século XX e começo do XXI. Seguem-se alguns exemplos:

1. Fotografia. Pouco depois da descoberta, foram tiradas fotografias infravermelhas dos rolos e dos fragmentos, um processo repetido a cada estágio de seu estudo e classificação. Esses registros estão atualmente acessíveis online por meio do Leon Levy Dead Sea Scrolls Digital Library[11]. Diversos fragmentos foram fotografados com tecnologias altamente sofisticadas, que pela primeira vez tornaram legíveis as letras e palavras nele inscritas, ou mais legíveis do que jamais haviam sido.

2. Espectrometria de massas com aceleradores (*Accelerator mass spectrometry*, cuja sigla em inglês é AMS). No começo dos anos 1950, o invólucro de linho de um dos rolos foi submetido ao teste do carbono-14. A AMS é uma forma mais avançada desse procedimento, que requer menos material para determinar-lhe um intervalo cronológico. Um bom número de rolos foi

11. Cf.: www.deadseascrolls.org.il

datado dessa forma, indicando serem provenientes dos últimos séculos AEC e do primeiro século EC.

3. Outras tecnologias científicas têm sido empregadas para estudar o material no qual e com o qual os textos foram escritos. Por meio delas foi possível determinar, por exemplo, o tipo de animal de onde vem o couro dos pergaminhos e a composição da tinta usada para escrever. Outros testes produziram informações como o gênero e a idade das pessoas cujos ossos foram encontrados nas tumbas.

3.2.5 A comunidade de Qumran e sua história

Virtualmente toda e qualquer questão relacionada aos Manuscritos do Mar Morto foi envolvida, num momento ou noutro, em controvérsia. Um desses problemas é a identidade do grupo responsável por sua produção, sem importar se eles os compuseram ou se apenas os copiaram e cuidaram deles. Não existe unanimidade nem sobre se existiu uma comunidade local associada aos manuscritos das cavernas – isto é, uns poucos estudiosos desses textos afirmam não ter havido um grupo vivendo no sítio, mas sim soldados estacionados naquilo que eles acreditam ter sido uma fortaleza erigida em Qumran. Durante a primeira rebelião contra Roma, gente de Jerusalém (e talvez de outras partes) teria escondido os manuscritos nas cavernas para salvaguardá-los. Não obstante, seria difícil considerar o complexo inteiramente desenvolvido de Qumran como um forte, dado que seus contornos e elementos não se coadunam àqueles das instalações militares conhecidas. Além disso, a maioria das muralhas externas, além de fraca demais para esse fim, não protege o abastecimento d'água dessa suposta fortaleza, deixando-o exposto a qualquer atacante. As evidências favorecem, portanto, a ideia de que as pessoas associadas às construções eram as mesmas responsáveis pelos manuscritos das cavernas. E há que se relembrar que o mesmo tipo de cerâmica foi encontrado tanto nas ruínas quanto nas cavernas.

Desde os primeiros dias de estudo dos manuscritos, o povo de Qumran tem sido identificado como um ramo dos essênios, um dos três grupos judaicos (sendo os outros dois os fariseus e os saduceus; cf. capítulo 4) mencionados e descritos por Flávio Josefo, Fílon de Alexandria e outras fontes antigas. Dois tipos de argumentos têm sido levantados em prol dessa hipótese. O primeiro é a evidência fornecida pelo geógrafo romano Plínio o Velho, morto em 79 EC, que descreveu a região do Mar Morto em seu livro *História natural* 5.73, e após falar sobre Jericó e diversos outros lugares na Judeia, voltou-se ao Rio Jordão e, em seguida, ao Mar Morto:

> A oeste [do Mar Morto] os essênios estabeleceram-se à necessária distância entre eles e a margem insalubre. São um povo único em seu tipo é admirável acima de todos os outros do mundo inteiro, sem mulheres e renunciando inteiramente ao amor, sem dinheiro e tendo por companhia tão-somente as palmeiras. Graças à multidão de recém-chegados, essa gente renasce diariamente com o mesmo número; de fato, aqueles exaustos pelos azares da sorte e que a vida levou a adotar seus costumes, chegam em grandes números. Dessa forma, por mais incrível que possa parecer, por milhares de anos uma raça tem existido em eternidade, muito embora inexista qualquer nascimento: como lhes é proveitoso o arrependimento que os outros sentem por suas vidas passadas! Abaixo dos essênios estava a cidade de Engada [...] (1989, p. 33 [tradução nossa a partir da tradução de Geza Vermes e Martin D. Goodman]).

Após a referência a Engedi (Engada), Plínio menciona Massada, demonstrando que, em sua descrição, ele se movia de norte a sul ao longo do lado oeste do Mar Morto. Ele situa um grupo de essênios a norte de Engedi, e não há qualquer evidência arqueológica para um tal sítio que não Qumran. Assim sendo, o geógrafo romano estava provavelmente descrevendo a comunidade de Qumran e considerando-a essênia.

Uma segunda linha de argumentação provém de antigas descrições dos essênios encontradas nos escritos de Fílon, Flávio Josefo, entre outros. Há uma extensa série de paralelos entre o que eles reportam sobre as práticas e crenças essênias e aquilo que encontramos nos textos sectários de Qumran. Essas semelhanças têm sido estudadas e dispensam uma abordagem mais detalhada – antes, alguns poucos exemplos já bastam para deixar suficientemente claro o argumento. Primeiro, Josefo afirma que os essênios possuíam uma visão do destino que os distinguia dos outros grupos judaicos: enquanto os saduceus não atribuíam as ações humanas aos acasos do destino (algo que no contexto parece indicar uma "predestinação divina") e os fariseus creditavam algumas ações humanas ao destino, e outras não; os essênios atribuíam todas as ações humanas aos seus efeitos (*Ant.* 13.171-173). Os textos sectários dão clara evidência da crença dos seus autores que Deus já havia determinado exatamente tudo o que aconteceria antes mesmo da história humana (cf., por exemplo, a *Regra da comunidade* [1QS] 3.15-16, 21-23;

Hodayot 9.7-9). Segundo, Josefo diz que após juntar-se ao grupo (o procedimento de ingresso é descrito em estreito paralelismo pelo historiador e pela *Regra da comunidade*), os novos membros fundiam suas posses às da comunidade, e com tal procedimento eles conseguiam não só atender as necessidades individuais como superar as divisões entre ricos e pobres em sua sociedade (*GJ* 2.122). É precisamente isso que determina a regra da comunidade ao descrever o processo de ingresso no grupo (1QS 6.18-23). Um fenômeno relacionado é igualmente atestado no Documento de Damasco (*DD* 14.12-16). É indubitavelmente notável que Josefo registre algo aparentemente tão insignificante quanto a proibição essênia a cuspir durante as reuniões do grupo (*GJ* 2.147), e que a mesma interdição seja mencionada na *Regra da comunidade* (7.13).

Não seria correto afirmar que os dados dos rolos sectários e os das descrições antigas dos essênios coincidem perfeitamente. Por exemplo, Josefo jamais mencionou que eles usavam um calendário diferente (com 364 dias) do dos outros judeus, muito embora esse fato esteja atestado em uma série de textos das cavernas de Qumran. Mas a extensão da coincidência entre os dois *corpora* documentais é impressionante, e o retrato que neles se desenha aponta para nenhum outro grupo que não os essênios.

Já foi demonstrado que em certos pontos de interpretação legal, os textos de Qumran estão lado a lado da Mishná, uma obra rabínica de aproximadamente 200 EC e atribuída aos saduceus, mas isso não significa dizer que o povo de Qumran pertencesse àquele grupo. Tanto os essênios quanto os saduceus interpretavam a Lei Mosaica de modo bastante estrito (diferentemente dos fariseus, por assim dizer), resultando então em grande número de convergências. Contudo, quando se examinam as crenças de ambos (suas visões sobre a fé, por exemplo), os ensinamentos dos rolos são diametralmente opostos às doutrinas saduceias, comprovando, pois, que o povo de Qumran dificilmente pertenceria àquele partido (isto se, salvo engano, todas as nossas fontes sobre os saduceus estiverem, de fato, descrevendo o mesmo grupo).

Vale destacar um aspecto relacionado. Como vimos, os escritos sectários de Qumran nos oferecem um retrato consistente que se ajusta apropriadamente às antigas descrições dos essênios. Em face de tal evidência, é altamente improvável que os rolos representem as visões de um amplo espectro da sociedade judaica daquele momento, como poderiam representar caso tivessem sido escondidos por residentes de Jerusalém, conforme afirmaram alguns. Por exemplo, nada há nos pergaminhos que seja distintamente fariseu, algo tanto mais surpreendente dada a proeminência de que, segundo Josefo, desfrutavam na sociedade.

Tendo por base nossos limitados indícios, como é bastante provável que o povo de Qumran formasse uma pequena ramificação do movimento essênio mais amplo, devemos então nos voltar à questão sobre por que se assentaram no lado noroeste do Mar Morto, e o que aconteceu durante sua presença nessa região. A identificação dessa gente como essênios está lastreada por um significativo *corpus* documental, mas sua história é bem mais incerta, e o esboço a seguir, conquanto incorpore as evidências disponíveis, permanece necessariamente hipotético.

A primeira coluna do Documento de Damasco fala a respeito do surgimento de um grupo cerca de 390 anos após Deus entregar o templo e o povo nas mãos de Nabucodonosor. Esse número é aparentemente derivado de Ezequiel 4,5 e pode ter em si algum significado simbólico, mas não se deve, contudo, excluir a possibilidade de que seja literal. Esse novo grupo, ou movimento, era formado por pessoas que haviam se conscientizado da própria culpa e buscavam a Deus com sinceridade, e após terem passado outros vinte anos na incerteza, Deus proveu-lhes um Mestre da Justiça para guiá-los pelo caminho correto; um Mestre da Retidão (provavelmente a mesma pessoa) é igualmente mencionado em alguns comentários de Qumran como sendo seu líder. Ele é chamado de sacerdote, e se diz que Deus lhe revelara o significado das misteriosas palavras proferidas pelos antigos profetas – ou seja, um intérprete inspirado pelas revelações proféticas (Comentários sobre Habacuc, 2.6-10), e também se atribui a ele a formação de uma comunidade a mando divino. Se preciso, o número de anos mencionado no Documento de Damasco situaria o surgimento do Mestre nos anos 170 AEC.

O Mestre da Justiça tinha um oponente, chamado de Sacerdote Escarnecedor no documento. Seu nome jamais é revelado, mas é provável que esse epíteto que lhe foi dado (*hakkohen harasha'* em hebraico) seja um jogo de palavras com o título *hakkohen haro'sh*, uma forma do título de *sumo sacerdote*; consequentemente, o Sacerdote Escarnecedor seria o mais alto religioso da época. Se assim for, o fato de ele ter se dado ao trabalho de duelar com o Mestre da Justiça implicaria que este desfrutava de alguma importância. Segundo os Comentários sobre Habacuc, o Escarnecedor perseguiu o Mestre até seu lugar de exílio (que não é nomeado) e tentou engolir a ele e aos seus seguidores em seu Dia da Expiação[12] (11.4-8). De início, essa passagem sugeriu aos pesquisadores que o Escarnecedor e o Mestre utilizavam calendários diferentes para marcar suas festividades, posto que o sumo sacerdote dificilmente perseguiria dissidentes nessa data específica, quando o ritual solene do templo demandava sua presença e as viagens estavam proibidas. Esse episódio leva à suspeita de que o Escarnecedor considerava que o Mestre e seus seguidores representavam um certo perigo e que estava ciente de que o grupo utilizava um calendário próprio. Um dos comentários aos Salmos diz que o Mestre enviou uma "lei" ao Escarnecedor (4QpPsa 4.8-9), que talvez seja a obra conhecida como *Alguns dos trabalhos da lei* (4QMMT), a qual, como vimos, enuncia 24 pontos de disputa legal entre as duas partes e pode, logo em seu início, conter uma declaração a respeito do calendário de 364 dias.

A identidade do Sacerdote Escarnecedor é desconhecida, mas muitos acreditam que pode ter sido Jônatas, o primeiro macabeu sumo sacerdote (152-142 AEC), ou seu irmão e sucessor, Simão (142-134 AEC; alguns estudiosos defendem ter havido uma série de sacerdotes perversos, entre os quais estariam esses dois supracitados). Se era, de fato, um dos dois irmãos, as disputas entre o Mestre e o Escarnecedor teriam ocorrido em meados do século II AEC, mas as estruturas construídas em Qumran só seriam edificadas muitas décadas depois, talvez não antes de 100 AEC. Assim sendo, o Mestre e seus seguidores teriam de ter se retirado para algum outro lugar (ou lugares) antes de se dirigirem a Qumran. Sua localização exata nos é desconhecida, mas Damasco é uma possibilidade, pois o documento se refere diversas vezes à Terra de Damasco (por exemplo, 6.19 na primeira cópia medieval).

A eventual escolha de Qumran como lar do grupo parece ter sido tomada em resposta às profecias bíblicas relativas ao deserto. A *Regra da comunidade*, em uma passagem que fala a respeito da apartação do grupo dos ímpios, cita Is 40,3 como garantia de seu estabelecimento no deserto:

> E quando estes se tornarem membros da Comunidade de Israel, dentro de todas estas regras, separar-se-ão da morada dos homens sem Deus e retirar-se-ão para o deserto a fim de preparar o seu caminho tal como

12. Yom Kippur [N.T.].

está escrito: "Abri no deserto um caminho para o Senhor, nivelai na estepe uma estrada para nosso Deus!"[13].

A comunidade não apenas se mudou para o deserto no sentido literal, mas definiu com cuidado o local do seu retiro. Aparentemente escolheu Qumran sob influência de Ez 47, em que está anunciado que no futuro Israel restaurado haveria um córrego fluindo do templo até o Mar Morto, que se tornaria mais largo à medida que avançaria e em suas margens cresceriam árvores frutíferas cujas colheitas seriam mensais. Além disso, suas águas adoçariam as do Mar Morto. Esse riacho de Ezequiel deveria chegar ao mar próximo a Engedi (Engada), um local nas proximidades do sul de Qumran. Dessa forma, naquele lugar os essênios viviam, segundo sua crença, em um lugar em que logo veriam o córrego miraculoso do profeta transfigurar o aspecto ermo da região (Is 35).

Não sabemos exatamente o que provocou a separação entre o povo de Qumran e os demais judeus, mas a oposição às afirmações poderosas do Mestre da Justiça deve ter desempenhado um papel importante. Outra causa plausível pode ter sido disputas envolvendo as leis bíblicas, em especial após o período em que os assim chamados sumo sacerdotes helenistas governaram (175-159 AEC) e nos primeiros dias dos sumo sacerdotes macabeus. É possível que o mestre e seu grupo questionassem sua abordagem, mas tenham eventualmente percebido que não apenas não teriam sucesso, como também que a oposição aos novos religiosos militares não tinha futuro. A separação física parecia ser o único caminho a ser seguido.

As evidências arqueológicas deixam implícito que o grupo de Qumran viveu na localidade por cerca de 170 anos (com exceção, talvez, de um curto intervalo durante o reinado de Herodes). O fato de terem permanecido por lá e jamais terem se reintegrado à sociedade indica que sua oposição às condições correntes não esmoreceu. É provável que vissem os governantes asmoneus com maus olhos, muito embora exista alguma incerteza a respeito da consistência dessa oposição, pois 4Q448 parecer se referir positivamente ao Rei Jônatas (referindo-se, talvez, a Alexandre Janeu – Jônatas era seu nome hebraico). Não obstante o modo como se interprete esse texto, o assentamento de Qumran sobreviveu até ser acidentalmente destruído durante o reinado de Herodes, sendo reconstruído conforme

13. Tradução de J. Franclim Pacheco para a Comissão Diocesana da Cultura da Diocese de Aveiro [N.T.].

o desenho original. A similaridade entre os edifícios anteriores e posteriores a essa destruição significa que os membros que os ocuparam eram possivelmente os mesmos. Nada na Jerusalém pós-Herodes seria encarado como uma melhoria por esses tradicionalistas, de modo que eles permaneceram em seu deserto à espera do novo dia.

Qumran foi reduzida a ruínas, provavelmente durante a primeira rebelião contra os romanos. Moedas dos primeiros anos da revolta foram encontradas, mas somente umas poucas do terceiro ano e nenhuma do quarto (embora seja verdade que moedas de finais do movimento tendam a ser raras). Outrossim, Flávio Josefo relata que as tropas romanas estavam em atividade na região de Jericó em 68 (terceiro ano da revolta) e algumas pontas de flechas romanas foram encontradas em Qumran. Os edifícios foram queimados e muitos membros da comunidade provavelmente faleceram defendendo o sítio. É possível imaginar se esses membros da aliança viram na revolta o começo da guerra entre os filhos da luz e os filhos das trevas, que traria o fim do mundo e marcaria o começo de uma nova era. De fato, uma nova era se iniciou, mas a comunidade de Qumran não teria parte nela.

O pequeno grupo (não mais que cem ou duzentos homens) pode ter exercido alguma influência sobre seus contemporâneos, pois como vimos há passagens na literatura rabínica que ecoam debates sobre pontos questionados pela comunidade de Qumran, e o cristianismo primitivo ostenta paralelos com materiais encontrados nos rolos. Por exemplo, o Livro dos Atos dos Apóstolos registra que os primeiros cristãos em Jerusalém compartilhavam tudo (2,44; 4,32), igual ao que ocorria em Qumran. Seu maior presente à posteridade, contudo, foi sua biblioteca, que eles supostamente esconderam nas cavernas quando da aproximação dos romanos e que só seria encontrada novamente no século XX.

3.3 Massada

Conquanto os Manuscritos do Mar Morto possam ter sido a mais notável descoberta arqueológica do século XX, Massada provocou emoções mais fortes, seja de terror ou de orgulho. Para alguns, trata-se do símbolo da determinação judaica, da disposição a resistir até o fim, da preferência pela morte à escravidão e ao abuso; para outros, é uma tragédia de equívocos de proporções gigantescas – ou seja, essa controversa e antiga história permanece repercutindo até os nossos dias. Primeiramente, trabalharemos sua história de forma mais detalhada do que foi feito na seção histórica do capítulo 1, e depois examinaremos seus achados, tanto a cultura material quanto os textos escritos.

3.3.1 A história

Para os acontecimentos ocorridos em Massada tanto tempo atrás, dependemos da narrativa de Flávio Josefo, que narrou cuidadosamente o episódio em *A Guerra dos Judeus*. Massada (fortaleza ou baluarte em hebraico) fica no lado oeste do Mar Morto, a pouco mais de oito quilômetros da cidade de Engedi (Engada), e os atuais visitantes do sítio a reconhecem como uma formação rochosa das mais impressionantes, que se eleva dramaticamente do solo desértico. Em sua face oeste, ergue-se mais de 180 metros acima do território circunvizinho, e a mais de 243 metros na face leste. Josefo escreveu que esse espetacular acidente geográfico foi fortificado pela primeira vez por Jônatas, o sumo sacerdote (cf. GJ 7.285), que pode ser tanto o segundo macabeu quanto Alexandre Janeu (Jônatas em hebraico), e foi esse personagem que, aparentemente, deu-lhe o nome. O supremo arquiteto do sítio, porém, foi Herodes o Grande, que ordenou grandes construções em seu cume e cercanias. Logo no começo de sua carreira (42 AEC), ele capturou a praça forte, e dois anos depois lá deixou sua família enquanto seguia para Roma, onde o Senado lhe concedeu a coroa da Judeia. Quando do seu retorno, encontrou Massada cercada pelas tropas de Antígono, último dos asmoneus – Herodes rompeu o cerco e resgatou seus familiares.

Herodes reconheceu as potencialidades do sítio tanto para a segurança nacional quanto para sua própria, pois temia tanto os ataques externos de Cleópatra, rainha do Egito, quanto os dos seus próprios súditos (GJ 7.300). Josefo reportou que ele fortificou o cume (uma área de mais de 9 mil hectares) com uma muralha contendo 37 torres, cada uma com mais de 22 metros, e o interior provido de cômodos e edifícios. O solo era rico o bastante para sustentar agricultura, garantindo assim alimentos para os residentes mesmo se estivessem impedidos de sair. Segundo Josefo, Herodes, mandou trabalhadores construir um palácio no lado oeste de Massada e escavar grandes cisternas bem no fundo da formação rochosa, para que as águas das enchentes súbitas fossem capturadas e posteriormente recolhidas pelos servidores (7.286-293); seus armazéns estocavam comida e armas (7.295-299).

Após a sua morte, e removido seu filho, Arquelau, os romanos aparentemente assumiram o controle da fortaleza, de 6 a 66 EC.

O episódio envolvendo Massada que marcou a memória judaica ocorreria várias décadas depois. Um grupo a que Flávio Josefo consistentemente chama de *Sicarii* (os sicários, que carregavam adagas curtas chamadas *sicae* em latim) capturou a fortaleza logo no início da rebelião contra Roma (no verão de 66 EC). O único sentimento que o historiador nutria por essa gente era o desprezo: os sediciosos "mais proclives à guerra, atacaram de surpresa a fortaleza de Massada, degolaram toda a guarnição romana e lá puseram uma, da sua nação" (GJ 2.408), e observou também que Menachem, um filho de Judas o Galileu que havia resistido violentamente à dominação romana no começo do século, foi com seus amigos a Massada, arrombou o arsenal de Herodes, armaram-se todos e assumiram a liderança da revolta em Jerusalém (2.433-434). Menachem foi logo morto, mas alguns de seus seguidores, incluindo um homem chamado Eleazar, filho de Jairo, escaparam e foram para Massada (2.446-448). Além deles, um outro líder militar, Simão bar Giora, também usou a fortaleza como base para incursões contra a Idumeia (cf. 2.652-654).

Em outros trechos, Flávio Josefo dá notícias das ações dos residentes de Massada durante a revolta contra Roma, e de forma bastante explícita narra a história da incursão a Engedi (Engada). Segundo o historiador, os sicários de Massada normalmente costumavam realizar ataques localizados para se abastecerem (GJ 4.400), mas durante uma pausa na guerra contra os romanos, durante a época da Festa dos Tabernáculos, quando muitos judeus costumavam peregrinar até Jerusalém (algo que aparentemente continuava possível), eles atacaram Engedi:

> [...] esses assassinos atacaram de improviso a pequena cidade de Engedi antes que os habitantes tivessem tempo de tomar as armas, mataram mais de setecentos deles, dos quais a maior parte eram mulheres e crianças, saquearam todas as casas e levaram todos os despojos para Massada (4.403-404).

Isso foi feito contra seus próprios compatriotas judeus! Josefo menciona um João bar Giora, que após ser expulso de Jerusalém, foi para Massada, onde os ocupantes eventualmente usaram-no como guia "para saquearem as regiões circunvizinhas" (4.506; cf. também 4.508 e 4.516).

Em GJ 7.252, o historiador começa a contar a história que fez a fama de Massada, os dramáticos eventos que lá ocorreram nos estertores da rebelião contra Roma, alguns anos após Jerusalém ter sido destruída, em 70 EC. A data usualmente proposta é 73 EC, embora outros favoreçam o ano 74. Em 73, Flávio Silva havia se tornado o governador romano da Judeia, e o último bastião de resistência era, precisamente, Massada, de modo que ele marchou com suas tropas até lá. Josefo se deu ao trabalho de relembrar aos leitores que os sicários que dominavam a fortaleza liderados por Eleazar não usavam da violência só contra não judeus, mas também contra judeus que lhes parecessem não comungar de sua visão radical (7.252-258). Em verdade, ele pausa sua narrativa para resumir as atrocidades cometidas por eles e por outros a quem considerava como extremistas, gente que, em suas palavras, mascarava sua barbárie sob o "professado zelo pela virtude" (7.270; cf. 254-274).

Retomando sua narrativa, o historiador descreve as manobras de Flávio Silva para controlar o entorno de Massada: ele posicionou guarnições em postos fundamentais, mandou construir um muro cercando o sítio para prevenir fugas e armou seu acampamento no local mais propício para um cerco, "onde os rochedos do castelo estão próximos do monte vizinho" (*GJ* 7.277), ou seja, do lado oeste, onde um esporão rochoso segue encosta acima por parte do caminho. Prisioneiros judeus foram usados para carregar suprimentos. Após narrar todos esses preparativos, Flávio Josefo pausa para descrever Massada (7.280-303). O cerco em si envolveu a construção de um aterro no esporão, sobre o qual os romanos construíram uma rampa de pedra e armaram seu maquinário bélico. Naquele local, instalaram uma torre com quase 58 metros de altura, para que pudessem atirar nos defensores desde o alto. Um aríete foi trazido, começou a bater na muralha que circundava o cume e conseguiu abrir nela uma brecha, mas os sicários construíram um outro muro dentro do primeiro, usando terra batida entre toras de madeira, uma estrutura mais resistente aos golpes do aríete. Com sua arma mais potente tornada inoperante, Silva ordenou às tropas que jogassem tochas acesas contra o muro parcialmente feito de madeira, uma tática eficiente, mas o vento acabou soprando as chamas na direção dos romanos, ameaçando seu próprio maquinário bélico. Súbita e inexplicavelmente, contudo, o vento mudou para a direção oposta – como se movido pela divina providência, Josefo comentou (7.318). A última linha de defesa estava queimada, mas estranhamente os romanos seguraram seu ataque final até a manhã.

Esse atraso noturno deu a Eleazar, líder dos sicários, a oportunidade de proferir dois discursos aos seus liderados, nos quais defendeu o suicídio coletivo. Eles se encontravam diante de uma terrível escolha: sevícias, escravização ou morte pelos romanos, ou a morte pelas próprias mãos. Eleazar reuniu uma audiência formada por seus homens mais corajosos e, em sua primeira fala (7.323-336), apresentou-lhes o prospecto de uma morte com honra (7.326), muito embora reconhecesse também as culpas do grupo durante a atuação na revolta, de como foram incapazes de reconhecer os propósitos divinos naqueles eventos. De fato, ele chegou a confessar que era o próprio Deus quem os estava privando de toda esperança (veio-lhe à mente, quase que de imediato, a mudança na direção do vento):

> [...] esses sinais da cólera de Deus não podem ser atribuídos senão aos crimes horríveis que nós cometemos com tanto furor, contra os da nossa própria nação e como não podemos deixar de ser castigados, não é melhor satisfazermos à justiça por uma morte voluntária, do que esperarmos que os romanos lhes sejam os executores, depois de nos terem vencido? (7.332-333).

Dessa forma, o historiador fez Eleazar condenar a si mesmo e aos seus liderados pelos crimes cometidos durante a revolta, e sob tais circunstâncias, ele declarou "preferir a morte à servidão" (7.336).

Essa primeira fala não foi convincente o bastante, e para não perder aqueles que já haviam aceitado a proposta, Eleazar voltou a discursar, dessa vez abordando a questão da imortalidade da alma (7.341-388). Ele afirmou que a morte libertava a alma para que pudesse seguir, livre do peso das tribulações, até sua morada eterna (7.344). Empregando uma analogia e o exemplo de filósofos indianos ansiosos por abandonar o próprio corpo, ele assegurou que a divindade havia encaminhado os acontecimentos de tal maneira para que eles morressem. Citou, também, numerosos exemplos nos quais vizinhos não judeus haviam massacrado judeus, e de pessoas que caíram em mãos romanas e sofreram destinos terríveis. Recordando mais uma vez aos homens o destino reservado para eles mesmos, suas esposas e filhos, declarou:

> Mas enquanto temos ainda agora pleno e livre uso de nossos braços e de nossas espadas, que nos impede livrarmo-nos da escravidão? Morramos com as pessoas que nos são mais caras, antes que vivermos escravos. Elas no lo pedem; nossas leis no-lo ordenam, Deus no-lo impõe, e os romanos nada temem mais que isso. Apressemo-nos, en-

tão, em fazê-los perder a esperança de triunfar sobre nós e [que] o espanto de só poder desencadear a sua raiva sobre cadáveres force-os a admirar a nossa generosidade (7.385-388).

Claro está que foi Flávio Josefo quem compôs esse discurso; e ele nos diz que, com essa segunda fala, Eleazar convenceu sua audiência, que avidamente seguiu para cumprir sua tarefa macabra, não sem antes derramar lágrimas de adeus pelos seus entes queridos. Os homens eram mortos por dez homens escolhidos por sorteio, os quais, por fim, escolheram um entre eles para dar cabo dos outros nove e, ao final, tirar a própria vida (7.389-401). Somente duas mulheres e cinco crianças que haviam se escondido sobreviveram à carnificina, enquanto 960 pessoas pereceram, e foi precisamente uma dessas mulheres quem contou aos romanos, no dia seguinte, o que acontecera (7.404). Flávio Josefo reconhece que as tropas romanas, ao entrarem em Massada, admiraram a coragem e o desprezo pela morte exibido pelos defensores (7.406), e após deixar uma guarnição para ocupar a fortaleza, os vencedores a abandonaram (7.407).

3.3.2 Evidências arqueológicas

As estruturas

Ainda que muitos tenham visitado Massada durante o século XIX e no começo do XX, e estudos mais aprofundados tenham sido realizados na década de 1950, as escavações mais relevantes no sítio ocorreram em duas temporadas, lideradas pelo arqueólogo israelense Yigael Yadin entre 1963 e 1965. Famoso como general do exército e como pesquisador que escrevera estudos fundamentais a respeito de alguns dos Manuscritos do Mar Morto (especialmente o Pergaminho da Guerra), Yadin havia realizado importantes achados em Nahal Hever, e liderou grandes expedições ao norte do Sítio de Hazor. As escavações em Massada envolveram o estudo da superfície e das áreas circunvizinhas, incluindo o sistema d'água, os acampamentos romanos e a rampa do lado oeste.

No topo da fortaleza, os arqueólogos descobriram evidências de ocupação retroagindo aos períodos dos Asmoneus e Herodiano e ao tempo da primeira revolta contra os romanos. Provou-se bastante difícil identificar estruturas da época dos Asmoneus, quando, segundo Josefo, o monte foi transformado em fortaleza, mas ainda assim algumas foram encontradas – é possível que os pequenos palácios ao centro do cume datem desse período, incluindo uma parte do palácio oeste, expandido durante o reinado de Herodes. Umas tantas outras estruturas foram igualmente atribuídas ao mesmo período. Mas o grande construtor do local não foi outro que não Herodes, e durante seu governo, um espetacular palácio com três andares foi edificado na ponta norte da montanha, tirando proveito dos desníveis escalonados lá existentes. Esse complexo palaciano possuía termas com banhos frios, mornos e quentes, e uma série de grandes armazéns em diversos lados da edificação. O rei também expandiu o palácio oeste e mandou construir a muralha cercando o cume; incluiu muitas torres e cômodos, além de portões a leste e oeste. Herodes foi o responsável pela organização do sistema de captação d'água e de seu armazenamento em enormes cisternas – havia doze delas, no lado norte de Massada. As quatro maiores captavam as águas das enchentes periódicas do uádi (rio intermitente) do lado norte, enquanto as oito menores num nível mais alto aproveitavam o fluxo de um uádi mais ao sul. Muito das descrições de Josefo foi, portanto, comprovado pela arqueologia.

A fase de ocupação de Massada pelos sicários foi bem curta (não mais que sete ou oito anos) e normalmente não seria reconhecível no registro arqueológico, mas há evidência de alterações nas estruturas herodianas. Por exemplo, cômodos na muralha e no palácio foram convertidos em moradias, alguns poços rituais (os *miqva'ot*) foram construídos e uma sinagoga foi estruturada no que parece ter sido um estábulo na parte norte da muralha. Uma série de *óstracos* (cacos cerâmicos) encontrados muito provavelmente pertencia aos sicários (cf. mais adiante). Durante o Período Bizantino, uma igreja foi erigida.

Moedas

Grande quantidade de moedas foi encontrada em Massada, algumas delas dos períodos ptolomaico e selêucida, outras dos reis-sacerdotes Asmoneus. Naturalmente, havia exemplares herodianos e outras cunhadas tanto pelos governadores romanos quanto pelos reis judeus Agripa I e II. As mais interessantes, contudo, eram aquelas da Revolta Judaica: várias foram encontradas, do primeiro ao quarto ano, mas há também alguns raros exemplares do quinto ano, o último antes da destruição de Jerusalém. Além disso, há moedas romanas, algumas delas inscritas com o *Iudea capta*, de outras cidades não judaicas e até mesmo algumas do Período Bizantino.

Materiais escritos

Os arqueólogos encontraram grande quantidade de itens com inscrições em Massada, a maior parte não literária, muito embora um pequeno número de textos literários tenha vindo à luz.

Os textos literários são fragmentários, mas diversos deles são considerados relevantes. Os primeiros seis (Mas1-1f) são pedaços de cópias de livros da Bíblia Hebraica: dois do Levítico, outros tantos dos Salmos; e do Deuteronômio e de Ezequiel, um de cada. Alguns desses textos bíblicos foram encontrados sob a sinagoga. Um outro fragmento, Mas1h, contém uma porção considerável do texto hebraico da Sabedoria de Ben Sirac (39,27-44,17); o pergaminho data do primeiro século AEC. Outro texto encontra-se num fragmento identificado como pertencendo aos Jubileus, muito embora tenha nada mais que uma leve semelhança com parte dele (Mas1j). Um dos achados mais importantes foi uma cópia dos *Cânticos do sacrifício sabático* (Mas1k), obra atestada em nove cópias em Qumran (4Q400-407, 11Q17); alguns consideram que ao menos um residente da comunidade fugiu para Massada na época em que os romanos a destruíram, trazendo consigo o pergaminho. O fato de os *Cânticos* serem, provavelmente, um texto sectário que pressupõe um calendário com 364 dias dá força a essa opinião. Os fragmentos restantes são textos chamados Josué apócrifo, Gênesis apócrifo, um fragmento do tipo Qumran, dois trechos em paleo-hebraico e um outro não classificado em aramaico.

Os itens escritos não literários totalizam 951 e foram divididos em treze categorias, embora nem todas sejam exclusivas. Os números 1-301 são etiquetas inscritas, ou seja, óstracos com poucas, ou mesmo uma única, letras cujo propósito pode ter sido identificar o conteúdo de recipientes, possivelmente de uso secular. Os números 302-380 são etiquetas que trazem nomes específicos (especialmente Jehohanan ["João"]) e que como as anteriores devem ter servido como fichas para o sistema de racionamento de víveres dos sicários. Cada exemplar do próximo grupo de etiquetas (381-419) contém um único nome, servindo, talvez, para sorteios que determinavam quais tarefas seriam feitas por quais sacerdotes. A quarta categoria (420-428) são listas de nomes seguidos por números que, em alguns casos, parecem indicar somas monetárias. A quinta (429-440), chamada de "*lots*" por Yadin, consiste de pequenos óstracos, todos inscritos por um mesmo escriba e contendo um nome ou apelido; o arqueólogo supôs que foram usados para sortear os dez homens que deveriam matar os demais; há, contudo, mais que dez deles, um dos quais traz o nome de Ben Yair (ou seja, Eleazar Ben Yair, o líder do grupo). Josefo não diz se ele foi um dos sorteados. Umas poucas inscrições (441-461) designam quinhões sacerdotais, e são reconhecíveis por frases como "dízimo do sacerdote", "para as coisas sagradas" ou ainda "*kosher* para a pureza das coisas sagradas" – uma jarra possui o nome de um sumo sacerdote nela. Os números 462-515 trazem os nomes de seus donos inscritos em jarras, enquanto os de um outro grupo (516-553) indicam conteúdos de recipientes. Existem três inscrições (554-556) em cacos, aparentemente lidando com questões relativas a pagamentos. Os números 557-584 contêm instruções a respeito do suprimento de pão, uma ordem para que seu portador receba uma determinada quantidade desse alimento e mencionam o dia e o mês. As pessoas envolvidas parecem ter representado grupos, pois o número de pães pode ser bem grande (1020, por exemplo). Quantidades ou capacidades de jarras e totais monetários são indicados pelos números 585-605. As duas últimas categorias são exercícios de escrita e rascunhos (606-641; gente aprendendo a escrever praticando a escrita do alfabeto e de nomes) e miscelânea (642-701; 702-720 pertencem à mesma categoria), cuja leitura e identificação são incertas.

Os itens restantes (721-951) são um tanto diversos. Alguns estão em latim (incluindo um trecho da *Eneida* de Virgílio, 4.9), outros em grego, ou são bilíngues.

4
Síntese: líderes, grupos e instituições

O propósito deste capítulo é resumir as evidências disponíveis sobre lideranças, grupos e instituições do Período do Segundo Templo. Os tópicos a serem trabalhados já figuraram, de uma forma ou de outra, nos primeiros capítulos, mas sua organização e abordagem não foram conduzidas de forma mais sistematizada. Um problema fundamental que se apresenta quando tentamos assimilar essas evidências diz respeito à natureza de nossas fontes: além daquelas já tratadas no capítulo 2, existem também extensas compilações rabínicas, tais quais a Mishná (concluída cerca 200 EC) e os Talmudes (o Palestino é, talvez, do século V EC, enquanto o Babilônico, maior, do VI), que versam sobre questões do Período do Segundo Templo. Um tratado inteiro da Mishná, por exemplo, é dedicado ao Sinédrio, enquanto outros tratam das mais variadas festas. Alguns pesquisadores incorporam essas evidências mais tardias em suas narrativas, e não há dúvida de que essas obras possuem material antigo. O problema está em tentar determinar o que é antigo e o que é recente. O texto que se segue se limita quase que inteiramente às fontes provenientes do Período do Segundo Templo, muito embora haja menções ocasionais aos textos rabínicos.

4.1 Governantes e lideranças

No decorrer de todo Período do Segundo Templo, o povo judeu, seja em sua própria terra ou na diáspora, esteve sob controle de nações estrangeiras: de início os persas, depois os gregos (ptolomeus e selêucidas) e, por fim, os romanos. Os asmoneus efetivamente governaram, ao menos durante um certo tempo, uma nação com relativa independência, mas mesmo eles não estiveram inteiramente livres da influência externa. Para alguns períodos dispomos de muitas evidências, enquanto noutros não há muito que nos permita compreender como o povo judeu se governava dentro dos limites impostos pelos seus senhores, e embora tenha sido regido por diversas estruturas governamentais ao longo das eras imperiais, um fator constante de seu autogoverno foi a proeminente posição dos sacerdotes, em especial do sumo sacerdote e seus associados.

4.1.1 Os sacerdotes

Segundo a Bíblia, os sacerdotes eram os filhos de Aarão, e somente a eles era permitido servir no altar do santuário (por exemplo, Ex 28-29; Nm 18,1-20). O restante do pessoal associado ao templo – os levitas e seus subgrupos especializados, como os cantores e os sentinelas – subordinava-se aos descendentes do irmão de Moisés (Nm 16; 18,21-32). Os sacerdotes eram recompensados pelo seu trabalho por meio de partes estipuladas de diversos tipos de sacrifícios, contribuições diversas e um décimo dos dízimos era destinado aos levitas. Entre os sacerdotes, havia vários níveis de autoridade, e no topo dessa escala encontrava-se o sumo sacerdote.

O sumo sacerdote

Nossas fontes, primordialmente os escritos de Flávio Josefo, fornecem uma lista completa dos nomes dos sumos sacerdotes que serviram durante o Período do Segundo Templo. Neemias 12 nos fala dos seis primeiros, a começar por Josué (mencionado em Esdras e nas profecias de Ageu e Zacarias) e seguindo até Jadua, o qual, diz o historiador, encontrou-se com Alexandre o Grande. Josefo repete esses mesmos nomes e adiciona outros, até o último, que ocupava o cargo quando os romanos destruíram o templo em 70 EC. Nos parece provável que por grandes períodos da era do Segundo Templo, o sumo sacerdote era a autoridade suprema do judaísmo, mas não está claro se havia um governo civil judaico ao seu lado.

Um cargo hereditário, segundo a Bíblia o sumo sacerdócio era passado seguindo a linhagem de Zadoque, sacerdote-chefe nos tempos de Davi e Salomão. Primeiro sumo sacerdote pós-exílio, Josué era filho de Josedec, filho do último sumo sacerdote do Primeiro Templo (cf. 1Cr 6,14-15; 2Rs 25,18). Até onde sabemos, o cargo passou de pai para filho dentro dessa família por mais de trezentos anos, com apenas uma única exceção no terceiro século, quando o herdeiro era jovem demais para assumir a função e dois parentes masculinos mais velhos assumiram interinamente antes que o jovem, Onias II, pudesse ocupar a função (*Ant.* 12.44; cf. 12.157). Essa tradição durou até 175 AEC, quando o rei selêucida Antíoco IV apontou Jasão, irmão de Onias III, para o cargo em lugar do irmão.

As fontes revelam pouco sobre as atividades dos sumos sacerdotes durante os primeiros séculos do Período do Segundo Templo, mas muitas delas atribuem a esses altos oficiais funções diplomáticas. Por exemplo, como já vimos, um dos

Papiros de Elefantina menciona que integrantes da colônia militar escreveram a Joanã como parte de seus esforços para angariar apoio para a reconstrução do templo. Flávio Josefo aponta como aquele que conheceu e conversou com Alexandre o Grande, enquanto a Carta de Aristeias retrata Eleazar se correspondendo com o Rei Ptolomeu II. De todos esses documentos, somente os papiros possuem alto grau de probabilidade histórica, mas seja como for o Romance Tobíada menciona igualmente um sumo sacerdote (Onias II) como o responsável pelo pagamento de certos recursos ao tesouro ptolomaico.

Segue-se a lista dos sumos sacerdotes, segundo nos dizem as fontes (sempre que possível, as datas de seus pontificados são apontadas):

(1) No Período Persa

Josué (entre os primeiros a retornar do exílio);
Joaquim;
Eliasib (contemporâneo de Neemias);
Joiada;
Joanã (mencionado em um dos Papiros de Elefantina, escritos em 408 AEC);
Jadua (contemporâneo de Alexandre o Grande).

(2) No Período Helenístico

Onias I;
Simão I (talvez o citado na Sabedoria de Ben Sirac);
Manassés (interino, durante parte da menoridade do filho de Simão, Onias);
Eleazar (interino, durante parte da menoridade do filho de Simão, Onias);
Onias II (do *Romance Tobíada*);
Simão II (do tempo da tomada da Judeia pelos selêucidas);
Onias III (retirado do cargo por Antíoco IV em 175 AEC);
Jasão (175-172 AEC, indicado por Antíoco IV);
Menelau (172-162 AEC, sumo sacerdote durante os decretos de Antíoco IV);
Alcimo (162-159 AEC).

Quando os macabeus assumiram o sumo sacerdócio, tanto os poderes políticos quanto os militares reuniram-se sob o ocupante do cargo, posto que tanto Jônatas quanto Simão eram comandantes de exércitos. O sumo sacerdócio asmoneu, que se tornou hereditário com a ascensão de Simão, estendeu-se de 152 AEC até 35 AEC, quando Herodes mandou assassinar o último deles, Aristóbulo III. Há que se recordar que houve um hiato de sete anos (159-152 AEC) durante o qual não houve sumos sacerdotes – pelo menos nenhum é citado nas fontes. Esse tempo parece ter sido o único em que o cargo foi deixado vacante.

(3) Sumos sacerdotes macabeus/asmoneus

Jônatas (152-142 AEC);
Simão (142-134 AEC);
João Hircano I (134-104 AEC);
Aristóbulo I (104-103 AEC, o primeiro a chamar-se a si mesmo rei);
Alexandre Janeu (103-76 AEC);
Hircano II (76-67, 63-40 AEC) e seu irmão, Aristóbulo II (67-63 AEC);
Antígono (40-37 AEC, filho de Aristóbulo II);
Aristóbulo III (35 AEC, neto de Hircano II).

Aristóbulo III foi indicado por Herodes e, após eliminar o último representante da linhagem dos asmoneus, o rei pôs fim ao princípio da hereditariedade e passou a apontar homens que não provinham de famílias nobres (*Ant*. 20.10). Ele, seu filho Arquelau e os oficiais romanos que os sucederam fizeram 28 indicações até a destruição do templo em 70 EC.

(4) Reinado de Herodes

Hananel (babilônico, previamente indicado por Aristóbulo III; é possível que tenha servido duas vezes);
Jesus ben Fiabi;
Simão ben Boeto;
Matias, filho de Teófilo;
José, filho de Ellem (substituto temporário de Matias);
Joazar, filho de Boeto.

(5) No reinado de Arquelau

Eleazar, filho de Boeto;
Jesus ben Sie.

(6) Indicações romanas

Anás, filho de Sete (6-15 EC; cf. Lc 3,2; Jo 18,13-24; At 4,6);
Ismael, filho de Fiabi;
Eleazar, filho de Anás;

Simão, filho de Camito;

José Caifás (18-36 EC; sumo sacerdote durante o julgamento de Jesus; cf. *Ant.* 18.35, Mt 26,3, 57; Lc 3,2; Jo 11,49; 18,13-14, 24, 28; At 4,6; era genro de Anás);

Jônatas, filho de Anás;

Teófilo, filho de Anás.

(7) Indicações do rei judeu Agripa I (41-44)

Simão Canteras, filho de Boeto;

Matias, filho de Anás;

Elioneu, filho de Canteras.

(8) Indicações de Herodes de Cálcis (irmão do rei Agripa, 44-48)

José, filho de Camei;

Ananias, filho de Nebadeu.

(9) Indicações do rei judeu Agripa II (50-66)

Ismael, filho de Fiabi;

José Cabi, filho do sumo sacerdote Simão;

Anás, filho de Anás;

Jesus, filho de Damneu;

Jesus, filho de Gamaliel (cuja esposa pertencia à família Boeto);

Matias, filho de Teófilo.

(9) Apontado pelo povo durante a rebelião

Fanias (Pinhas) ben Samuel.

Um passar de olhos pela lista, do reinado de Herodes até o fim, revela a recorrência de alguns nomes: três sumos sacerdotes vieram da família Fiabi, cinco da Boeto, sete da Anás, dois da Canteras e dois da Simão. Ao todo, dezenove dos vinte e oito sumos sacerdotes provieram de apenas cinco famílias.

Uma das funções atestadas dos sumos sacerdotes era seu importante papel durante o Dia do Perdão, quando entravam no Santo dos Santos e ofereciam os sacrifícios estipulados (Lv 16)[14]. Eles poderiam tomar parte em qualquer sacrifício

---

14. Essa função era de tal maneira significativa que Vicente Pedroso, tradutor da obra de Flávio Josefo para o Brasil, usa o termo "grão-sacrificador" para o sumo sacerdote, conforme pode ser observado em diversos trechos citados [N.T.].

oficiado no grande altar perante o templo, mas Flávio Josefo nos diz que nem sempre acompanhavam os sacerdotes nessas ocasiões, mas apenas "nos sétimos dias e nas luas novas, bem como em qualquer festival nacional ou reunião anual de todo povo" (*GJ* 5.230). Outro papel que assumiam era o de líder do Sinédrio (que veremos mais adiante). Não chegaram até nós muitos relatos sobre as ações dessa instituição, mas temos a história de Josefo sobre a sessão que tentou julgar o jovem Herodes após este executar alguns indivíduos sem julgamento – o acusado conseguiu evitar a condenação por meio da coerção militar (*Ant.* 14.165-179). É possível que a reunião mais famosa do Sinédrio tenha ocorrido durante o julgamento de Jesus (cf. Mc 14,53-65 || Mt 26,57-68; cf. Lc 22,66-71; Jo 18,12-14, 19-24), e o Livro de Atos também menciona alguns procedimentos da instituição com relação aos primeiros seguidores de Jesus (por exemplo, At 5,17, 21; 22,30; 23,5). Em momentos assim o sumo sacerdote presidia o conselho.

Um aspecto observado nas fontes são as esplêndidas vestimentas ostentadas pelos sumos sacerdotes durante as ocasiões festivas: Êxodo 28 descreve no detalhe os itens desses trajes, que incluíam o *efod* (aparentemente algum tipo de avental contendo duas pedras inscritas com os nomes dos doze filhos de Israel), o peitoral (preso ao *efod*, com quatro linhas de três pedras, que também continham os nomes dos filhos de Israel), o manto com campainhas de ouro na borda inferior e uma roseta com "consagrado ao Senhor" gravado e que seria presa a um turbante. Essas vestes parecem estar sob escrutínio em 3Zacarias e são celebradas em Eclesiástico 45,6-13 e no capítulo 50, quando o sumo sacerdote Simão "vestia seu manto de glória e se adornava com a perfeição do esplendor" (50,11). Também Flávio Josefo (*GJ* 5.231-236) as descreve, assim como Fílon, que encontrou nelas simbolismos cósmicos (*Vida de Moisés* 2.109-126).

Durante o período da dominação romana da Judeia, os governadores assumiram o controle desses trajes simbólicos e só permitiam que os sumos sacerdotes os usassem durante as festas. Como explica Josefo, o manto que usavam durante os sacrifícios era mantido, em todas as demais ocasiões, guardado na cidadela localizada a noroeste do complexo do templo. O próprio Herodes manteve a custódia dos trajos, um encargo passado para os romanos, que o mantiveram até o reinado de Tibério (14-37 EC), quando o então governador da Síria, Vitélio, devolveu sua guarda como um favor ao povo. Posteriormente, quando as autoridades romanas tentaram recuperar a tutela, o povo judeu enviou uma delegação ao imperador que, aparentemente, atendeu seu desejo. Nesse ponto da narrativa, o historiador detalha como os trajes haviam sido tratados em tempos idos (e ao fazê-lo, menciona algumas autoridades do templo).

> Assim se fazia outrora: essa preciosa veste era guardada sob o selo do grão-sacrificador e dos tesoureiros do templo; na vigília das festas solenes, eles iam procurar o comandante na torre dos romanos, onde, depois de ter reconhecido que o selo estava intacto, recebiam de suas mãos esse hábito e o devolviam selado, como antes, depois que a festa tinha terminado (*Ant.* 15.408).

Considerava-se que as vestes provocavam tamanha impressão que as autoridades se preocupavam com os efeitos políticos e sociais que por ventura pudessem exercer.

Sacerdotes-chefes

Diversas fontes se referem a sacerdotes com *status* acima do ordinário, e há evidência para tanto já em 2Rs 25,18, onde se lê que os babilônicos deportaram o sacerdote-chefe Seraias, "o sacerdote-substituto Sofonias e os três porteiros". Durante o Período do Segundo Templo, Josefo se refere a certas autoridades sacerdotais do templo, enquanto os Evangelhos e os Atos dos Apóstolos mencionam tanto tais indivíduos quanto um grupo muito discutido chamado "os sacerdotes-chefes" (o plural do termo grego para sumo sacerdote). Diversas autoridades do templo são citadas ou descritas na literatura rabínica, mas há poucas passagens verdadeiramente úteis sobre o Período do Segundo Templo.

Os sacerdotes-chefes eram, obviamente, líderes do corpo sacerdotal e frequentemente citados em conexão com o Sinédrio (cf. mais adiante), mas é difícil defini-los exatamente. É possível que viessem do pequeno grupo de famílias de onde saíam os sumos sacerdotes. No tempo dos romanos, ao menos alguns deles eram ex-sumos sacerdotes (cf. por exemplo, *GJ* 2.243; 6.114).

Havia uma autoridade que era chamada de "capitão" ou "oficial do Templo" (*sagan/stratēgos*). Atos 4,1 diz que "os sacerdotes, o oficial do Templo e os saduceus" vieram até Pedro e João, que pregavam no complexo sagrado, e os prenderam. No capítulo seguinte, "os sumos sacerdotes e o oficial do Templo [...] ficaram perplexos" ao descobrirem que os apóstolos não se encontravam na prisão onde haviam sido confinados (5,24; cf. versículo 26, e *Ant.* 20.131, 208).

A partir desses trechos, fica evidente que o "capitão" possuía poderes de polícia para lidar com distúrbios que surgissem na área do templo. Há, também, outras passagens em que mais desses oficiais são citados: ao descrever a traição de Judas a Jesus, Lucas diz que ele foi ter com "os sumos sacerdotes e com os oficiais da guarda do Templo" (Lc 22,4), precisamente os grupos envolvidos na subsequente prisão de Jesus no jardim.

Existiam, ainda, outros cargos no santuário: o tesoureiro, por exemplo (*Ant.* 15.408; 18.93; *GJ* 6.390), e fontes posteriores falam dos líderes de cada um dos 24 turnos dos sacerdotes ordinários (cf. adiante).

Sacerdotes ordinários

Embora não saibamos quantos sacerdotes trabalhavam no templo em qualquer momento do período que analisamos, é provável que seu número fosse substancial e superior ao que o serviço do templo era capaz de comportar de uma só vez. 1Crônicas 24,1-17 apresenta uma solução para tal excesso: eles foram divididos em 24 turnos (ou plantões) que se alternavam no serviço. Segundo as fontes, esse plantão sacerdotal durava uma semana (de sábado a sábado, *Ant.* 7.365) após o que assumia o próximo da lista. Quando a ordem dos turnos se cumpria por completo, o rodízio reiniciava, e como resultado, cada uma das turmas servia ao menos duas vezes ao ano (um total de 48 semanas) e algumas uma terceira vez. Como vimos, uma série de textos calendáricos de Qumran usa os nomes dos 24 grupos como designações das semanas e fornece tabelas indicando quais grupos sacerdotais estariam servindo durante festa específica do seu calendário de 364 dias.

Há um punhado de outras referências a eles nas fontes do Período do Segundo Templo. Por exemplo, os macabeus vieram do turno de Joarib (1Mc 2,1; segundo 1Cr 24,7 era o primeiro dos turnos), e o pai de João Batista, Zacarias, provinha da ordem de Abias (conforme 1Cr 24,10, era o oitavo turno). Quando os membros de uma determinada turma não estavam a serviço do templo, retornavam às suas casas e trabalhos regulares.

Parece razoável considerar que entre os sacerdotes houvesse interesse no *corpus* legal encontrado no Pentateuco. A eles não lhes cabia apenas se dedicar a aprender o que estipulava Êxodo-Deuteronômio a respeito de suas responsabilidades nos sacrifícios, na medicina (cf., por exemplo, seu papel em reconhecer e supervisionar o tratamento de enfermidades da pele em Lv 13; Mc 1,44 || Mt 8,4 || Lc 5,14), na purificação e assim por diante; também era sua função aplicar os princípios legais da Torá às novas situações que se impunham. Isso não significa que o estudo, amplificação e aplicação da lei escritural fosse exclusivo deles (os fariseus, não sacerdotes em sua maioria, eram especialistas nesses assuntos), mas parece lógico que entre os sacerdotes houvesse especial ênfase em tais questões.

4.1.2 Lideranças civis

Há inúmeras referências a governantes civis no início do Período do Segundo Templo. Na Bíblia, primeiro Sasabassar (Esd 5,14) e depois Zorobabel (Ag 1,1) são chamados "governadores" e, embora seja apenas uma possibilidade que o primeiro pertencesse à família de Davi, o segundo certamente pertencia (1Cr 3,18-19; o Senasser lá mencionado pode muito bem ser Sasabassar). O fato de Zorobabel ser equiparado ao sumo sacerdote Josué em Esdras e Ageu demonstra que ambos ocupavam cargos concomitantemente, exercendo assim obrigações diversas. Após Zorobabel (mencionado pela última vez cerca 520 AEC), nenhum outro governador é mencionado na Bíblia até Neemias, que veio a Jerusalém nessa função em 444 AEC e permaneceu no cargo até pelo menos 432 AEC (cf. Ne 5,14). Em Ne 5,15, ele acusa: "os governadores que me antecederam, impuseram aos cidadãos uma carga pesada" (Cf. também Ml 1,8). É possível que ao menos alguns dos nomes dessas autoridades tenham ressurgido em *bullae*, selos e impressões em jarros: Elnathan (que pode ter se casado com a filha de Zorobabel, Salomit; cf. 1Cr 3,19), Yeho'ezer e Ahzai, muito embora a datação dos materiais não seja precisa. Mais tarde, o governador Bágoas (Bigvai) é mencionado nos Papiros de Elefantina (TAD A4.7; Cowley 30), e um outro chamado Yehezqiyah (Ezequias) aparece em moedas de finais do Período Persa e início do Helenístico. Se houve governadores entre Bágoas e Ezequias, não sabemos, mas parece ser razoável considerar que sim.

As esparsas referências de que dispomos relativas aos governantes civis nos primeiros séculos contrastam com as informações mais caudalosas de tempos mais recentes. Como vimos, com a ascensão dos macabeus o autogoverno judaico assumiu novos contornos: os célebres irmãos reuniram sob seu tacão autoridades militar, sacerdotal e civil e, a começar com Aristóbulo I (104-103 AEC), adotaram também as prerrogativas monárquicas, que a família manteria durante os reinados de Alexandre Janeu (103-76 AEC) e da Rainha Salomé Alexandra (76-67 AEC).

O advento dos romanos pôs um fim ao regime asmoneu, embora o termo *rei* voltasse a ser eventualmente empregado por Hircano II. Uma série de oficiais romanos governou o território judaico até Herodes assumir o trono em 37 AEC, e ele e seus descendentes governaram, inteira ou parcialmente, aquela região durante décadas, mas na Judeia em si, com a destituição de Arquelau em 6 EC, a forma de governo voltou a se modificar. De início, entre 6 e 41 EC, diversos prefeitos romanos ocuparam o cargo, e em seguida ao breve reinado de Agripa I (41-44 EC) foram sucedidos por procuradores que governaram o território até a explosão da revolta de 66 EC.

4.1.3 Sinédrio/Conselho

Ainda que seja possível ter havido um conselho decisório composto por homens importantes de Jerusalém já nos primeiros séculos do Período do Segundo Templo (cf., por exemplo, Jt 4,8; 11,14; 15,8), a primeira menção documentada dessa instituição se encontra em um decreto do rei selêucida Antíoco III (223-187 AEC) preservado por Flávio Josefo em *Ant.* 12.138 – lá o monarca é citado como declarando ter sido recebido pelo Senado (*Gerousia*, em grego) ao chegar em Jerusalém. Referências ao que aparenta ser o mesmo corpo se tornam mais frequentes no início do período dos macabeus, quando uma tal assembleia é atestada nos tempos de Judas (2Mc 1,10; 4,44, precedendo à ascensão desse personagem, 11,27), Jônatas (1Mc 12,6) e Simão (1Mc 13,36; 14,20, 28 cita um grupo de anciãos, que pode muito bem ser o mesmo conselho).

As referências a essa instituição aparecem inicialmente em tempos romanos. As visões dos especialistas sobre um *Sinédrio* judaico variam bastante graças aos diferentes cenários propostos pelas diversas fontes. O termo em si é generalista, e pode ser utilizado para conselhos de naturezas as mais diversas, tanto locais quanto nacionais – por exemplo, pouco depois da conquista de Jerusalém por Pompeu em 63 AEC, o político romano Gabínio estabeleceu cinco assembleias e dividiu a nação judaica num mesmo quantitativo de partes, centradas em Jerusalém, Gadara, Amatunte, Jericó e Séforis (*Ant.* 14.91), muito embora o primeiro pareça ter sido particularmente relevante. Se seguirmos os textos gregos (Flávio Josefo, Fílon, os Evangelhos, os Atos dos Apóstolos), o Sinédrio era uma assembleia política e judiciária governada pelo sumo sacerdote e que lidava com casos de indivíduos (Herodes e Jesus, por exemplo) acusados de crimes importantes. Já segundo as fontes rabínicas posteriores, tratava-se de um grupo de sábios momentaneamente liderado por dois proeminentes fariseus e que se reunia para lidar com questões religiosas. Uma solução proposta foi a existência de *dois* Sinédrios, um religioso e outro político, embora não haja nenhuma referência nas fontes a um tal arranjo.

Qualquer que seja o resultado advindo dessas especulações, o fato é que havia um Sinédrio em Jerusalém, com função deliberativa e composto por diversos tipos de membros. Sempre que é mencionado, o sumo sacerdote está presente e parece estar no comando – Hircano II, por exemplo, foi persuadido a convocar o Sinédrio que tentou processar o futuro Rei Herodes (*Ant.* 14.165-179; o qual, conforme *Ant.* 14.175, posteriormente matou os membros que haviam ordenado que permanecesse sob julgamento), e Caifás estava no comando quando Jesus foi trazido perante o conselho (cf. como exemplos Mt 26,57, 59; Mc 14,53, 55; 15,1; Lc 22,66; Jo 11,47-50; na *Nova versão padrão revisada* (NRSV), a palavra grega *synedrion*, συνέδριον é traduzida por *conselho*). Mais tarde, o sumo sacerdote Anás reuniu o corpo decisório para julgar Tiago, irmão de Jesus (*Ant.* 20.200). Naturalmente, o governo romano exercia alguma autoridade sobre o Sinédrio – nessa mesma passagem, Flávio Josefo cita as opiniões dos oponentes de Anás, de que não era legal reunir uma sessão da assembleia sem o consentimento do governador. Da mesma forma, o rei judeu Agripa II convocou o Sinédrio para decidir se os cantores levitas teriam o direito de usar vestes de linho semelhantes às dos sacerdotes (*Ant.* 20.216-218).

Conforme a Mishná, o Sinédrio era composto por 71 membros (*Sinédrio* 1.6). Entre os grupos mencionados em conexão com a instituição estão sacerdotes-chefes (cf. Mt 26,57-59; Mc 14,53-55), escribas, fariseus, saduceus e anciãos. Ou seja, sua composição consistia em homens muito importantes, tanto religiosos quanto leigos, que possuíam grande poder para julgar indivíduos pelas ofensas mais variadas. Em um caso memorável, o Apóstolo Paulo compareceu perante o Sinédrio, teve uma discussão acalorada com o sumo sacerdote e tirou vantagem das visões contraditórias de fariseus e saduceus a respeito da vida após a morte (At 22,30-23,10; cf. At 4,6; 5,17, 21; 6,12-7,60).

O debate sobre se o Sinédrio possuía autoridade para executar aqueles cujos crimes recebessem tal penalidade é antigo, e uma das razões para o destaque que essa questão tomou está em João 18,31, onde os acusadores do comportamento criminoso de Jesus são citados dizendo "Não nos é permitido matar ninguém".

Noutros trechos, contudo, tem-se a impressão diversa de que o poder de aplicar a pena capital efetivamente existia (quando Herodes foi julgado, por exemplo, aparentemente havia inclinação para matá-lo, cf. *Ant.* 14.177). É possível que as autoridades romanas de fato permitissem ao Sinédrio executar os culpados da violação de importantes leis judaicas, tampouco está absolutamente claro que João 18,31 se refira a uma reunião do conselho.

4.2 Grupos

No âmbito da população judaica em geral, formas outras de influência eram exercidas por alguns poucos grupos citados nas fontes.

4.2.1 Período do Segundo Templo: Inícios

Como vimos diversas vezes, nossas fontes para os primeiros séculos do Período do Segundo Templo são particularmente escassas, e como resultado as diversas facções que podem ter existido no seio do povo judeu não são bem conhecidas, e se esse fato tem validade para a Judeia, é ainda mais pertinente com relação à diáspora. Ainda assim, os pesquisadores têm tentado, a partir da análise rigorosa dos textos, arrancar evidências de grupos e pontos de vista diversos existentes durante esse tempo.

Tem-se afirmado, por exemplo, que na primeira comunidade restaurada citada na Bíblia existiam defensores de opiniões sacerdotais, hieráticas e estáticas, contra as quais se levantavam visionários que buscavam por uma intervenção divina mais poderosa nos assuntos humanos do que então se via durante a restauração – o retorno relativamente modesto dos exilados e a reconstrução do Templo de Jerusalém. Houve, certamente, divergências sobre as relações com outros povos, conforme demonstrado pelos livros de Esdras e Neemias, dois líderes que se opuseram vigorosamente à assimilação, muito embora o povo comum celebrasse matrimônios com grupos étnicos próximos (algo que, de resto, ocorreu também com sacerdotes e outras lideranças; cf. Esdras 9,1-2) e interagiam com eles de outras formas. Sabemos bem que enquanto alguns atribuíam grande autoridade aos livros mosaicos, outros até os usavam, mas apelavam também para tradições mais amplas – exemplos dessa última abordagem são os primeiros textos de Henoc, que se basearam em fontes para além do que Gênesis tinha a dizer a respeito do sétimo homem da linhagem de Adão. Da mesma forma, mesmo nos círculos sacerdotais também parecia haver dissenso: os sadoquitas mantiveram o controle do Templo de Jerusalém, mas o autor do Testamento de Levi em aramaico pode ter pertencido a um grupo de oposição aos ocupantes do cargo, vinculando seus ensinamentos à figura pré-araônica de Levi.

No Período Helenístico, especialmente na Judeia do fim do século III e começo do II AEC, houve facções pró-ptolemaicas (muitos dos Tobíadas, por exemplo) e pró-selêucidas (Onias II, o sacerdote do Romance Tobíada, ou ainda os irmãos de Hircano na mesma história, talvez?).

Quando os asmoneus lograram vitórias sobre as forças selêucidas, tornaram-se uma força poderosa na sociedade judaica, e sua influência aumentou ainda mais quando assumiram o controle do sumo sacerdócio. Nem todos foram somente aplausos perante essa ascensão ao poder, como podemos inferir a partir de fontes como 1Mc 14 e, provavelmente, a literatura sectária qumrânica. A comunidade por trás dos pergaminhos parece ter surgido no começo do período dos macabeus, muito embora a mudança para Qumran tenha ocorrido mais tarde. O pequeno grupo que vivia ao redor do centro da comunidade era, aparentemente, um bando de dissidentes que podia traçar suas visões a fontes bem mais antigas, como a literatura enóquica e os Jubileus.

4.2.2 Período Helenístico Tardio e a dominação romana

Flávio Josefo menciona, pela primeira vez, os três maiores partidos judaicos (fariseus, saduceus e essênios) em sua narrativa a respeito do regime de Jônatas como sumo sacerdote e líder militar (152-142 AEC; *Ant.* 13.171-172; *GJ* 2.119-166). Noutras partes dos seus escritos, ele cita membros individuais desses grupos, mas em duas passagens específicas oferece descrições mais informativas sobre o que os distinguia. A julgar pela extensão desses trechos, ele considerava os essênios os mais interessantes, muito embora afirmasse ter se filiado às ideias dos fariseus.

Fariseus

Josefo descreve o ideário dos fariseus em duas seções de seus escritos, *GJ* 2.162-163, 166, e *Ant.* 18.12-15. Para além desses, ele menciona o grupo em diversos momentos de suas narrativas. Um dos seus elementos mais destacados, afirmou o historiador, é que eles eram os "mais precisos intérpretes da lei"

(*GJ* 2.162; cf. *Ant.* 17.41; *Vida* 191; Atos dos Apóstolos 22,3, cf. 23,6). A interpretação tradicional que desenvolveram é, talvez, o elemento que mais os distinguia dos demais grupos, pois como descrito nas *Antiguidades Judaicas*, "os fariseus, que receberam estas constituições pela tradição de seus antepassados, as ensinaram ao povo, mas os saduceus as rejeitavam, porque elas não estão compreendidas entre as leis dadas por Moisés" (13.297; cf. 13.408). Marcos 7,5, que se refere aos escribas e aos fariseus, descreve tais "constituições" ou "regulações" como "a tradição dos antigos" (cf. Mt 15,2). O tema dessas passagens parece ser a tradição, passada oralmente adiante, de como interpretar e aplicar a Lei de Moisés na vida cotidiana. Embora houvesse não mais que 6 mil fariseus (*Ant.* 17.42), Josefo atribui a esse pequeno grupo populacional uma considerável influência sobre as massas e as autoridades (*Ant.* 18.15; 13.288, 298). É possível que o termo *fariseu* (do hebraico *Pərūšīm,* םישורפ) significasse "os separados" da impureza. Questões relativas à pureza e à impureza eram muito importantes para eles, e se consideravam numa posição muito mais superior que a maioria dos demais judeus. Embora alguns fossem sacerdotes, aparentemente não havia muitos deles incluídos na linhagem de Aarão.

Flávio Josefo cita diversas outras crenças cultivadas pelos fariseus que os distanciavam dos outros grupos, especialmente dos saduceus. Eles acreditavam que tanto o destino quanto as decisões humanas contribuíam para as ações das pessoas, e que haveria uma vida após a morte na qual os justos ressuscitariam e os maus padeceriam em sofrimentos sem fim (*GJ* 2.162-163; *Ant.* 18.12-14, em que ele observa o estilo de vida simplificado que levavam). Atos dos Apóstolos 23,8 acrescenta que acreditavam em anjos e espíritos.

Em suas referências narrativas aos fariseus, Josefo indica que foram influentes durante o reinado de João Hircano (134-104 AEC); desconhecemos a extensão de sua influência antes disso. O monarca, contudo, rompeu com o grupo após um fariseu de nome Eleazar exigir que ele, se quisesse ser correto, abdicasse do sumo sacerdócio e mantivesse tão somente o governo civil da nação. Quando João foi convencido, por um amigo saduceu, que Eleazar falava não apenas por si mesmo, mas pelo grupo como um todo, decidiu abolir "todos os seus estatutos e mandou castigar os que continuavam a observá-los" (*Ant.* 13.296; cf. 13.291-298 inteiramente). Diante disso, os fariseus parecem ter perdido qualquer forma de poder oficial que eventualmente exerciam no início do reinado de Hircano.

Sob o governo de Alexandre Janeu (103-76 AEC) eles (e outros) foram tratados com dureza, incluídos entre os crucificados por fazerem oposição ao rei. Em seu leito de morte, o monarca implorou à sua esposa e sucessora, Salomé Alexandra, que procurasse "conquistar o afeto dos fariseus, dando-lhes alguma autoridade, a fim de que a honra que lhes concedeis os leve a louvar publicamente, perante o povo, a vossa magnanimidade" (13.400; cf. 13.379-383 com 13.398-404). Alexandra seguiu os últimos desejos de seu finado marido, e os fariseus, que jamais haviam perdido sua influência junto ao povo, reconquistaram seu poder oficial. Seus estatutos foram restaurados (13.405-409) e "ela tinha só o nome de rainha e os fariseus gozavam de todo o poder que lhes dava a realeza" (13.409).

Após o reinado de Salomé, as menções a eles tornam-se mais esporádicas. Sob Herodes, ainda que tratasse favoravelmente alguns deles, executou outros tantos por lhe fazerem oposição (cf. *Ant.* 15.370; 17.41-46). Fariseus ocuparam posições importantes durante a revolta contra Roma (por exemplo, *Vida* 197), enquanto os Evangelhos no geral os mencionam sob uma luz desfavorável (por exemplo, Marcos 7,1-13; Mateus 23), e sabemos que alguns deles eram membros do Sinédrio (cf., por exemplo, Atos dos Apóstolos 23).

O epíteto "procuradores das coisas suaves" que aparece em alguns dos escritos do Mar Morto (o *Comentário sobre Naum*, por exemplo) é uma expressão da atitude crítica expressa pelos essênios de Qumran, para quem os fariseus não buscavam as "leis" (*halakhot*), mas sim o caminho mais fácil, suave (*ḥalaqot*). Esse ponto de rivalidade interpartidária é um lembrete útil de que, por mais que os fariseus possam parecer juridicamente pedantes nos Evangelhos e na tradição cristã, pelo menos alguns de seus contemporâneos os consideravam excessivamente negligentes nesse aspecto (cf. também *Ant.* 13.294 a respeito de sua leniência em relação às punições). Normalmente, considera-se que, com algumas mudanças, a ideologia e a abordagem dos fariseus sobreviveram à destruição de 70 EC na forma do judaísmo rabínico, e que os primeiros textos rabínicos, como a Mishná, incorporam muitos de seus ensinamentos.

Saduceus

O termo saduceus (do hebraico צְדוּקִים, *ṣadduqim*) pode ter derivado do nome Zadoque (צָדוֹק, *ṣadoq* em hebraico), provavelmente o mais importante sacerdote dos tempos de Davi e Salomão. Restringindo-nos somente às fontes do Segundo Templo, é mais uma vez Flávio Josefo quem oferece as informações mais significativas, mas seu testemunho pode ser suplementado por algumas passagens do Novo Testamento e, talvez, dos rolos de Qumran, os quais, segundo certos especialistas, contêm uma forma saduceia da lei.

Os saduceus incluíam indivíduos de elevado *status*, alguns dos quais eram sacerdotes-chefes – por exemplo, em *Ant.* 13.298, Josefo afirma que "as pessoas de classe mais elevada abraçaram o [partido] dos saduceus, e o povo alinhou-se com os fariseus"; descrição similar pode ser encontrada em 18.17: os "adeptos dessa seita são em pequeno número, mas ela é composta de pessoas da mais alta condição. Quase sempre, nada se faz segundo o seu parecer, porque quando eles são elevados aos cargos e às honras, muitas vezes contra a própria vontade, são obrigados a se conformar com o proceder dos fariseus, pois o povo não permitiria qualquer oposição a estes". Seja qual for o significado dessas afirmações, e o viés que o fariseu Josefo possa eventualmente estar refletindo, elas verdadeiramente sugerem um *status* social diferenciado para os membros de ambos os grupos. Há, também, passagens que conectam certos sumo sacerdotes aos saduceus – o historiador menciona Anás, que reuniu o Sinédrio para condenar Tiago, irmão de Jesus: "homem ousado e empreendedor, da seita dos saduceus, que, como dissemos, são os mais severos de todos os judeus e os mais rigorosos nos julgamentos" (*Ant.* 20.199). Outro caso é encontrado em At 5,17, em que é mencionado o sumo sacerdote "e todos os seus partidários – isto é, a seita dos saduceus – cheios de inveja [...]". Seria precipitado concluir que todos os sumo sacerdotes eram saduceus, mas alguns certamente eram.

Uma de suas características mais conhecidas é seu suposto reconhecimento exclusivo da lei escrita como a única autoritativa, rejeitando, portanto, as tradições dos anciães defendidas pelos fariseus. Como disse Josefo, após mencionar as concepções farisaicas, "os saduceus as rejeitavam, porque elas não estão compreendidas entre as leis dadas por Moisés, que eles afirmam serem as únicas que estão obrigados a observar" (*Ant.* 13.297; cf. 18.16: "a única coisa que nós somos obrigados a fazer é observar a lei"). O sentido exato dessa afirmação é discutível: alguns concluíram que os saduceus aceitavam nada que não a Lei de Moisés como Escritura Sagrada, mas não parece ser isso que Josefo está dizendo. Antes, ele relata que, em questões legais, eles rejeitavam os regulamentos não escritos dos fariseus; não há menção às suas visões relativamente a outras partes dos textos sagrados, e inexiste evidência de que saduceus e fariseus divergissem com relação a quais livros eram autoritativos.

Os textos de Qumran podem contribuir para ilustrar a situação: já foi demonstrado que um texto como *Alguns dos trabalhos da lei* (4MMT) expressa certos posicionamentos legais identificáveis como saduceias na Mishná (Yadayim 4.6-7). Da mesma forma, em diversos casos (embora não em todos), os preceitos legais dos textos sectários podem ser caracterizados como mais estritos ou severos que seus correspondentes farisaicos/rabínicos, de modo que também assim é possível reconhecê-los como saduceus em caráter. O que parece estar dado é que os saduceus e os sectários de Qumran assumiam uma abordagem mais restrita e conservadora no que tange à interpretação e à aplicação da Lei Mosaica, abordagem essa que pode muito bem ter sido mantida e transmitida por círculos sacerdotais, os quais não parecem ter aderido à tradição oral, dos anciães, tão característica dos fariseus, muito embora claramente possuíssem tradições, algumas das quais registradas por escrito, como é o caso dos textos qumrânicos.

As fontes informam que saduceus e fariseus diferiam em diversos ensinamentos, e um texto coloca essa questão sucinta e claramente: Atos dos Apóstolos (23) narra a história do comparecimento de Paulo perante o Sinédrio, formado por membros de ambos os grupos: "Os saduceus negam a ressurreição e a existência de anjos e espíritos, ao passo que os fariseus acreditam numa e noutra coisa" (23,8). Paulo, ele mesmo um fariseu, passou a explorar as diferenças e semear a cizânia na assembleia (cf. *Ant.* 18.16; *GJ* 2.165). Essa afirmação concernente à negação saduceia dos anjos e dos espíritos é peculiar, pois tais criaturas eram mencionadas na Lei Mosaica, bem como noutras partes das Escrituras. Talvez eles apenas rejeitassem certas formas de angelologia que alguns dos seus contemporâneos haviam produzido (os essênios, por exemplo). Além dessas concepções, Flávio Josefo também afirma que os saduceus defendiam o livre arbítrio: "Dizem que está em nós fazer o bem ou o mal segundo nossa vontade nos leva a um ou a outro, e as almas não são nem castigadas nem recompensadas num outro mundo" (*GJ* 2.165).

Como vimos, Josefo nos conta que os fariseus eram influentes no começo do reinado de João Hircano, mas este rompeu com eles quando seguiu o conselho de um amigo saduceu, algo que supostamente teria levado o grupo a uma posição mais dominante na administração real. Se isso de fato ocorreu, tal influência se perdeu durante o reinado de Salomé Alexandra, que supostamente entregou amplamente o controle da nação a mãos farisaicas. Ainda que seu *status* possa ter variado ao longo do tempo, alguns dos saduceus possuíam assentos no Sinédrio (cf. At 23).

Essênios

Dos três grupos judaicos que distingue, é dos essênios de que Flávio Josefo mais fala. O mais longo trecho a respeito deles encontra-se em *GJ* 2.119-161, enquanto há outros mais curtos *Ant.* 13.171-172 e 18.18-22. Da mesma forma, ele se refere individualmente a alguns em suas narrativas (por exemplo, *Ant.* 15.371-379, em que o essênio Menaém, ou Menachem, previu que Herodes se tornaria rei). Também Fílon de Alexandria se refere a eles (*Todo o homem bom é livre* 75-91), assim como Plínio o Velho, o naturalista romano, que descreve o que aparenta ser a comunidade de Qumran em sua *História natural* 5.73. Estranhamente, o Novo Testamento jamais os menciona sob qualquer termo reconhecível.

Há muito se discute o sentido no termo *essênios*, e em minha opinião a proposta mais provável é a que significa "aqueles que fazem" (a lei). Aparentemente não perfaziam um grupo tão grande quanto os fariseus: tanto Josefo quanto Fílon afirmam ter havido mais de quatro mil deles (*Ant.* 18.21; *Todo o homem bom é livre* 75), que podiam ser encontrados ao longo das cidades israelitas (*GJ* 2.124). Seu modo de vida certamente capturou a atenção daqueles que os descreveram, e nas palavras de Josefo, formavam comunidades muito unidas, evitavam luxos, riquezas e o casamento (embora não se tratasse de um princípio), exercendo um notável autocontrole em todos os sentidos. O historiador produziu um longo relato de seu modo de vida e observa a prática dos indivíduos entregarem seus bens à comunidade quando se juntavam ao grupo. Eles cuidavam de si mesmos (dos membros do grupo e dos visitantes) usando o tesouro comunal, fazendo assim desaparecer as distinções sociais trazidas pela riqueza. Ele descreve seu regime diário de orações, trabalho, banho, uma refeição, trabalho e outra refeição final. Sua palavra era bastante confiável e alimentava grande interesse pelos escritos dos antigos.

O processo admissional do grupo, que durou por anos, também capturou a atenção de Josefo, que cita seus diferentes estágios e o juramento solene prestado pelos aspirantes. Suas práticas judiciais e encontros comunais foram igualmente notados, e sua observância estrita do *Shabat* (mais severa que qualquer outra) recebeu destaque. O historiador descreve os quatro níveis em que se distribuíam os membros dos grupos essênios, e os sofrimentos pelos quais padeceram durante a guerra contra Roma. Ele fala da precisão de suas previsões e da crença na imortalidade da alma (uma fonte posterior, Hipólito, diz que eles anteciparam a ressurreição dos justos). Flávio Josefo também relata que havia uma ordem de essênios em que era permitido o casamento. A esse sumário da longa seção a eles dedicada nas *GJ*, adicionamos, a partir das *Ant.*, que eles atribuíam todas as ações humanas ao destino, realizavam seus próprios ritos sacrificiais, trabalhavam a terra e não possuíam escravos.

Se, como parece altamente provável, a comunidade de Qumran era um ramo dos essênios, seus escritos sectários nos permitem compreender a postura legal do grupo, sua extensa e bem-informada interpretação das escrituras, a ênfase no louvor e nas preces e, por fim, suas opiniões a respeito de outros partidos judaicos. A estreita semelhança entre as práticas e visões essênias apresentadas nas fontes antigas com o que é encontrado na *Regra da comunidade* de Qumran e noutros textos sectários, juntamente à localização fornecida por Plínio o Velho do grupo às margens do Mar Morto, levou, como vimos, um grande número de especialistas a concluir que eles pertenciam àquele partido.

Outros

Essas são, portanto, as informações esboçadas por Flávio Josefo dos grupos judaicos que chegaram até nós, as quais são eventualmente suplementadas por outras fontes. Mas é de se supor que, na Galileia e na Judeia (isso sem falar da diáspora) do Período do Segundo Templo, houvesse mais do que três grupos ou pontos de vista, e mesmo nesses três enfatizados não seria de se estranhar que existissem diferenças de opiniões e diversas diferenças surgidas com o passar do tempo. Um outro grupo que o historiador chega a mencionar é a assim chamada "quarta filosofia", liderada por um homem conhecido por Judas o Galileu e ao qual ele dedica uma seção logo após o breve relato a respeito das outras três "filosofias" (fariseus, saduceus e essênios) (*Ant.* 18.23-25). "Está em tudo de acordo com a dos fariseus, exceto que aqueles que fazem profissão para adotá-la afirmam que há um só Deus, ao qual se deve reconhecer por Senhor e Rei. Eles têm um amor tão ardente pela liberdade que não há tormentos que não sofram ou que não deixem sofrer as pessoas mais caras antes de atribuir a quem quer que seja o nome de senhor e mestre" (*Ant.* 18.23).

Josefo os menciona em conexão com o censo feito por Públio Sulpício Quirino após a deposição de Arquelau em 6 EC, e em *GJ* 2.118 atribui a Judas o incitamento à revolta e a crítica aos seus contemporâneos "porque pagavam tributo aos romanos, quase igualando homens a Deus, pois os reconheciam também como senhores. Judas [era um sofista e] foi o autor de uma nova seita, inteiramente diferente das três outras". À luz do já citado relato de Josefo, referente às extensas convergências entre esse grupo e os fariseus, esse último comentário é inusitado. Em *Ant.* 18.4, lemos que Judas procurou, e conseguiu, o apoio de Sadoque, um fariseu, para instigar o povo a se opor ao censo, visto como uma forma de escravização. Ao apreciá-los e ao que tinham promovido, Josefo afirma que ambos plantaram as sementes da rebelião que, mais de seis décadas depois, levaria aos eventos de 70 EC (*Ant.* 18.6-10). Há, inclusive, uma conexão genealógica entre Judas e duas lideranças da revolta de 66-70: Menaém, ou Menachem, que tomou Massada em 66 e durante um tempo comandou a insurreição em Jerusalém, era filho dele (*GJ* 2.433); enquanto Eleazar ben Jair, líder do grupo de Massada, era seu neto (7.253). Não obstante, o historiador não se refere aos rebeldes seguidores de Judas como zelotes ou sicários: quaisquer que sejam as origens desses dois grupos, proeminentes durante a guerra contra Roma, pelo menos Josefo não os chama pela mesma denominação da quarta filosofia.

Há que se mencionar também os *Terapeutas* descritos por Fílon de Alexandria em *Sobre a vida contemplativa*: o filósofo os descreve como uma reunião de homens e mulheres que haviam se retirado para o Lago Mareótis, próximo a Alexandria, no Egito, onde levavam suas vidas de um modo que frequentemente lembrava o dos essênios. Havia ainda outros grupos, como os samaritanos, que possuíam sua própria e longa história, que incluía grandes conflitos com os habitantes da Judeia, e cujo centro era o Monte Gerizim, norte de Jerusalém; tinham suas próprias escrituras sagradas (que incluíam a Torá) e praticavam ritos específicos.

4.3 A Adoração

Durante os quase seis séculos de nosso período, a adoração esteve centrada no Templo de Jerusalém, mas surgiram também outros locais destinados ao estudo, à oração e ao louvor.

4.3.1 O Templo

Enquanto esteve de pé, o Segundo Templo definiu a extensão do período que estudamos, e em termos fundamentais, esse complexo arquitetônico hierosolimitano foi o centro do judaísmo tanto para aqueles vivendo na região quanto para os espalhados diáspora afora.

A estrutura do Templo

Dispomos de poucas informações sobre a estrutura do Segundo Templo em si até que Herodes o transformasse drasticamente a partir de 20 AEC. Segundo o decreto do Xá Ciro preservado no Livro de Esdras, a Casa do Senhor deveria ser "reconstruída como lugar em que se imolam sacrifícios e seus alicerces devem ser restaurados. Sua altura será de trinta metros e a largura também de trinta metros; terá três fileiras de pedras talhadas e uma de madeira. As despesas devem correr por conta do tesouro real" (6, 3-4). Tais dimensões são surpreendentes, pois as referentes ao Templo de Salomão eram de "trinta metros de comprimento, dez de largura e quinze de altura" (1Rs 6,2). A altura do Segundo Templo seria, portanto, o dobro da do primeiro, e sua largura três vezes maior – algo que vários comentaristas consideram altamente improvável. É possível que se tratasse de limites máximos, estabelecidos pelo xá para demonstrar o quanto ele estava disposto a gastar.

Descontando a passagem de Esdras, não dispomos de virtualmente qualquer descrição do Segundo Templo no intervalo entre sua reconstrução, 516/515 AEC, e as reformas de Herodes. A bem da verdade, Flávio Josefo cita Hecateu de Abdera, um escritor grego contemporâneo de Alexandre o Grande e Ptolomeu I, que descreveu uma muralha com mais de 150 metros de comprimento e mais de 45 de largura, que contava com duas entradas e circundava a área do templo. Ele menciona um altar quadrangular com quase dez metros em cada lado e outros cinco de altura, e diz existir um prédio adjacente que continha um altar e um candelabro, ambos perpetuamente iluminados. Além disso, observa a ausência de qualquer imagem no edifício (*CA* 1.198-199). Uma outra fonte disponível é a Carta de Aristeias, que apresenta o que parece ser uma imagem relativamente idealizada do templo, seus conteúdos e rituais: "no topo do monte onde o templo fora construído, pairando sobre tudo. Circundavam-no três muralhas, com mais de setenta cúbitos de tamanho e largura proporcional, como também o era a largura do equipamento da casa; tudo fora edificado magnificamente, com gastos, sob qualquer aspecto, soberbos" (*Ca.Ar.* 84). Ele também menciona que a casa estava "voltada para o oeste" (88) e lhe impressionou sobremaneira o sistema hídrico, que incluía imensos reservatórios subterrâneos e interconectados (89-91). Aristeias afirma ter podido ver tudo a partir da cidadela próxima, fortificada com diversas torres e que servia como estrutura defensiva para o complexo (100-104). Em sua deslumbrante descrição de Simão, o sumo sacerdote, e do seu serviço no templo,

Ben Sirac diz que "durante sua vida restaurou o Templo, e em seus dias fortificou o santuário. O alicerce do edifício duplo foi feito por ele, o alto contraforte da muralha do Templo. Em seus dias foi cavado o reservatório das águas, cuja bacia tinha quase o tamanho do mar" (Eclo 50,1-2). Essa descrição, que lembra muito a de Aristeias (observe-se as muralhas circundantes e o sistema hídrico), indica que o templo precisou passar por reparos e era uma estrutura fortificada. Os esforços reconstrutivos de Simão são frequentemente relacionados aos danos causados na guerra, quando o rei selêucida Antíoco III arrebatou o controle da Palestina ao reino ptolomaico (c. 200 AEC). Esse monarca escreveu uma carta, citada por Josefo, em que se refere a consertos que talvez se fizessem necessários após os recentes conflitos (*Ant.* 12.141). É possível, contudo, que o Simão de Ben Sirac fosse não o II, mas sim o I que vivera cerca de um século antes, um período igualmente marcado por batalhas destrutivas.

Diversos textos afirmam que o templo era enriquecido por presentes magníficos, usualmente entregues por monarcas estrangeiros. Vimos que o decreto de Ciro incluía uma ordem para que os custos da construção fossem pagos pelo tesouro real, e Dario I executou esse decreto (Esd 6,8). Da mesma forma, em 458 AEC, Artaxerxes I embelezou grandemente a construção, com presentes ostentosos que ele e seus conselheiros enviaram sob os cuidados de Esdras (7,11-24). Mais tarde, já em tempos helenísticos, diz-se que Ptolomeu II enviou doações impressionantes para o santuário (*Ca.Ar.* 33, 42, 51-82). Antíoco III realizou suas contribuições ao templo, ao serviço sacrificial e ao corpo clerical graças ao apoio e à calorosa acolhida que havia recebido dos habitantes de Jerusalém em sua última guerra contra os ptolomeus (*Ant.* 12.138-144); também é creditado a ele um decreto estipulando que nenhum estrangeiro deveria ser admitido nos recintos do templo (12.145). Após os selêucidas conquistarem a região, Seleuco IV (187-175 AEC) arcou com os custos do serviço do templo, como outros monarcas já haviam feito no passado (2Mc 3,2-3). Josefo descreveu nove portões do templo que haviam sido cobertos com ouro pelo irmão rico de Fílon, Alexandre (*GJ* 2.201-205).

Além dos danos impostos ao edifício no tempo de Antíoco III, a construção necessitou de grandes reformas após ser vilipendiada durante o reinado de Antíoco IV, que:

> [...] entrou com arrogância no santuário, retirou o altar de ouro, o candelabro da luz com todos os seus acessórios, a mesa dos pães da

> proposição, os cálices de libação, as taças, os turíbulos de ouro, o véu, as coroas, as decorações de ouro da fachada do Templo. Tudo foi arrancado. Tirou a prata, o ouro, os objetos preciosos, inclusive os tesouros escondidos que descobriu. Apoderou-se de tudo e voltou para seu país, depois de ter causado grande mortandade e proferido palavras de extrema arrogância (1Mc 1,21-24; cf. 1,39).

Anos depois, quando as forças macabeias conseguiram chegar ao monte do Templo e o reconsagrar, o cenário era desolador: "o santuário abandonado, o altar profanado, as portas queimadas, arbustos crescendo nos pátios como nos bosques ou nas montanhas, os alojamentos destruídos" (4,38). Judas e seus homens começaram a trabalhar no templo e na área circundante: construíram um novo altar para a queima das oferendas, pois o antigo havia sido profanado por sacrifícios pagãos, e "restauraram o lugar santo, como também o interior da Morada, e santificaram os átrios. Confeccionaram novos utensílios sagrados e recolocaram no Templo o candelabro, o altar dos perfumes e a mesa" (4,48-49). Pelo que é dito nessa descrição, as reformas foram extensas.

Em 159 AEC, o sumo sacerdote Alcimo "mandou derrubar o muro do átrio interno do lugar santo, desfazendo assim a obra dos profetas" (1Mc 9,54), mas aparentemente, essa tentativa de acabar com a distinção entre os pátios interno e externo não foi completada (9,55). Simão, o sumo sacerdote macabeu, "fortificou ainda mais a colina do Templo, na parte próxima à fortaleza, e passou a morar ali com seus companheiros" (13,52), bem como "recobriu de glória o lugar santo e multiplicou os utensílios do santuário" (14,15). Após ser atingido por frutos atirados por peregrinos que tinham ido ao templo para a Festa dos Tabernáculos, Alexandre Janeu mandou construir um muro de madeira em volta do altar e do próprio templo para evitar que o povo tivesse acesso tão livre a ele enquanto estivesse oficiando o sacrifício (*Ant.* 13.372-373). O santuário foi mais uma vez danificado quando Pompeu o cercou: suas máquinas bélicas lançaram grandes pedras contra o edifício e destruíram algumas das torres defensivas à sua volta. Embora se diga que muitos sacerdotes morreram no cumprimento dos seus deveres sacrificiais, o general romano entrou no templo, inclusive no Santo dos Santos, não permitiu mais destruições, ordenou sua limpeza e a retomada dos serviços religiosos (14.58-73). E quando Herodes tomou Jerusalém, após ser nomeado rei, alguns recintos foram incendiados, mas nenhuma outra avaria foi mencionada (14.476).

As referências aos pátios e às dependências sacerdotais são recordações de que o complexo arquitetônico incluía mais do que um edifício relativamente simples (o templo propriamente dito). Como em sua primeira versão, aparentemente englobava três seções: o pórtico (cerca de cinco por dez metros), o santuário maior (cerca de dezoito por dez metros) e o santuário menor, ou Santo dos Santos (cerca de dez por dez metros); mas muito mais era necessário para o funcionamento de um centro nacional de adoração: residências para os sacerdotes a serviço e espaços para animais, materiais e equipamentos para os sacrifícios (cf. Ne 13,4-9), bem como para as muitas pessoas que vinham participar dos sacrifícios e demais ritos religiosos e festivais de peregrinação. As referências supracitadas apontam para a existência das dependências sacerdotais e de pelo menos dois pátios dentro do perímetro do templo, mas não fornecem números ou dimensões precisos. Já em Ne 8,16, lemos a respeito dos pátios do templo, mas não quantos existiam, ou quais seriam suas dimensões – Hecateu de Abdera nada diz a respeito de múltiplos pátios.

Planta baixa do Templo de Herodes

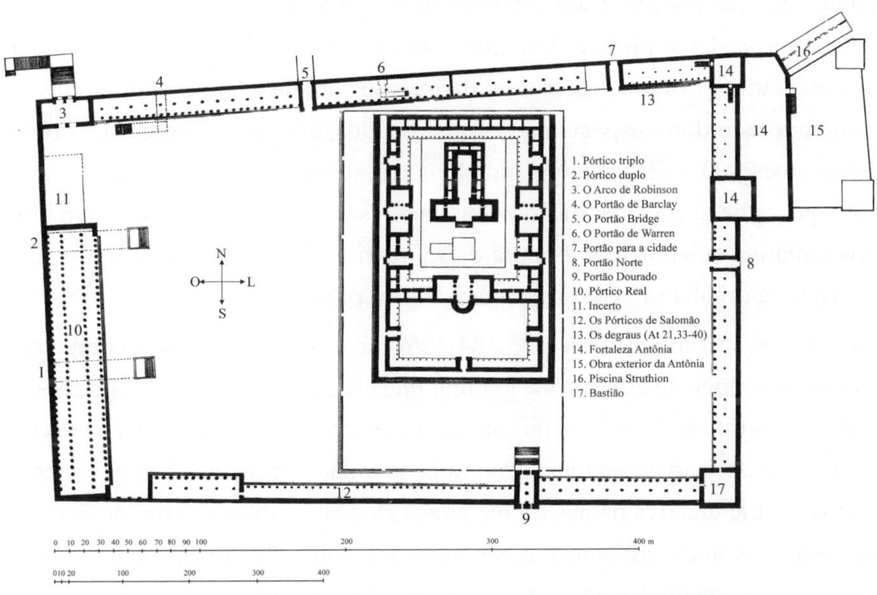

Possuímos informações mais detalhadas sobre o Templo de Herodes. Nas *Ant.* 15.380, Flávio Josefo começa a narrar como o monarca reconstruiu o santuário, data o início do processo no décimo oitavo ano do reinado (20 AEC) e diz que o edifício, entre todos os feitos arquitetônicos de Herodes o mais magnífico, foi pensado pelo rei como um memorial eterno à sua própria imagem – projetando--o, talvez, à dimensão de Davi e Salomão. Ele preparou a população para seus planos ousados por meio de um discurso público no qual afirmou ter levado a nação a um nível de progresso jamais experimentado. Embora seu exercício retórico não tenha acalmado completamente as preocupações, ele prometeu não derrubar a velha estrutura até que todos os materiais necessários à nova edificação estivessem à mão. Só então o Antigo Templo foi destruído até as fundações (que foram igualmente removidas, com novas sendo construídas), e um templo com aparentemente 45 metros de comprimento e o mesmo de largura (*GJ* 5.207) foi erguido em seu lugar. Uma enorme parte do trabalho foi destinada a reforçar o monte do templo por meio de muralhas que atingiam grandes alturas e eram construídas com enormes pedras. Para colocá-las em seus devidos lugares e preencher áreas mais baixas, a superfície da área do templo foi expandida. Um trecho dessas muralhas é hoje conhecido como o *Muro Ocidental* (antigo *Muro das Lamentações*), a parte da edificação de Herodes que ainda pode ser vista. O próprio rei acompanhou a construção das estruturas circundantes e dos recintos – a única na qual poderia estar diretamente envolvido por não ser um sacerdote. A finalização desse projeto demorou oito anos (*Ant.* 15.420). O relativamente pequeno santuário situado ao centro do imenso complexo arquitetônico foi construído por sacerdotes especialmente qualificados, que completaram sua obra em dezoito meses (15.421). Alguns trabalhos prosseguiram anos a fio (cf. Jo 20, em que o povo diz que a construção já durava 46 anos), e no reinado de Nero houve uma tentativa de aumentar a altura do santuário em dez metros, mas a irrupção da primeira revolta impediu a execução desse plano.

Em *Ant.* 15.380-420 e em *GJ* 5.184-226, Flávio Josefo descreve o complexo do templo em grande detalhe, e vale lembrar que ele era um sacerdote, logo conhecia de perto a estrutura. Tal fato torna valiosa sua descrição, ainda que divirja em certos pontos da descrição do templo encontrada no tratado mishnaico Middot, escrito *a posteriori*. Ele cita três pátios, ou recintos, dos quais o mais externo possuía muitas colunas de mármore branco e pórticos com fileiras duplas ao seu redor; a área inteira era pavimentada com pedras variadas. O pátio do meio, com cerca de treze metros de largura e até onde se chegava subindo quatorze degraus, era rodeado por uma muralha de pedra que continha inscrições em intervalos regulares alertando os estrangeiros a não seguir adiante sob pena de morte (algumas delas foram encontradas pelos arqueólogos). Havia três portões no lado norte e outros tantos no sul, enquanto no leste (direção para onde o templo estava voltado) havia somente um, mas grande, pelo qual se permitia que os judeus purificados e suas esposas pudessem entrar. Havia um pátio especial destinado às mulheres do lado leste, enquanto a parte interna era reservada exclusivamente para os homens ritualmente puros.

O pátio interior só poderia ser alcançado pelos sacerdotes, e dentro dele ficava o santuário em si (cuja fachada media 45 metros de altura e o mesmo de largura), onde se chegava subindo doze degraus. Diante dele, ficava o altar destinado à queima das oferendas (cf. *Ant.* 15.419-420; media 22 por 22 metros e mais de seis metros de altura, *GJ* 5.225). O piso térreo (havia outro acima, com cerca de dezoito metros de altura) tinha 27 metros de comprimento, o mesmo de altura e dezoito metros de largura. No comprimento era dividido em dois segmentos: o Santo Templo com dezessete metros, e o Santo dos Santos, ocupando os dez restantes. No primeiro ficava o candelabro com sete lâmpadas, a mesa para o pão da presença e o altar do incenso. Sobre o Santo dos Santos, disse Josefo: nele "nada havia" (*GJ* 5.219). À volta do santuário propriamente dito, havia estruturas com três andares, com cômodos variados.

O templo inteiro, tornado glorioso pela riqueza e pela habilidade de Herodes, deve ter sido uma visão impressionante. Sobre ele escreveu Josefo:

> Nada havia na face exterior do Templo, que não arrebatasse os olhos de admiração e não enchesse a alma de espanto. Estava todo recoberto de lâminas de ouro, tão espessas, que quando despontava o dia, ficava-se tão arrebatado pela sua beleza como pelos dourados raios do sol. Quanto aos outros lados, onde não havia ouro, as pedras eram tão brancas, que aquela soberba massa parecia, de longe, aos estrangeiros que ainda não as tinham visto, um monte coberto de neve. Todo o telhado do Templo estava semeado e eriçado de pontas de ouro, para evitar que as aves lá pousassem e o sujassem. Uma parte das pedras de que era construído tinha quarenta e cinco côvados de comprimento, cinco de altura e seis de largura (*GJ* 5.222-224).

O Templo de Herodes foi destruído na carnificina ocorrida em 70 EC.

A bem das coisas certas, devemos lembrar que há registro de quatro outros templos existentes em nosso período: o de Elefantina, o de Onias em Leontópolis (ambos no Egito), o santuário tobíada em 'Iraq al-Amir (Jordânia) e o Templo dos Samaritanos no Monte Gerizim. Nenhum deles, contudo, atingiu a importância do de Jerusalém, tampouco durou tanto tempo.

O sistema sacrificial

O templo era um local onde se ofereciam sacrifícios e ocorriam outras cerimônias relativas a esse costume. A legislação sacerdotal bíblica (por exemplo, Lv 1-7) estabelece uma variedade de oferendas exigidas em ocasiões específicas – seja por faltas cometidas ou por celebrações e ação de graças. Um elemento interessante dessa regulamentação é que estabelecia preceitos relativos ao *status* financeiro dos oferentes: exigia-se menos de um pobre (cf., por exemplo, Lv 5,7-13). O altar recebia dois sacrifícios diários e mandatórios: Êxodo 29,38-42 estipula que a cada dia um cordeiro deveria ser oferecido pela manhã e outro à tarde (no crepúsculo, conforme Nm 28,4-8). Para além desses vários sacrifícios motivados por circunstâncias específicas, havia também instruções detalhadas sobre as oferendas que deveriam ser trazidas no *Shabat* (Nm 28,9-10), no primeiro dia de cada mês (Nm 28,11-15) e nas festas (Nm 28-29). Eles podiam envolver tanto animais vivos quanto alimentos secos, e no geral ambos eram acompanhados por oferendas líquidas (libações). Havia espaços reservados à estocagem de madeira para incinerar os materiais necessários ao sacrifício, os animais e os equipamentos que lidavam com estes últimos, além de meios para lavar o sangue e qualquer eventual refugo. Conforme a legislação bíblica (Ex 28; Nm 18), somente aos sacerdotes era permitido oficiar no altar.

A administração, o templo e a operação do seu sistema sacrificial eram muito custosos. Presentes eram oferecidos de tempos em tempos, já vimos, mas o meio regular para levantar os fundos necessários era a taxa anual de meio siclo cobrada de todos os homens judeus adultos. Êxodo 30,11-16 informa que esse tributo fora imposto ainda no deserto (cf. 38,26), enquanto no tempo de Esdras e Neemias o povo jurou assumir:

> [...] a obrigação de contribuir cada ano com a terça parte de um siclo para o serviço na casa de nosso Deus, isto é, para os pães sagrados, para os sacrifícios diários de alimentos e animais, os sacrifícios regulares dos sábados, das luas novas, das festividades, bem como para as oferendas sagradas, os sacrifícios de expiação pelos pecados de Israel e para qualquer outro serviço na casa de nosso Deus (Ne 10,34-35).

É possível que só posteriormente essa passagem tenha sido compreendida como implicando um pagamento anual (2Cr 24,4-10), e não uma tributação única (conforme ocorria em Qumran; cf. 4Q159 fragmento 1, linhas 6-7). De qualquer forma, o meio siclo se tornou a taxa anual a ser paga por todos os homens judeus acima dos vinte anos, seja na terra de Israel ou na diáspora (cf. *Ant.* 16.162-164; 18.312-313). Há uma referência à coleta do tributo em Mateus 17,24-27. Após 70 EC, todos os judeus do Império Romano passaram a pagar a taxa anual "ao Capitólio, como antes pagavam ao Templo de Jerusalém" (*GJ* 7.218) – ou seja, para o Templo de Júpiter Capitolino.

Os festivais

Uma das importantes funções exercidas pelo templo era ser o local para a celebração das festas. A Bíblia Hebraica fornece instruções para as comemorações anuais e a recordação de importantes eventos da história israelita, além de algumas outras ocasiões que mereciam ser observadas todos os anos. As fontes de informação mais importantes são o Levítico 23 e Números 28-29 (cf. também Dt 16).

(1) Páscoa

A saída do Egito (*Pessach*) deveria ser relembrada no décimo quarto dia do primeiro mês de cada ano. Boa parte da legislação bíblica referente às celebrações pode ser encontrada em Ex 12 e está diretamente relacionada à história da última noite antes do êxodo, o evento comemorado. Um cordeiro ou cabrito de um ano e sem mácula deveria ser escolhido em cada núcleo familiar no décimo dia do mês; após quatro dias seria abatido e seu sangue aspergido nos umbrais das entradas das casas, para que o Senhor visse e passasse adiante quando veio à noite ao Egito. Ex 12 também dá instruções sobre as comidas especiais e o modo como deveriam ser preparadas e consumidas. Para outras páscoas cf. Josué 5,10; 2Reis 23,21-23; 1Crônicas 35,1-19 e Esdras 6,19-22.

(2) Festa do Pão Ázimo

Começando no dia após a Páscoa, havia uma celebração relacionada que durava sete dias e também comemorava a libertação do Egito. Seus primeiro e último dias deveriam ser marcados por reuniões. Ex 12,18-20 explica as duas festas:

> Comereis pães sem fermento desde a tarde do dia quatorze do primeiro mês até a tarde do dia vinte e um. Durante sete dias não haja fermento em vossas casas, pois quem comer pão fermentado será eliminado da comunidade de Israel, seja estrangeiro ou natural do país. Não comereis coisa alguma fermentada. Em todas as vossas moradias comereis pães sem fermento.

Essa proibição é explicada pela pressa com que os israelitas precisaram deixar o Egito: "Com a massa trazida do Egito assaram pães sem fermento, pois a massa não pudera fermentar. É que foram expulsos do Egito e não puderam esperar nem se preparar provisões" (12,39).

Essa celebração era o primeiro dos festivais de peregrinação, nome que deriva do fato de ter sido uma das três ocasiões em que "todos os homens comparecerão diante do Senhor Deus" (Ex 23,17; cf. também 14-15). Na era do Segundo Templo, aparecer perante o Senhor significava viajar até o templo. Teoricamente, a Páscoa não está incluída entre essas festas (muito embora em Dt 16,2 exista a exigência), mas muita gente seguia até o templo para celebrá-la e a Festa do Pão Ázimo (*Chag HaMatzot*), cujas oferendas são mencionadas em Lv 23,8, enquanto Nm 28,19-25 fornece maiores detalhes.

Após a seção que trata da Festa do Pão Ázimo, Levítico também menciona (23,9-14) uma cerimônia chamada *movimentar o ômer*[15] *das primícias da cevada*, quando o sacerdote o "oferecerá com um gesto diante do Senhor, para que seja aceito" (11). A ocasião não possui outro motivo que não garantir que a primeira ceifa do grão fosse apresentada "no dia seguinte ao sábado", mas o tempo desse acontecimento é importante pois servia como ponto de partida para a contagem dos dias até a Festa das Semanas (*Shavuot*).

(3) A Segunda Páscoa

Qualquer um que tivesse se tornado impuro ao tocar um cadáver ou estivesse viajando durante a Páscoa poderia recuperar a festa sagrada, celebrando-a um mês depois, no décimo quarto dia do segundo mês (Nm 9,9-12).

(4) A Festa das Semanas

A Segunda Festa de peregrinação recebeu seu nome do fato de que, para calcular sua data, era preciso contar a partir da cerimônia quando o ômer de cevada era movimentado: "Contareis sete semanas completas a partir do dia seguinte ao sábado, quando trouxestes o feixe de espigas, oferecido com um gesto. Contados assim cinquenta dias até à manhã seguinte ao sétimo sábado, apresentareis ao Senhor uma nova oferta" (Lv 23,15-16). O fato de a cerimônia do ômer não ser

---

15. Unidade de medida para secos [N.T.].

claramente datada levou a alguma imprecisão a respeito de quando a Festa das Semanas deveria acontecer, e como resultado diferentes grupos judaicos divergiam quanto ao assunto: todos celebravam no terceiro mês, alguns no começo e outros, como o autor dos Jubileus e a comunidade de Qumran, situando-o em seu décimo quinto dia. Eles datavam a cerimônia do ômer no dia vinte e seis do primeiro mês, o primeiro após o *Shabat* semanal ocorrido depois da Festa do Pão Ázimo, ou seja, entendiam Lv 23,11-16 de modo literal. Outros liam Lv 23,11 e entendiam que o ritual acontecia no dia seguinte ao primeiro dia da festa (o décimo sexto do primeiro mês, compreendendo a palavra *Shabat* como festa, como às vezes ocorre na Bíblia).

A Festa das Semanas foi associada pelo autor dos Jubileus e pela comunidade de Qumran à aliança estabelecida com Noé e renovada por Abraão, Isaac, Jacó e a nação no Sinai. Todas essas cerimônias ocorriam no terceiro mês (cf. Ex 19,1) segundo os Jubileus. No mundo de fala grega, essa festa se tornou conhecida como Pentecostes, pelo fato de cair no quinquagésimo dia após a cerimônia do ômer. At 2 apresenta um retrato bem conhecido de judeus da diáspora inteira, bem como da própria Judeia, vindo a Jerusalém em peregrinação para tomar parte nessa celebração.

(5) O Primeiro do Sétimo Mês

Em tempos rabínicos, o primeiro dia do sétimo mês (*Tishri*) tornou-se conhecido como *Rosh Hashanah*, ou seja, o dia de ano novo. Jamais recebeu tal nome nos textos bíblicos ou no Período do Segundo Templo, mas está claro que, de todos os primeiros dias dos meses, esse mereceu um *status* especial já na Bíblia Hebraica. Tratava-se de uma data destinada à assembleia litúrgica e ao total repouso (Lv 23,23-25); e Números 29,1-6, além de dar detalhes sobre quais sacrifícios deveriam ser oferecidos, a chama de "o dia solene das Trombetas" (Lv 23,24).

(6) O Dia do Perdão

Levítico 16 e outras passagens datam o Dia do Perdão (*Yom Kippur*) no décimo dia do sétimo mês. Não é, exatamente, um feriado no sentido de ser um tempo para a celebração, mas sim uma data solene:

> Esta será para vós uma lei perpétua: No dia dez do sétimo mês deveis jejuar e não fareis nenhum trabalho, nem o nativo do país, nem o es-

> trangeiro que habita no meio de vós. Porque nesse dia se fará a expiação por vós, para vos purificar. Diante do Senhor sereis purificados de todos os vossos pecados. Será para vós sábado, um dia de descanso absoluto em que fareis jejum; é uma lei perpétua (Lv 16,29-31).

Levítico 16 descreve as oferendas e cerimônias desse dia, único no ano em que se permitia ao sumo sacerdote que entrasse no Santo dos Santos. Faz-se o perdão não somente para o povo, mas também para o santuário, e uma parte conhecida do ritual inclui dois caprinos: após um sorteio, um deles é oferecido ao Senhor, enquanto o outro ao enigmático Azaz'el (16,8; 16,10). O primeiro é uma oferenda pelos pecados cometidos, enquanto o segundo[16] é simbolicamente guarnecido com todos os pecados cometidos em Israel durante o ano e posteriormente expulso para o deserto (16,21-22).

(7) A Festa dos Tabernáculos (ou das Tendas)

Exatamente meio ano após a Festa do Pão Ázimo, ao final da temporada da colheita, os israelitas celebravam a Festa dos Tabernáculos, ou das Tendas (*Sukkot*) (Lv 23,39; o versículo 40 ordena a reunião de quatro tipos de ramos[17] logo no primeiro dia, sem, contudo, explicar seu propósito). Seu nome advém do fato dos israelitas terem vivido em tendas durante a jornada posterior à fuga do Egito (Lv 23,42-43), e parece ter sido uma ocasião relevante já em tempos bem recuados (o Templo de Salomão foi dedicado durante a festa, 1Rs 8,2, 65-66; cf. também Ne 8,13-18) e não perdeu essa importância com o passar do tempo. Uma das descrições mais detalhadas dessa celebração proveniente de fonte datada do Período do Segundo Templo encontra-se em João 7-8, em que as ações e palavras de Jesus durante esse evento são descritas.

Havia dois rituais no festival que se relacionam às palavras ditas por Jesus. O primeiro era buscar água do Poço de Siloé e trazê-la ao complexo do santuário, algo que ocorria durante todos os dias e que deu o mote para que ele chamasse a si mesmo de "água viva" (7,37-39). O segundo era o acendimento de grandes tochas para iluminar o pátio, cenário para o discurso em que Jesus se afirmou "a luz do mundo" (8,12-59). Em algum momento, já no período da Bíblia Hebraica, acrescentou-se um oitavo dia à celebração (cf. Lv 23,36; Nm 29,35-38).

---

16. O "bode expiatório" [N.T.].
17. Do *etróg*, ou cidreira amarela, do murto, das palmeiras e do salgueiro das ribeiras [N.T.].

(8) Hanukkah

Como vimos, o *Hanukkah* foi a festa instituída pelos macabeus para celebrar a rededicação do templo e do altar após ambos terem sido poluídos por cultos estrangeiros. Os primeiros judeus a celebrarem-no decretaram que deveria durar oito dias, a começar no vigésimo quinto dia do nono mês (Kislev; 1Mc 4,52-59). Sua época pode ter sido estabelecida após a Festa dos Tabernáculos, pois 2Macabeus 1,9 o chama de a "Festa das Tendas do mês de Casleu". Flávio Josefo o chama de Festa das Luzes (*Ant.* 12.325; cf. 2Mc 1,8). Jamais citado na Bíblia Hebraica (talvez devido à sua instituição tardia), tampouco aparece nos calendários de Qumran (por sua associação aos macabeus, será?).

(9) Purim

A Festa do *Purim* ("sorteios") é explicada no Livro de Ester como a celebração do livramento dos judeus dos planos de Hamã para exterminá-los e da vitória sobre seus oponentes, e é festejada no décimo quarto dia do décimo segundo mês (cf. também 2Mc 15,36, onde é chamado "dia de Mardoqueu"). Também está ausente dos escritos qumrânicos, assim como nenhuma cópia de Ester foi encontrada nas cavernas, e a razão para tal ausência pode ter se dado pelo fato de o Purim cair, no calendário de 364 dias, num sábado.

Conquanto essas nove festividades fossem celebradas pelo povo judeu, a comunidade de Qumran não reconhecia nem o *Hanukkah* nem o *Purim*, e acrescentou duas festas das primícias: a do Vinho (terceiro dia do quinto mês, ou seja, após a Festa das Semanas), e a do Óleo (no vigésimo segundo dia do sexto mês, ou seja, cinco dias após o anterior; cf. o *Rolo do Templo*, colunas 19-22, por exemplo). Além disso, como seguia um calendário de 364 dias, a comunidade realizava suas celebrações quase sempre em datas diferentes das do restante da nação.

Ocasionalmente, as fontes mencionam outras festividades, como o dia da tomada da cidadela de Jerusalém, ocorrida no tempo de Simão (1Mc 13,52; o vigésimo terceiro dia do segundo mês), ou o Dia de Nicanor (2Mc 15,36, no décimo terceiro dia do décimo segundo mês, véspera do *Purim*), que não foi mais celebrado após 70 EC. Da mesma forma, os judeus alexandrinos celebravam uma data em honra à tradução do Pentateuco para o grego (Fílon, *A Vida de Moisés*, 2.41-43), e em 3Macabeus lê-se que o fim da perseguição descrita no livro se transformou em ocasião para festa (6,30-36; cf. Josefo, *CA* 2.55).

Outras formas de devoção

Não se deve achar que o templo em Jerusalém tenha sido apenas um magnífico local para a oferta de sacrifícios, e nada além disso. Ele possuía essa função, sem dúvida, mas as fontes mencionam a presença de elementos ritualísticos adicionais, além de outros locais nos quais havia adoração.

(1) A música

A Bíblia nos fornece amplas indicações de que, durante a existência do Segundo Templo, a música constituía uma parte significativa do culto: Números 10,10 fala de trombetas que deveriam ser tocadas enquanto as oferendas eram queimadas e durante as festas. Diversos dos nossos documentos traçam a origem dessa música litúrgica ao Rei Davi, o doce cantor de Israel (cf. 2Sm 23,1); Crônicas 1 e 2, reescrituras pós-exílicas de trabalhos mais antigos como Reis 1-2 e que refletem contextos e ideais do Segundo Templo, afirmam que o grande monarca indicou cerca de quatro mil cantores e instrumentistas levitas, que "sabiam cantar hinos ao Senhor com instrumentos musicais que Davi mandou fazer para isso" (1Cr 23,5) e "todas as manhãs devem apresentar-se para cantar graças e louvores ao Senhor, e da mesma forma à tarde, como também durante a imolação de holocaustos ao Senhor aos sábados, no princípio de cada mês e durante as festas, todas sem exceção" (1Cr 23,30-31).

Entre esses levitas, os três maiores grupos eram formados pelos filhos de Asaf, Emã e Iditun, "inspirados tocadores de harpa, lira e címbalos" (1Cr 25, 2-13). Essas palavras, talvez uma referência a Salmos 136,1, são um lembrete de que uma série de salmos bíblicos estão a eles associados: o nome do primeiro aparece nos títulos de Sl 50,73-83, o do segundo no 88 e, por fim, o do último no 77. Outrossim, um outro grupo levita, os coraítas (1Cr 6,22) têm seu nome vinculado aos Sl 42,44-49, 84-85, e 87-88. Há ainda outros indícios que apontam a utilização da música na adoração: os *salmos de Hallel* (Sl 113-118, cf. Mc 14,26; Mt 26,30) eram entoados na Páscoa, enquanto os *de Peregrinação* ou *Romagem* (120-134) eram supostamente cantados quando os peregrinos chegavam a Jerusalém para participar das grandes festas. O título do Salmo 92 o identifica como uma canção para o *Shabat*.

Os livros de Crônicas, Esdras e Neemias contêm muitas referências aos músicos levitas e ao seu trabalho (por exemplo, 2Cr 7,6; 8,14; 15,14; 20,19; 23,13, 18; 30,21; 34,12; 35,15; Esd 2,41, 70; 3,10-11; 7,7; Ne 7,44, 73; 11,17, 22-23;

12,8, 27-29, 36, 42). Uma passagem particularmente descritiva encontra-se em 2Crônicas 29,25-30, na qual o Rei Ezequias:

> [...] mandou que os levitas se apresentassem no templo com címbalos, harpas e liras, segundo as normas fixadas por Davi e por Gad, o vidente do rei, e pelo Profeta Natã. Na verdade, Deus deu ordens por intermédio dos profetas. Os levitas se apresentaram com os instrumentos musicais de Davi e os sacerdotes com as trombetas. Ezequias deu ordem para colocar o holocausto sobre o altar; e logo que começou o oferecimento do holocausto, começou também o canto sagrado e o som das trombetas, acompanhados pelos instrumentos musicais de Davi, rei de Israel. Toda a assembleia caiu de joelhos, o canto foi entoado e as trombetas ressoaram; isto durou até terminar o holocausto. Terminado o holocausto, o rei e os acompanhantes se inclinaram e se prostraram por terra. O Rei Ezequias e os chefes ordenaram que os levitas louvassem o Senhor com as palavras de Davi e do vidente Asaf. E eles cantaram ao Senhor com júbilo, depois se inclinaram e se prostraram.

De mesmo modo, Ben Sirac traça os aspectos musicais da liturgia a Davi: "colocou diante do altar cantores de salmos, cujo acompanhamento devia suavizar as melodias, dia por dia louvando-o com seus cantos. Deu esplendor às festas e abrilhantou ao máximo as solenidades, fazendo entoarem louvores a seu santo Nome, desde o amanhecer enchendo de harmonias o santuário" (Eclo 47,9-10). O mesmo autor, após descrever os sacrifícios oferecidos por Simão, o sumo sacerdote, registra: "nesse momento os descendentes de Aarão começavam a aclamar, faziam soar as trombetas de metal batido e produziam um imenso clamor, como memorial diante do Altíssimo" (50,16), e após o povo ter-se prostrado, os "cantores o louvavam com suas vozes, sua melodia suave misturando-se ao clamor imenso" (50,18).

Esse retrato da música acompanhando os sacrifícios é suplementado por alguns textos de Qumran: um deles, chamado *Canções do sacrifício do Shabat*, trata-se de um texto que contém composições para os treze Shabatot de um quarto de ano. Um texto intrigante encontrado na Caverna 11 também vincula a música a Davi e ao sistema sacrificial: "YHWH deu-lhe um espírito inteligente e brilhante, e ele compôs três mil e seiscentos salmos e trezentas e sessenta e quatro canções para serem entoadas diante do altar durante o sacrifício perpétuo diário; trinta canções para as luas novas, os dias festivos e o Dia do Perdão" (11QPsa 27.4-8).

As fontes também fazem referência a músicas que acompanham ocasiões especiais, tais como a rededicação do templo por Judas Macabeus e seus homens (1Mc 4,54 [cf. 2Mc 10,7]; 1Mc 13,51; cf. Jt 15,14-16,17).

(2) As preces

Preces, claro, eram elevadas desde muito antes do Período do Segundo Templo, mas encontramos em nossas fontes uma quantidade especialmente grande delas, em contextos e formas variadas. Não surpreende que indivíduos as entoassem em tempos de crise, e que elas contivessem palavras de contrição (por exemplo, Ne 1,4-11, quando Neemias soube das terríveis condições em Jerusalém; o Cântico de Azarias e a Prece de Manassés). Judite rezou antes de dar início ao seu plano de salvamento de seu povo (9,2-14), e Tobit (3,2-6), Sara (3,11-15), e Tobias (8,5-8) ofereceram orações durante momentos críticos de suas vidas (cf. também a adição C da Ester grega para as preces dela e de Mardoqueu; Sus 42-43; 1Mc 2,1-20; 6,1-15). Algumas dessas preces oferecidas bebem da história bíblica e empregam exemplos bíblicos (por exemplo, Esdras em Ne 9,6-37; Daniel em Dn 9,3-19).

Uma das questões não resolvidas relacionadas às preces é se elas eram fixas, ou seja, se havia consenso sobre seus textos durante o Período do Segundo Templo. Naturalmente, o santuário era o foco da adoração, e é de se esperar o surgimento de orações fixas em conexão com os rituais lá realizados. 2Crônicas 6, refletindo sobre a oração dedicatória de Salomão presente em 1Reis 8, contém numerosas referências a rezas em direção ao templo (2 Cr 6,24, 26, 29, 32, 34-35, 39); Is 56,7 chama o edifício sagrado de uma “casa de oração”. Daniel orava em sua direção três vezes ao dia (6,10) e nos Atos dos Apóstolos 3,1, Pedro e João “subiam ao Templo para a oração das três horas da tarde”. Em Lucas 1,10, o povo lá rezava durante a oferta de incenso.

Os textos de Qumran têm-se provado uma fonte rica de novas informações relativas ao desenvolvimento da liturgia judaica, pois chegaram até nós muitos pergaminhos com orações, amiúde vinculados a ocasiões específicas. Por exemplo, 4Q503 contém bênçãos matutinas e vespertinas para os dias do mês e 4Q504-506 liturgias para os dias da semana, enquanto preces para os festivais estão presentes em 1Q34, 1Q34bis, 4Q507-509. É possível argumentar que como esses textos pertencem a uma pequena comunidade sectária, eles não representam práticas seguidas por outros judeus. Ainda assim, no geral não há nada de sectário neles (para além das preces destinadas às celebrações exclusivas) e concordam com a redação das orações fixas atestadas em fontes posteriores. Assim sendo, muito provavelmente são um reflexo de práticas mais disseminadas daquele período. É interessante que a comunidade de Qumran encarasse suas orações como substitutas (temporárias) para os sacrifícios: "Elas trarão o perdão para a culpa pela insurreição e para os pecados da infidelidade; elas podem granjear a benevolência para a Terra sem a carne dos holocaustos e a gordura dos sacrifícios. Uma oração oferecida corretamente será como uma aceitável fragrância de retidão, perfeita como caminho e adorável como uma oferenda apresentada de livre e espontânea vontade" (1QS [*Regra da comunidade*] 9.4-5).

4.3.2 As sinagogas

A análise das formas de culto que não envolviam o sacrifício de animais ou outros bens leva, naturalmente, ao estudo das sinagogas, uma instituição na qual ocorriam liturgias não sacrificiais. Em algum momento do nosso período, elas passaram a atender às necessidades do povo judeu na diáspora, que vivia distante do santuário, mas sabemos que elas também existiam na terra e até mesmo em Jerusalém. Algumas fontes utilizam a palavra grega *proseuchē* (*προσευχή*), significando "oração" ou "lugar de oração" para designar os espaços de culto judaicos. Se se tratar de sinagogas, então temos referências delas a partir do século III AEC, no Egito (o mesmo termo é empregado nos Atos dos Apóstolos 16,13, 16). Leitores do Novo Testamento sabem que este contém inúmeras referências a sinagogas tanto na terra (em Nazaré, por exemplo) quanto fora dela (muitas são mencionadas nos Atos).

Algumas fontes nos fornecem indicações do que acontecia em seu interior. Em *Sobre as leis particulares* 2.62, escreveu Fílon de Alexandria:

> A cada sete dias, pois, lá estavam, de portas abertas em todas as cidades as escolas do bom senso, da temperança, da coragem, da justiça e de outras virtudes nas quais os sábios sentavam em ordem, ouvidos atentos, em total concentração, sedentos pelo elixir fornecido pelas palavras do professor, enquanto alguém particularmente experimentado se levanta e expõe o que é melhor e o que será mais proveitoso, e que fará a vida como um todo crescer até algo superior.

O filósofo enfatiza o aspecto instrucional da reunião e parece se referir à leitura das Escrituras (as palavras do professor) e sua exposição. Retrato semelhante é oferecido por Flávio Josefo:

> E para termos desculpas se faltássemos à observância dessas santas leis, ele não se contentou de nos obrigar a ouvir, lê-las uma vez, duas vezes, ou diversas vezes: mas ordenou que num dia da semana nos abstivéssemos de toda espécie de trabalho, para somente, sem distração, ouvi-las e mesmo aprendê-las, o que nenhum outro legislador jamais fez (*CA* 2.175).

Em Lucas 4,16-28, Jesus foi à sinagoga de Nazaré no *Shabat*, algo que fazia costumeiramente, "e se levantou para fazer a leitura. Deram-lhe o livro do Profeta Isaías" (16-17), vemos, portanto, que o serviço religioso incluía não somente a Lei Mosaica, mas também um pouco dos profetas. Após finalizar a leitura, "fechou o livro, devolveu-o ao assistente e sentou-se" (20) e em seguida explicou a passagem (4,21; cf. Mt 4,23). Em At, o Apóstolo Paulo é mostrado visitando a sinagoga local sempre que chegava a uma cidade – quando ele e seus companheiros foram a Antioquia, na Pisídia, seguiram esse costume (13,14-49): "Num dia de sábado, entraram na sinagoga e se assentaram. Após a leitura da Lei e dos Profetas, os chefes da sinagoga mandaram dizer a eles: 'Irmãos, se alguém de vós tem alguma palavra de exortação para o povo, pode falar'" (14-15). Sua mensagem foi tão poderosa que ele foi convidado a retornar na semana seguinte. A Mishná (Meguilá 4.3) diz que a oração era parte regular do serviço religioso das sinagogas.

Apenas algumas poucas sinagogas na terra de Israel datadas do nosso período foram escavadas. Vimos que existia uma em Massada; outras foram identificadas em Heródio, Gamala (no Golã) e noutras partes.

4.4 As escrituras

Muitos dos trabalhos literários discutidos no capítulo 2 fazem referência à literatura judaica/israelita anterior, e fazem-na de forma a atribuir-lhe grande autoridade. É bastante provável que não houvesse uma *Bíblia* no Período do Segundo Templo, isto é, um conjunto aceito, definido e *fechado* de textos supremamente autoritativos, mas não há dúvida de que se considerava que certos livros continham ensinos divinais. A Torá (Lei) Mosaica, à qual Esdras e Neemias se referem amiúde, é o exemplo mais óbvio, mas há que se incluir também muito da literatura profética – de fato, uma das características do profetismo pós-exílio na Bíblia Hebraica é a utilização de textos proféticos mais antigos.

Em algum momento, aparentemente após a destruição de Jerusalém em 70 EC, um cânone judaico das Escrituras foi estabelecido, contendo três seções: a Torá, os Profetas e os Escritos. A primeira consistia dos cinco livros de Moisés (Gênesis, Êxodo, Levítico, Números e Deuteronômio); a segunda incluía os livros históricos como Josué, Juízes, 1 e 2Samuel, 1 e 2Reis, Isaías, Jeremias, Ezequiel e os doze profetas menores (de Oseias até Malaquias); por fim, na terceira estavam os livros restantes (Salmos, Provérbios, Jó, Rute, Ester, Eclesiastes, Lamentações, os Cânticos dos Cânticos, Daniel, Esdras, Neemias e 1 e 2Crônicas). Há evidências de que antes dessa formalização ocorria a divisão em duas, ou eventualmente três, seções. Falta, porém, ao Período do Segundo Templo, indícios de que todas as categorias já se encontravam concluídas, ou seja, se continham um conjunto fixo de livros.

4.4.1 Grupos de escritos autoritativos

Conforme já observado, Esdras e Neemias aludem à Torá, ou a Lei de Moisés, como determinantes do modo como o povo deveria viver – para citar um exemplo, viviam em tendas durante o sétimo mês e celebravam uma festa, conforme definido pela lei (Ne 8,13-18). Numa cena bem conhecida, Esdras fez a leitura da lei ao povo reunido em assembleia na porta das Águas (Ne 8,1-12). A oração confessional oferecida em Ne 9 mostra o conhecimento da história bíblica desde a criação, passando pelos patriarcas, a estada no Egito, a jornada pelo deserto, a conquista, o período dos juízes e a história de Israel na terra, até finalmente o exílio e o retorno.

A maior parte das escassas evidências de que dispomos a respeito dos desdobramentos que eventualmente desembocaram no cânone provém de fontes tardias, como seria de se esperar. Um caso bastante útil é o prólogo da tradução grega da Sabedoria de Ben Sirac, no qual o neto do autor, escrevendo em finais do século II AEC, faz três menções às categorias da literatura tradicional: "A Lei, os Profetas e os outros que os seguiram nos deram muitas e grandes lições. É graças a eles que se deve louvar Israel por sua instrução e sabedoria"; algumas linhas adiante, ele cumprimenta o autor do livro que está traduzindo: "Foi assim que, após dedicar-se com afinco à leitura da Lei, dos Profetas e dos outros livros dos nossos antepassados, e tendo-se feito bastante versado neles, também meu avô Jesus foi levado a escrever alguma coisa sobre a instrução e a sabedoria". Em uma terceira passagem, pede desculpas ao leitor caso tenha traduzido alguma frase inadequadamente: “Mostrai também indulgência para com as passagens em que, apesar de todo o nosso cuidado na interpretação, pode ser que não tenhamos reproduzido o sentido exato de algumas expressões. É que as expressões do original hebraico, quando vertidas para outra língua, já não têm a mesma força. E não é só neste escrito. A própria Lei, as Profecias e os outros livros apresentam grande diferença quando lidos no original”. Já se afirmou que o neto tradutor se referia a apenas duas categorias de escritos (Lei e Profetas, e mais os outros), mas aparentemente ele estava mencionando três delas: Lei, os Profetas e os outros.

Há um punhado de outras passagens, de diferentes autores e períodos, nas quais é possível encontrar essa divisão tripartite dos livros tradicionais considerados como tendo grande valor. Fílon, por exemplo, ao falar dos *Terapeutas de Alexandria*, diz que eles estudam “leis e oráculos proferidos pelas bocas dos profetas, os salmos e qualquer outra coisa que fomente e aperfeiçoe a sabedoria e a piedade” (*Sobre a vida contemplativa*, 25). O autor do Evangelho de Lucas cita a ascensão de Jesus ao dizer “‘Isto é o que vos dizia enquanto ainda estava convosco: é preciso que se cumpra tudo o que está escrito na Lei de Moisés, nos Profetas e nos Salmos a meu respeito’” (24,44). Nesse caso, os “salmos” significam, óbvia e primeiramente, o livro com esse título, mas há quem defenda, embora carecendo de evidências mais robustas, que se refere também à terceira divisão das Escrituras, que se inicia com os Salmos. Ben Sirac e Fílon empregam um termo generalista para essa terça parte, e é possível que Lucas tenha feito o mesmo. Não obstante, é muito mais comum encontrar referências a duas seções dos escritos sagrados e autoritativos, quais sejam: a Lei e os Profetas. Observe-se, por exemplo, a *Regra da comunidade* (1QS) 1.3 e Mateus 7,12: “Tudo que desejais que os outros vos façam, fazei-o também vós a eles. Pois esta é a Lei e os Profetas”. A intenção é remeter às Escrituras como um todo.

Alguns autores indicam claramente quando consideram que determinado texto tem inspiração divina. No Comentário de Qumran sobre Habacuc, o expositor afirma que Deus disse ao profeta que escrevesse as palavras de sua profecia (cf. 7.1-2). Há inúmeros outros exemplos dessa natureza encontráveis na literatura do Período do Segundo Templo, e para citar somente mais um caso, Dn 9,2 nos apresenta Daniel refletindo a respeito da palavra que o Senhor apresentara a Jeremias a respeito dos setenta anos – uma profecia que, acreditava ele, havia se cumprido de alguma forma.

Embora tenhamos referências de categorias de livros sagrados e indicações claras de que vários escritores consideravam que livros como a Lei e os Profetas eram divinos, dispomos somente de uma única lista dos livros autoritativos já no final do nosso período, ou imediatamente após seu término. Ben Sirac é um conhecedor de vastas partes das Escrituras, conforme demonstrado nos capítulos 44-50, e utiliza personagens delas como exemplos, mas ele não elaborou uma lista. É tranquilo dizer que muitos, talvez mesmo a maioria, dos livros que se tornariam parte da Bíblia Hebraica (equivalente ao Antigo Testamento protestante) eram considerados autoritativos pelo menos durante a última parte do Período do Segundo Templo, mas parece igualmente provável que para determinados grupos, como o povo de Qumran, alguns textos além desses eram considerados revelados, tais como a literatura enóquica ou os Jubileus. Não sabemos quais fatores podem eventualmente ter levado à fixação das Escrituras canônicas para a maioria dos judeus, mas Flávio Josefo nos apresenta a mais antiga e específica enumeração em *CA* 1.37-43, em que afirma serem 22 os livros devidamente reconhecidos: os cinco de Moisés, treze dos profetas mais quatro de hinos e preceitos. Podemos não saber precisamente quais livros ele colocou nas duas últimas categorias, mas é fato que havia chegado a um número tradicional de livros da Bíblia Hebraica.

4.4.2 Versões

Uma das grandes contribuições dos Pergaminhos do Mar Morto à nossa compreensão dos livros bíblicos é que eles documentaram a existência, em nosso período, de textos *hebraicos* divergentes das Escrituras, ou seja, não existia uma única versão de cada livro hoje presente na Bíblia Hebraica/Antigo Testamento. Em alguns casos, como em Jeremias (conforme vimos ao analisarmos os Pergaminhos do Mar Morto), havia cópias hebraicas que divergiam grandemente entre si: uma mais curta, provavelmente mais antiga; e outra cerca de um oitavo mais longa, e que continha passagens localizadas em diferentes segmentos, como os oráculos contra as nações (na primeira versão, 25,19; na mais ampla, os capítulos 46-51). Essa versão mais curta de Jeremias era conhecida a partir da tradução grega, a qual, vemos hoje, não se tratava de uma reescrita livre de um original hebraico, mas sim da reprodução fidedigna de uma base textual hebraica que divergia consideravelmente daquela tradicionalmente encontrada na Bíblia (o chamado Texto Massorético).

Nem todo mundo lia os livros bíblicos da mesma forma durante o Período do Segundo Templo. Na diáspora, as versões gregas (revisões da antiga tradução surgiram com o passar do tempo) eram lidas e estudadas, enquanto na terra de Israel usavam-se cópias hebraicas. Sabemos, contudo, que as versões gregas também estavam disponíveis no Deserto da Judeia, até mesmo em Qumran (nas Cavernas 4 e 7). Os samaritanos usavam uma das versões em hebraico do Pentateuco, e desenvolveram-no para que atendesse às suas necessidades. Não temos qualquer evidência de que o fato de cópias diferentes não convergirem *ipsis litteris* preocupasse os judeus: a partir de alguns comentários qumrânicos, fica patente que alguns expositores estavam cientes dessas variações, mas em vez de lamentar a ocorrência, eventualmente a exploravam, explicando ambas as versões.

4.4.3 Interpretação

Um encerramento possível é recordar brevemente ao leitor que a interpretação e reinterpretação de antigos textos sagrados foi um fenômeno contínuo e disseminado no Período do Segundo Templo. Muitos dos textos analisados no capítulo 2 continham não apenas referências a eventos e trechos do passado, mas também criativas reutilizações deles, à medida que os escritores aplicavam as Antigas Escrituras às preocupações do seu tempo vivido. Dispomos de grandes reescrituras de textos mais antigos em 1 e 2Crônicas, e mais tarde um livro como os Jubileus faz algo semelhante com relação ao Gênesis e ao Êxodo. Algumas das orações e discursos em nossa literatura sumarizam eventos passados – consideremos, por exemplo, a oração de Esdras em Ne 9,6-37, ou a apologia aos antepassados nos capítulos 44-50 de Ben Sirac. Noutros casos, partes específicas de escritos mais antigos podem ter servido de base para reflexões mais avançadas – a literatura enóquica demonstra repetidamente o fascínio do autor pela história dos filhos de deus (os anjos) e as filhas dos homens encontrada em Gn 6,1-4. Os comentários de Qumran suprem instâncias explicativas de composições inteiras ao destacar seu significado contemporâneo. Outros textos do nosso período orbitam à volta de um personagem bíblico, interpretando, desenvolvendo e ampliando o que fora dito a seu respeito. Exemplos dessa prática incluem o Testamento de Levi em aramaico, os textos enóquicos, os Testamentos dos Doze Patriarcas, a literatura sobre Moisés, entre outros. Há ainda a reformulação da linguagem poética bíblica e de outras passagens em novas composições, o caso dos *Cânticos de Louvor* (*Hodayot*) de Qumran.

Em todos esses, e em muitos outros gêneros, as Escrituras serviram de ponto inicial e inspiração para uma vastíssima literatura exegética, e é justo afirmar que a diversidade de judaísmos do Período do Segundo Templo encontrava um eixo comum na antiga literatura sagrada e no esforço contínuo de aplicá-la e adaptá-la às questões do tempo vivido.

Mapas

A região do Mar Morto

O Oriente Próximo sob domínio ptolomaico

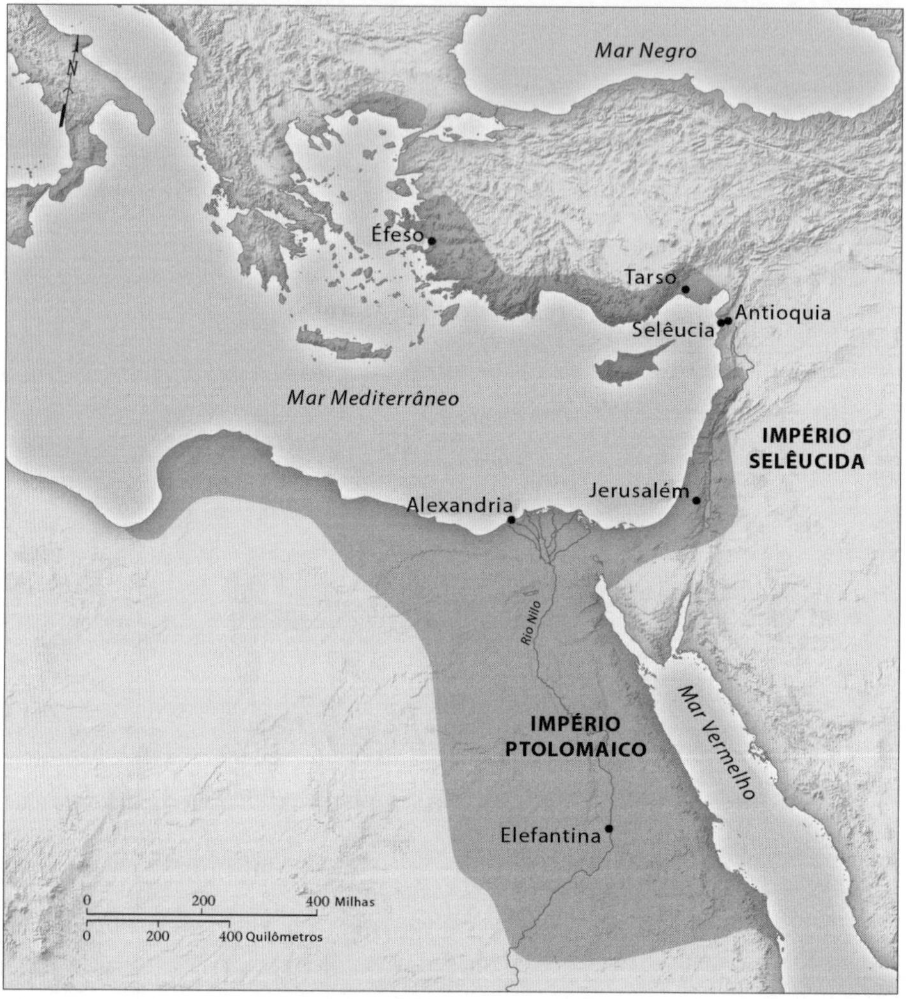

As cavernas de Qumran e sua localização

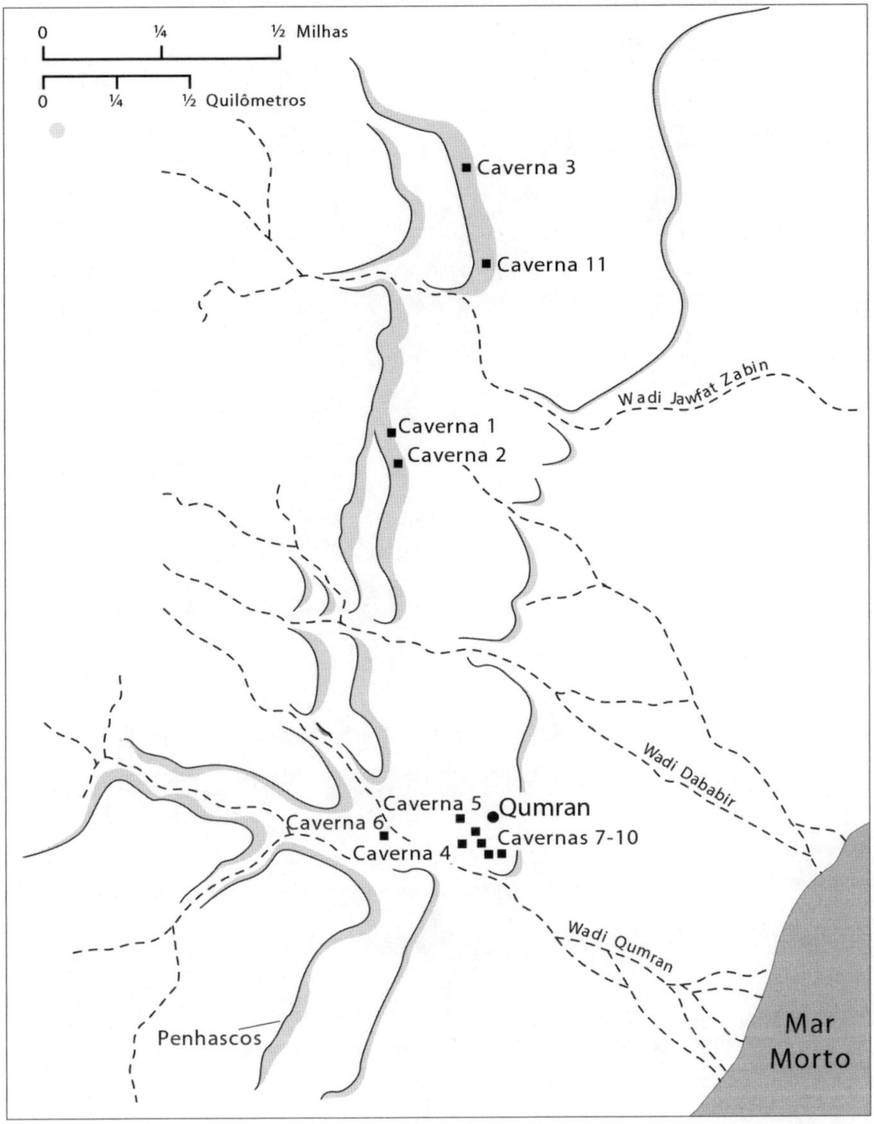

O Império Selêucida

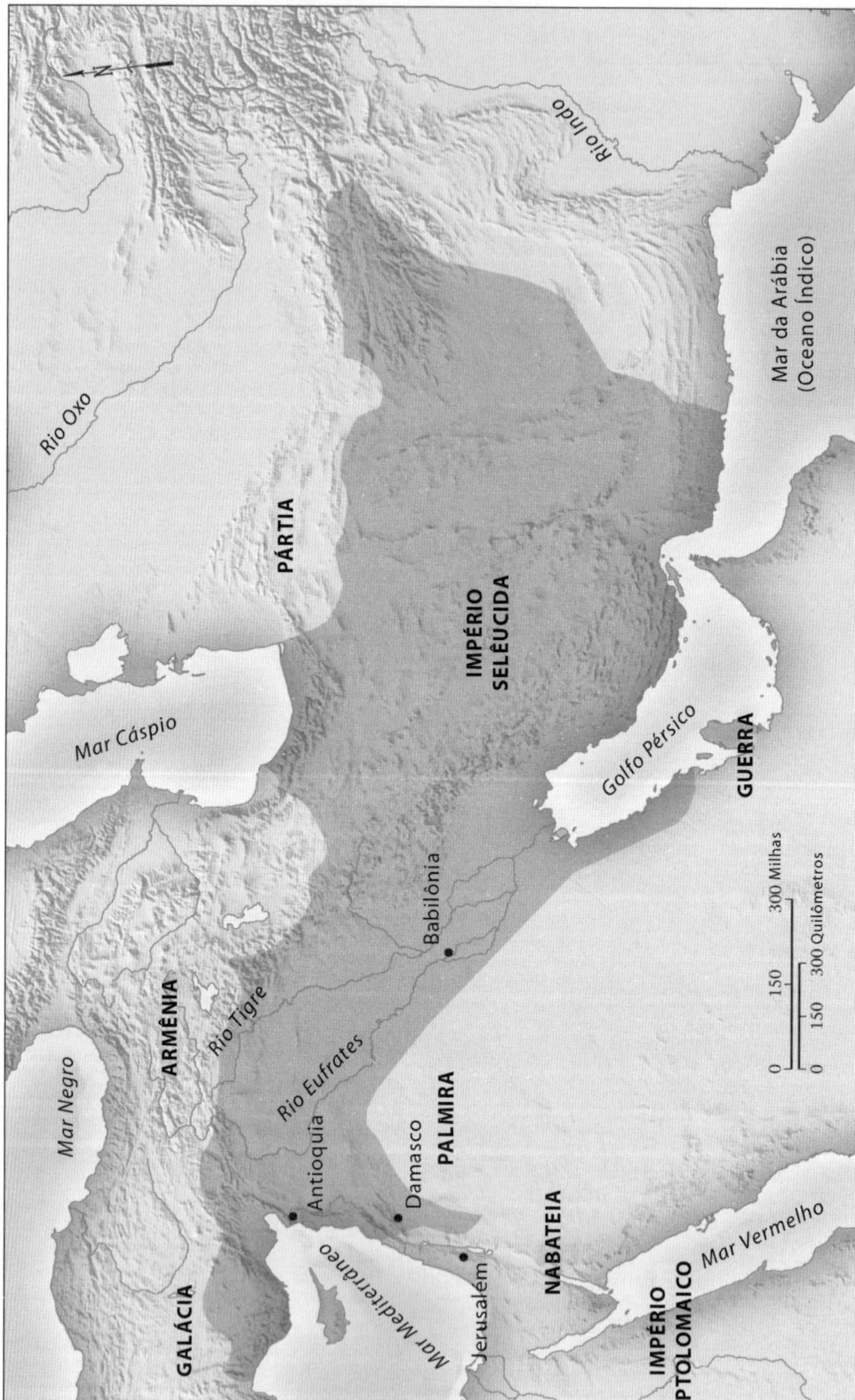

O reino de Herodes o Grande

Bibliografia

Traduções

As muitas traduções de textos antigos usadas no original deste livro provieram dessas fontes[18]:

Todas as citações de livros da Bíblia Hebraica (Antigo Testamento Protestante) e do Novo Testamento provêm da *Nova versão padrão revisada* (NRSV), bem como aquilo que nela é considerado apócrifos. Os textos analisados no capítulo 2 e que estão presentes na NRSV sob esse agrupamento são os seguintes:

1Esdras;

Macabeus 1-4;

Tobias;

Judite;

Susana, o Cântico de Azarias e o Cântico dos Três Jovens, Bel e o Dragão;

Adições a Ester;

A Sabedoria de Ben Sirac;

Baruc ou 1Baruc;

A Sabedoria de Salomão;

A Prece de Manassés.

Para aqueles livros não incluídos na NRSV, as traduções provêm da obra *Old Testament Pseudepigrapha* (Doubleday, 1983, 1985), organizada por James Charlesworth. A tradução de cada um dos livros abaixo vem acompanhada por introdução e notas explicativas.

18. As citações usadas nesta tradução em português estão indicadas mais adiante [N.T.].

Carta de Aristeias;

1Henoc;

O Livro dos Jubileus;

José e Asenet;

Os Testamentos dos Doze Patriarcas;

As Antiguidades Bíblicas do Pseudo-Fílon;

Os Oráculos Sibilinos;

A Assunção de Moisés;

Os Salmos de Salomão;

A Carta de Jeremias.

Essas traduções foram as citadas, mas as traduções dos livros presentes em *1Henoc* vêm de *1Enoch: The Hermeneia translation* (2012), de George W. E. Nickelsburg e James C. VanderKam. Para uma tradução similar em um único volume do *Livro dos Jubileus*, cf. *Jubilees: The Hermeneia translation* (2020), de James C. VanderKam.

Para aqueles livros que não se encontram em nenhuma das publicações previamente mencionadas, outras traduções foram usadas.

O Testamento de Levi em aramaico: *The Aramaic Levi document: Edition, translation, commentary* (2004), de Jonas C. Greenfield, Michael E. Stone e Esther Eshel.

Os Papiros de Elefantina: *Textbook of Aramaic documents from Ancient Egypt* (1986), organizado por Bezalel Porten e Ada Yardeni. O título é abreviado por TAD nas chamadas no corpo do texto referentes a esses documentos. O nome *Cowley*, também em algumas chamadas no corpo do texto, remete a uma edição mais antiga desses textos: *Aramaic Papyri from the Fifth Century B.C.* (1923), de A. E. Cowley.

Fílon e Flávio Josefo: as traduções das edições dos seus trabalhos na Loeb Classical Library (Heinemann).

Os Pergaminhos do Mar Morto: *The Complete Dead Sea Scrolls in English* (1997), de Geza Vermes.

Comentários, obras de referência e introduções

Comentários sobre muitos dos livros analisados no capítulo 2 constam da *Bible Commentary Series* (Anchor), previamente publicada pela Doubleday e agora na Yale University Press; da *Hermeneia series*, publicada pela Fortress, assim como outras séries. Incluem-se aqui diversas introduções e obras de referência sobre o judaísmo inicial.

BARCLAY, J. M. G. *Jews in the Mediterranean diaspora*: From Alexander to Trajan (323 BCE-117 CE). Edimburgo: T&T Clark, 1996.

COLLINS, J. J. *Daniel*. Hermeneia. Minneapolis: Fortress, 1993.

COLLINS, J. J. *Between Athens and Jerusalem*: Jewish Identity in the Hellenistic Diaspora. 2. ed. Grand Rapids: Eerdmans, 2000.

COLLINS, J. J. *The apocalyptic imagination*: An introduction to Jewish apocalyptic literature. 3. ed. Grand Rapids: Eerdmans, 2016.

COLLINS, J. J.; HARLOW, D. C. (Orgs.). *The Eerdmans Dictionary of Early Judaism*. Grand Rapids: Eerdmans, 2010.

DORAN, R. *2 Maccabees*. Hermeneia. Minneapolis: Fortress, 2012.

FREEDMAN, D. N. (Org.). *The Anchor Bible Dictionary*. Nova York: Doubleday, 1992.

GOLDSTEIN, J. A. *I Maccabees*. Anchor Bible 41. Nova York: Doubleday, 1976.

GOLDSTEIN, J. A. *II Maccabees*. Anchor Bible 41A. Nova York: Doubleday, 1983.

GURTNER, D. M. *Introducing the Pseudepigrapha of Second Temple Judaism*. [*S. l.*]: Baker Academic, 2020.

HOLLANDER, H. W.; de Jonge, M. *The Testaments of the Twelve Patriarchs*: A commentary. Studia in Veteris Testamenti Pseudepigrapha 8. Leiden: Brill, 1985.

JACOBSON, H. *A Commentary on Pseudo-Philo's Liber Antiquitatum Biblicarum* (2 Vol.). Arbeiten zur Geschichte des Antiken Judentums und des Urchristentums 31. Leiden: Brill, 1996.

LIM, T.; COLLINS, J. J. (Orgs.). *The Oxford Handbook of the Dead Sea Scrolls*. Oxford: Oxford University Press, 2010.

MOORE, C. A. *Daniel, Esther and Jeremiah: The Additions*. Anchor Bible 44. Nova York: Doubleday, 1977. (As adições de Jeremias estão em 1Baruc e na Carta de Jeremias).

MOORE, C. A. *Judith*. Anchor Bible 40. Nova York: Doubleday, 1985.

MOORE, C. A. *Tobit*. Anchor Bible 40A. Nova York: Doubleday, 1996.

MYERS, J. M. *I and II Esdras*. Anchor Bible 42. Nova York: Doubleday, 1974.

NICKELSBURG, G. W. E. *1Enoch 1*. Hermeneia. Minneapolis: Fortress, 2001.

NICKELSBURG, G. W. E. *Jewish Literature between the Bible and the Mishnah*. 2. ed. Minneapolis: Fortress, 2005.

NICKELSBURG, G. W. E.; VANDERKAM, J. C. *1Enoch 2*. Hermeneia. Minneapolis: Fortress, 2012.

SAKENFELD, K. D. (Org.). *The New Interpreter's Dictionary of the Bible*. 5 Vols. Nashville: Abingdon, 2006-2009.

SCHIFFMAN, L. H. *Reclaiming the Dead Sea Scrolls*. Filadélfia: Jewish Publication Society, 1994.

SCHIFFMAN, L. H.; VANDERKAM, J. C. (Orgs.). *Encyclopedia of the Dead Sea Scrolls*. Oxford: Oxford University Press, 2000.

SCHÜRER, E. *The History of the Jewish People in the Age of Jesus Christ (175 B.C.-A.D. 135)*. 3 Vols. Edimburgo: T&T Clark, 1973-1987. (Revisado e organizado por Geza Vermes e Fergus Millar).

SKEHAN, P. W.; DI LELLA, A. A. *The Wisdom of Ben Sira*. Anchor Bible 39. Nova York: Doubleday, 1979.

STONE, M. E. *Fourth Ezra*. Hermeneia. Minneapolis: Fortress, 1990.

TROMP, J. *The Assumption of Moses*. Studia in Veteris Testamenti Pseudepigrapha 10. Leiden: Brill, 1993.

VANDERKAM, J. C. *From Joshua to Caiaphas: High Priests after the Exile*. Minneapolis: Fortress, 2004.

VANDERKAM, J. C. *The Dead Sea Scrolls Today*. 2. ed. Grand Rapids: Eerdmans, 2012.

VANDERKAM. *Jubilees*. 2 Vols. Hermeneia. Minneapolis: Fortress, 2018.

VERMES, G.; GOODMAN, M. *The Essenes according to the classical sources*. Sheffield: JSOT Press, 1989.

WHITE, L. M.; KEDDIE, G. A. *Jewish Fictional Letters from Hellenistic Egypt*: The Epistle of Aristeas and Related Literature. Writings from the Greco-Roman World. Atlanta: SBL Press, 2018.

WILLS, L. M. *Judith*. Hermeneia. Minneapolis: Fortress, 2019.

WINSTON, D. *The Wisdom of Solomon*. Anchor Bible 43. Nova York: Doubleday, 1979.

Bibliografia usada na tradução para o português

BÍBLIA SAGRADA. [*S. l.*]: Barsa, 1967.

BÍBLIA SAGRADA. Petrópolis: Vozes, 2001.

COMISSÃO DIOCESANA DA CULTURA (DIOCESE DE AVEIRO). Manuscritos do Mar Morto: A Regra da Comunidade. Tradução de J. Franclim Pacheco. *Calameo*, [*s. l.*], [20--?]. Disponível em: https://www.calameo.com/read/0055056159ecf475915c8. Acesso em: 20 dez. 2024.

COMISSÃO DIOCESANA DA CULTURA (DIOCESE DE AVEIRO). Manuscritos do Mar Morto: O Documento de Damasco. Tradução de J. Franclim Pacheco. *Calameo*, [*s. l.*], [20--?]. Disponível em: https://www.calameo.com/read/00550561530224c8f36b7. Acesso em 20 dez. 2024.

FARIA, Frei J. de F. (Coord.). *Bíblia Apócrifa*: Segundo Testamento. Petrópolis: Vozes, 2025.

FÍLON de A. *Embaixada a Gaio e outros textos*. Tradução de Tatiana Faia, Maria Fernandes e Manuel Alexandre Júnior. Lisboa: Imprensa da Universidade de Lisboa, 2018.

JOSÉ E ASENET. Introdução e tradução de Everson Spolaor. São Paulo: Paulus, 2019.

JOSEFO, F. *História dos hebreus (obra completa)*. Tradução de Vicente Pedroso. São Paulo: CPAD, 1990.

MENDONÇA, E. V. S. de. Os papiros aramaicos do sítio arqueológico de Wadi Daliyeh: Registros de compra e venda de escravizados na Samaria do Período Persa. *Estudos Bíblicos*, São Paulo, v. 39, n. 147, p. 63-73, 2023. DOI: https://doi.org/10.54260/eb.v39i147.996

MIRANDA, V. A. Liturgia e representação de identidade nos Hinos de Qumran e no Apocalipse de João: Um estudo comparativo. *Revista de História Comparada*, Rio de Janeiro, v. 5, n. 2, p. 22-49, 2011. Disponível em: https://revistas.ufrj.br/index.php/RevistaHistoriaComparada/article/view/4. Acesso em: 27 mar. 2025.

MISHNÁ: TA'ANIT. Tradução de Andrea Zeitune Diamante. São Paulo: Associação Beneficente e Cultural Makom, 2020.

O LIVRO DE ENOQUE ETÍOPE OU 1ENOQUE. Tradução de Orlando Iannuzzi Filho. [*S. l.*]: Entre os Tempos, 2015.

PROENÇA, C. de. (Org.). *Apócrifos e pseudepígrafos da Bíblia*. Tradução de Cláudio J. A. Rodrigues. São Paulo: Fonte Editorial, 2005.

WILKEN, Irmã I. S. Hodayot: joia da literatura qumrânica: os hinos qumrânicos. *Revista de História*, São Paulo, v. 30, n. 62, p. 295-337, 1965. DOI: https://doi.org/10.11606/issn.2316-9141.rh.1965.123423

Índice remissivo

B

F

K

L

M

N

O

P

Q

R

U

V

W

X

Y

Z

EDITORA VOZES LTDA.
Rua Frei Luís, 100 – Centro – Cep 25689-900 – Petrópolis, RJ
Tel.: (24) 2233-9000 – E-mail: vendas@vozes.com.br